KB069084

송대철학과 태극도설

송대철학과
태극도설

이천수 지음

學古房

목차

저술의 단상

어린 시절에는 농경문화에 길들여진 것이 자연스러운 것이었다. 보리피리를 악기로 만들어서 연주하고, 논밭의 오곡과 과일이 풍성해지는 시골 풍경 속에서 살았던 시절이 눈에 선하다. "보리피리 불며 봄 언덕 고향 그립다."고 말한 한하운 시인을 연상하게 된다. "보리피리 불며 꽃 청산, 어린 때 그리워 피릴리리." 보리밭을 거닐다보면 어디선가 들려오는 선율처럼 바람결을 스친다.

감성적인 성품을 자연의 선물로 받은 것 같아서 마냥 뛰어놀고 싶었던 어린이 시절이 그립다. 그 어린 시절로 회귀하고 싶은 심정에서 시를 좋아했고 그저 옛말이라면 좋아했던 것이다. 노자의 '복귀어영아復歸於嬰兒'라고 했던 말과 통하는 것 같다. 마냥 어린아이[嬰兒]로 되돌아가고 싶은 마음이 일어난다. 세월이 흐를수록 동심의 세계가 그립다는 뜻이다.

한하운은 '청산'이라 했던가. 내 고향은 '청도'이다. 청도를 중심으로 동쪽은 경주, 서쪽은 고령, 남쪽은 밀양, 북쪽은 경산과 대구에 접해 있다. 물이 도도하게 흐르는 고향 땅 청도는 물 맑은 곳으로 살기에 매우 편안한 곳이다. 이곳에 살다가 15세에 잠시 대구에 머문 후 구미로 이사 온 지 25년이 지난 인생 중반기로서 지금도 청도는 나의 고향이자 설렘의 도시이다. 헤르만 헤세는 인도 여행에서 고향에 대하여 시詩를 통해 다음과 같이 말했다. "저녁 노래의 울림과 닮았다. 난 두려움을 호흡하고, 그리움을 호흡한다." 그는 고향을 회상하면서 "흘러오는 강물이 마치 고향에 온 것 같다."고 말한 것이다.

초등학교 시절, 비록 가난했지만 따뜻한 부모님의 보살핌으로 하루 하루 즐겁게 살았던 나날들이 가정교육의 소중함으로 다가온다. 어머니는 근면성실하게 가정을 이끌면서 나의 형제자매들을 올곧게 성장하도록 해주셨다. 매일 아침 부처님 앞에 청수淸水를 올리고 우리 가족 오남매에 대하여 건강을 염원하셨던 것이다.

1960년대는 경제적으로 너무 힘든 시기였음을 초로初老의 연배들은 다 알 것이다. 어머니는 식사를 할 때면 늘 밥그릇을 밥상 아래에 두고 식사했는데, 밥상 위에 올려놓고 드시라고 하면 오히려 이것이 편하다고 하셨다. 가까이 보니 어제 남은 식은 밥을 드시며 어머니는 찬밥을 좋아한다고 하셨다. 철이 들어서야 알았는데 자식들에게 따뜻한 밥을 먹이고 싶은 마음이셨던 것이다.

아버지는 엄하게 자녀교육을 시켰지만 매사 자상했던 분으로 기억한다. 초등학교 때 공부하는 것을 지켜봐주시고 중·고등학교 때부터는 일상의 삶에서 강하게 살아야 한다는 신념을 가져다주었다. 그 당시 산 중턱 조그마한 복숭아밭과 골짜기의 다락논天水畓이 전부였지만 풀한 포기 나지 않을 정도로 알뜰하게 가꾸며 부지런함과 근검절약 정신을 솔선하여 몸소 보여주셨다. 항상 남에게 뒤지지 않도록 노력하면서 친구들과 약속한 부분은 반드시 지켜야 한다면서 신뢰를 중시했다.

▶▶▶ II. 야생화의 생기生氣

농촌에서 살았던 나는 집안 화단의 꽃들이 향기를 품으면 마음이 맑아지곤 했다. 꽃밭에서 잡초를 뽑아내는 것이 좋은 줄만 알았는데 들판의 온갖 잡초들도 꽃이 피어나는 것을 보고 청소년이 되면서 이 세상만사가 꽃 아님이 없음을 알았다. 어느 사이 사유의식이 싹트면서 봄날의 생명生命, 여름날의 성하盛夏, 가을날의 수렴收斂, 겨울날의 함장含藏이라는 '원형이정元亨利貞'의 소식을 느끼게 했다.

동양의 성인 정산鼎山에 의하면, 우주 곳곳을 선방으로 삼으라 했다. 집에 있으면 집이 선방禪房이요, 들판에 나가면 들이 선방이며, 회사에 나가면 회사가 선방이기 때문이라는 것이다. 정산의 언급대로 들판에 나가면 수많은 잡초들이 생기生氣를 품고서 선禪을 하고 있는데, 이것을 바라볼 줄 아는 명상의 세계에 침잠沈潛해 있으면 좋을 것이다.

춘하추동의 굴레에서 생명체들은 한 종류의 꽃만이 피는 것은 아니었다. 온갖 꽃이 각양각색의 빛깔과 어울림으로 아름다움을 뽐내면서 존재하고 있지 않은가? 들판이 온통 잡초들만 있어 보였는데, 어느새 야생화로 단장한 모습에서 산하대지山河大地 그 자체가 저마다 기적을 만들고 있었다. 야생화는 자연 그대로 자라는 식물로서 '들꽃'이라 부르기도 한다. 근래 국내 야생화의 수는 4,939종이라고 하니 오천만 민족에 버금가는 결정체들이다.

만물의 영장靈長인 인간들도 소중한 결정結晶으로서 각자의 생각과 고유한 특성이 있다. 그래서 사람은 저마다 어린 시절부터 품었던 소망들을 간직하여 성인이 되어 아름다움을 만들어왔던 것이다. 주자는 말하기를 "사람만이 그 빼어난 것을 얻어 가장 영명靈明하다. 형체가 생겨나서 정신이 지각을 일으키면, 오성이 감응하고 움직여 선과 악이 나뉘고 온갖 일들이 나온다."라고 했다. 영장류로서 영명한 오성을 발휘할 힘은 인간 누구에게나 있다고 본다.

세상은 빠른 속도로 변화되고 있다. 인생 중반을 쏜살같이 달려온 현 시점에서 돌이켜본다면 과연 친구들이 나를 어떠한 친구로 기억하고 있을까 생각해보았다. 일단 부지런하고 성실하다는 칭찬을 받으면서도 어수룩하고, 친구들의 가방을 들어주며, 친구가 말하면 말 그대로 믿어버리는 순진둥이로서 거짓말을 모르는 '천진天眞'을 내면에 간직하고 싶었던 것 같다.

지금쯤 친구들은 각자 나름의 결실을 맺어 여생을 준비하는 시기에 있다. 죽마고우들 가운데 현대 등의 대기업에 다니는 친구, 변호사 하는 친구, 자영업을 하는 친구, 직장생활을 하다가 귀농하여 사는 친구들이 생각난다. 이 가운데 나는 경제활동을 하면서도 사유思惟하는 것을 좋아하여 진리를 탐구하는 학업의 길로 들어섰다. 2022년 2월에 '문학文學'으로 박사학위 영득榮得이라는 결실로 이루어진 것은 유년기부터 가져온 지적 호기심의 결과인 것이다.

삼라만상을 포태胞胎하고 있는 '우주'는 인간의 지적 호기심을 끊임없이 자극하는 특별한 존재이다. 어렸을 적 살던 시골집 마루에 누워 밤새도록 별을 보다 별똥이 사라지는 것을 보면서 그 많은 별들이 어디에서 와서 어디로 갔을까? 왜 마지막은 반짝거리고 사라지는가? 밤하늘은 왜 어두울까? 하늘과 땅이 마주 보는 가운데 별과 사람은 그렇게 감응感應하는 것은 아닐까? 하늘의 별은 유난히 나의 지적 호기심을 자극했다. 어쩌면 어린 유년기 시절, 우주 속의 미아迷兒처럼 잠재된 철학적인 사색이 마음속 깊이 자리 잡고 있었기 때문인지도 모른다.

우주를 대상으로 생성과 존재의 작용들에 대하여 사색하면서 호기심을 갖고 살다보니 동양 철학 공부에 대한 여망이 있었던 것 같다. 흙 내음 맡으며 시골의 한가한 농촌에 살면서 동양인으로서 동양적 사유에 길들여진 탓이라고 본다. 동양과 서양의 사고방식에서 큰 차이가 있다면 동양은 정靜의 관점에서 우주를 들여다보고 서양은 동動의 관점에서 세상을 본다는 점이다.

동양의 사유 체계는 역리易理와 음양론陰陽論에 근거한 하늘과 인간, 자연과 사회, 신체와 정신이 유기체적 생명을 가진 화해적이고 통일적인 존재로 구성되어 있다. 동양에서는 정적靜的으로 나타나는 현상 자체를 실제의 모습이나 상태로 투영해보기 때문에 동적動的으로 전개되는 생성과 변화의 원리를 중시했다.

중·고등학교 시절에는 열심히 학업의 본분에 충실하면서도 이처럼 동양인의 시각에서 철학적 사유에 대한 의문이 늘 우주의 신비함에 몰입하는 과정을 되풀이하도록 호기심을 극대화했다. 천문학과 동양 철학을 즐겨 탐독하면서 동양의 깊은 정신세계와 인간의 정체성에 대한 끝없는 의문과 자아 몰입의 사유 체계에 탐닉하게 되었다. 그것이 인생의 '자아실현自我實現'을 향한 몸부림이었다.

⋙ Ⅳ. 생업과 주경야독

자기정체의 확인, 곧 자아自我가 온전히 실현되는 것으로, 바람직한 인간상의 정립에는 우주의 생성과 인간의 본성을 발견하려는 철학적 사색의 시각을 간과할 수가 없다고 본다. 필자의 저술은 그 요해了解에 있어서 다소 어려울 수도 있겠지만, 바로 우주와 인간을 매개하는 철학의 가교架橋를 구축하는 것으로 보면 좋을 것이다.

가교를 연결하는 지혜의 탐구로서 심야深夜의 독서는 고혈膏血을 짜내는 신독愼獨의 시간이었다. 음양오행과 주역 원리에 근거한 인성론적 학술 탐구가 싫지 않았기 때문이다. 사서四書를 읽으면서, 또 명리 고전을 윤독하면서 그것은 인간의 어짊[仁]과 성선性善의 발현에 관련된다는 공맹孔孟의 사상에 매료된 것도 이 때문이다. 여기에 더하여 철학적으로 체계화 과정을 밟은 송대 철학은 필자로 하여금 그간 가졌던 지적 호기심을 풀게 하는 지남指南과도 같았다.

정처定處의 방향감각을 잡은 탓인가? 청년기를 거쳐 가정을 가지고 생업에 종사하면서도 내면에는 이러한 음양오행과 주역, 그리고 동양 고전에 대한 학문적 호기심이 흥미를 더했다. 생업이라는 막중한 책임감에 의해 동분서주하면서도 학업에 정진하려는 의지는 이제 분명해졌다.

다행히 가족들은 채워지지 않은 나의 학문적 성취를 알고, 시간의 틈새를 메우는 정진의 모습을 묵묵히 지켜봐주었다. 주경야독晝耕夜讀의 시간을 가지면서 가장으로서 역할을 충실히 하고자 했기 때문이다. 생업과 학업을 겸하는 시간이 흐르다보니 어느덧 자녀들은 의젓한 사회인으로 성장했고, 이제 생업과 학업을 넘나들며 겸업兼業으로 생활할 수 있는 여유를 갖게 된 것이다.

생업과 학업이라는 겸업으로 옮겨온 현실에서 철학의 연원淵源에 대한 의문은 심연深淵에 던져진 땀방울처럼 더욱 학문적 관심으로 이어지게 되었다. 불혹不惑과 지천명知天命을 지나면서 특히 명운命運에 관심을 가지고 있던 중 10년 전 도현역학연구원 김동욱 박사님을 만나 배움의 길에 입문하게 되었으며, 보다 큰 학문적 성취를 위해 대학원 박사과정을 추천해 주셨다.

▶▶▶ Ⅴ. 「태극도설」의 정수精髓

대학원 박사과정에서 중국의 철학사상은 공맹과 노장이 핵심을 이룬다는 것을 알고 시간이 날 때마다 자연에 묻혀서 사색하며 성철聖哲의 고전에 심취했다. 원래는 명리命理를 공부하고자 하는 뜻에서 박사과정에 입학하여 수학하던 차, 필자의 관심은 명리의 근저가 되는 것이 철학이라고 판단하여 방향 전환으로 이어졌다.

철리哲理 탐구의 좋은 인연으로 선지식善知識의 지도가 있었으며, 그리하여 철학적인 사유는 필자로 하여금 학문의 세계에 유영遊泳하게 했다. 그동안 침잠된 우주 생성과 인성수양의 추뉴樞紐로서 「태극도설」은 필자에게 영감을 가져다주었고 그 영감 속에는 신라 하대의 최치원이 말했듯이 「풍류도」와 같이 유·불·도 삼교의 사상적 소통이 본「태극도설」에 용해되어 있음을 알았다. 사유 내면에 잠재된 의식의 도화선이 『송대 철학과 태극도설』이라는 저술로서 결실을 맺은 것이다.

「태극도설」의 구성은 짧은 249자라는 문구로 이루어져 있지만, 철학의 요소가 다 갖추어져 있다. 우주의 존재라든가, 만유의 생성, 만물의 영장으로서 인간의 수양론이 구조화되어 있기 때문이다. 이뿐만 아니라 사상적 연원으로서 중국사상의 철학적 체계가 형성된 시대를 알고 싶었다. 그것은 송대 철학의 사현四賢들이 펼친 이론과 연결되고 있음을 알고 환희歡喜로 다가왔다.

유교철학에서는 우주의 근본원리로서 '태극太極'을 최상 정점으로 삼는다. 「태극도설」의 이론 속에는 무극에서 태극으로 이어지는 존재일반론으로서 태극에 바탕한 우주 만물론을 전개하는 것으로 생성론을 중시한다. 이의 적용으로 인성론을 설명한 뒤, 그에 따른 실천행위로서의 수양론 등을 순차적으로 설명하는 것에는 본 도설의 체계화된 이론이 집약되어 있다는 것이다.

「태극도설」의 이론 근저에는 송대의 걸출한 철인들의 철학이 잠재해 있다. 이들이 추구하는 것을 구체적으로 항목화해서 조망해 보았다. 첫째 본체론이다. 둘째 생성론이다. 셋째 수양론이다. 이 가운데 수양론은 필자의 인생관을 결정하는 중요한 단서가 되었다.

▶▶▶ VI. 학덕學德의 종착역

오늘날 사이버세계가 존재하지 않았지만 지금은 '메타버스'가 등장하는 등 세상은 빠르게 발전해 가고 있다. 외적인 변화의 현란함 속에서도 내면에는 잔잔한 파도와 같이 그러한 변화의 세계를 따라잡기 힘들지만 이에 적응해야 하는 세대들의 고충과 더불어 속도감에 인내력이 생겨나고 있다. 전화로 사용하던 휴대폰에서 각종 편리함을 휴대폰 어플에 의해 사용해야 하므로 어쩔 수 없이 이에 적응해야 하는 현실감각에 내성耐性이 생겼다는 뜻이다.

현대인으로서 비주얼(visual) 세상에 심취되다 보면 심안心眼으로 볼 수 있는 세상을 놓치고 만다. 메타버스에 자신을 내맡긴 현실에서도 고전古典을 바라보는 심안이 필요하다는 것이다. 조선의 지성 퇴계와 율곡의 한국철학도 고전에서 발견할 수 있다. 한국인의 철학자 퇴율退栗의 연원淵源으로 중국 송대의 주렴계(周濂溪, 1017~1073)와 주자(朱子, 1130~1200)등의 고전을 소개하는 이유이다.

불가에서는 나이가 들고 학덕學德을 겸비한 사람을 수보리[須菩提] 라고 한다. 수보리는 석가모니가 파안미소를 던지며 정법안장을 전한 마하가섭을 연상하게 한다. 또한 버트란트 러셀은 다음과 같이 말한다. "나와 내 친구들은 놀랄만한 지능[學]과 덕德의 소유자들이다. 그처럼 대단한 지능과 덕이 우연에 의해 생겨났다고는 상상하기 어렵다." 이제 나의 이상적 목표가 정해졌으며, 그것은 '학덕'의 겸비이다. 앞으로 학문 연마에 매진하면서도 덕성을 베풀며 사는 인생은 참으로 좋지 않은가?

본 저서가 후학들에게 중국 철학의 철학적 심화를 가져다준 송대 철학의 천착에 도움이 되기를 바란다. 그리고 앞으로의 여생은 후학을 위한 학문적 적공의 시기로 삼고자 한다. 여기에 더해 「부록1」과 「부록2」도 소중한 자료이니 많은 도움이 되었으면 좋겠다. 또한 「부록3」으로 주희의 『통서해』를 첨가하고자 한다.

끝으로, 한평생 불교의 돈독한 신앙심으로 가르침을 주신 부모님의 하해河海 같은 은혜로움이 본 저술의 결정체結晶體로 세상에 선보인 것을 자랑스럽게 생각한다. 또한 본 저술이 발간되도록 도움을 주고 학문적 열매를 맺을 수 있도록 해주신 류성태 교수님, 인상人相과 운세

運世의 지혜에 눈을 뜨도록 운수雲水로서 지켜봐주신 청민靑旻 교수님께도 감사의 말씀을 전한다. 그리고 사랑과 정성으로 보답한 아내[妻]와 멋진 아빠라고 응원해준 자녀에게 감사의 마음을 전한다.

금오산 아래 호산헌(昊山軒)에서

문학박사 이천수 拜上

1

연구 목적과 주렴계 사상

중국 철학의 이론 규명에 있어서 핵심개념으로 어떠한 것들이 있는 가를 수집하고 탐구하는 구체적인 방법은 학습하는데 있어 흥미로운 일이다. 철학의 보편적인 진리를 규명하는데 대체로 주요 원리를 중심으로 전개되고 있기 때문이다.

철학의 핵심원리로서 중국의 도道, 무극無極이나 태극太極이라는 용어가 주목을 받았던 시대는 근세의 송대이다. 송대 철학에서 인문주의적 형이상학에 많은 관심을 기울였던 것은 궁극적 존재를 합리적으로 해석하는 학풍이 활발했다는 사실에 있다. 즉, 송대의 신유학을 다른 이름으로 '이학理學'이라 일컫는 것은 이학에서 그만큼 합리주의적 성격이 강화되고 있는 것으로 이해할 수도 있다.[1] 신유학이 합리적이면서도 형이상학적 근원 문제에 관심을 많이 기울였던 것은 천天, 상제上帝, 나아가 태극이나 무극 등을 절대 주재적인 면이 아니라 철학적 인식대상으로 전환시킨 결과이다.

『현대 물리학과 동양 사상』을 저술한 물리학자 프리초프 카프라(Fritjof Capra)는 현대 동양 사상과 현대 물리학의 관계에 지대한 관심을 가졌는데, 동양 사상과 물리학을 비교하는 많은 강연과 논문을 발표했고 1975년 처음 출간되면서부터 이른바 신과학운동에 큰 영향을 끼쳤다. 동양 사상의 핵심개념인 공空, 범梵, 도道, 태극太極 등의 이치를 2,500년이 지난 오늘날 서양 물리학의 이론 특히 양자이론에서 하나씩 파악하는 것과 같다고 했다.

무극과 태극 이론을 중심으로 하는 우주와 인성의 문제는 과학자는

---

1) 금장태, 『유교사상의 문제들』, 여강출판사, 1990, p.1.

물론 철학자에게도 지적 호기심을 갖게 한다. 그뿐만 아니라 하늘과 인간의 관계, 즉 형이상학적 인문주의를 지향하는 중국 철학에서 보면 당연히 주요 관심사로 이슈가 될 만한 사항이다.

오늘날 과학 문명의 발달과 자본주의적 가치를 중요시하는 현대인들은 인문학의 위기에 더해 형이상학적 가치론의 관심 결여가 심각하다는 점에서 이에 대한 동기 부여가 필요한 상황이다. 여기에서 송대 철학을 통해 우주론과 인성론의 관심은 인문학의 지평 확대와 더불어 도덕성의 가치론을 유도하는 중국 근세철학의 지향점이기도 하다.

본 연구에서 중심 주제로 접근하고자 하는 「태극도설」의 이론은 어떠한 전적典籍들과 관련이 있는가를 심층 분석해 보고자 한다. 그러한 시각에서 주렴계 사상의 연원을 살펴보는 일이 요구되는 것이다. 이를테면 『주역』의 태극, 양의兩儀, 그리고 노장 철학에서 거론된 무극과 태극의 관계는 어떻게 접근되며, 수·당 시대에 유행한 도道·불佛의 수양론과의 관계는 어떠한지를 규명해 보고자 한다.

「태극도설」의 연원을 규명함으로써 본 도설圖說이 갖는 이론체계는 어떻게 구성되어 있는가를 천착하는 것이 본 연구의 주요 목적이다. 좀 더 자세히 설명하면 도설의 이론체계를 중국 철학의 큰 틀 가운데 본체론과 수양론 등의 구조 속에서 접근하려는 것이다. 주렴계, 이정, 주자가 활동했던 시대의 송대 철학은 이론체계의 구축을 통해서 중국 철학의 꽃을 피웠다. 그 가운데 주렴계의 역할은 태극 이론을 체계화한 신유학의 시발점이었다는 점에서 그의 전반적인 사상을 연구하는 것은 학술적으로 높은 가치를 부여할 만하다.

사실 주렴계의 「태극도설」은 유자儒者로서의 도·불을 포함한 학문적 범주를 확대하여 우주론(본체론), 생성론, 수양론이라는 이론체계의 접근이 가능하다. 특히 본 도설에는 무극, 태극, 음양의 개념이 등장하고 있다. 그것은 철학자들에게 우주와 인성의 문제에 깊은 관심을 갖게 해주는 계기가 된다. 우주 생성과 인간 자신의 생명활동에 대한 관심의 증가는 중국 철학에서 말하는 천天·인人의 관계를 오랫동안 조명하도록 했다. 본 연구의 출발점도 이러한 우주와 인성에 대한 지대한 관심에서 출발했다고 보면 이해의 사유 폭이 넓게 된다.

▶▶▶ 2. 선행연구의 분석

어떠한 인물이나 사상, 철학 등을 심화시키는 접근방법은 그와 관련한 선행연구들을 구체적으로 살펴보는 과정이 무엇보다 중요하다. 이미 전개된 연구의 성향을 분석하고 비판과 대안을 제시함으로써 본 연구의 독창성을 드러내는 것은 탄탄한 논리적 근거와 학문적으로 가치가 있기 때문이다. 선행연구의 분석과 평가에 있어서 아쉬운 점이나 미처 다루지 못한 부분은 새로운 연구를 시도함으로써 문헌연구를 통해 총체적인 접근을 입체적으로 해 보는 것도 본 연구의 창의성 및 연구 명분이 충족된다.

이를 감안하면서 본 연구와 밀접한 선행연구로는 무엇이 있는가를 심층적으로 살펴보고자 한다. 주렴계의 「태극도설」과 관련한 선행연구에 있어서 단편논문, 연구논문 등이 있지만 주로 학위논문을 중심으로 접근하고자 한다. 논증의 깊이 면에 있어서 논리적 타당성을 확보하고 학술적 가치를 고려했기 때문이다.

그런 연유로 주렴계의 사상과 관련한 선행연구들을 다음 몇 가지로 압축하여 정리하면 다음과 같다.

첫째, 박응렬의 「주렴계의 태극론에 관한 연구」[2]가 있다. 본 연구에서는 주렴계의 저작문제와 태극론을 다루면서 무극과 태극의 관계를 거론하고 있다. 그리고 태극의 우주론과 인성론을 거론하면서 인식론을 조명한 것이 주목된다. 「태극도설」보다는 '태극론'에 중점을 두고 접근했음을 알 수 있다.

둘째, 전용주의 「주돈이의 태극도설 연구」[3]가 있다. 이 범주에서는 「태극도설」의 우주론과 인간론이라는 양대 관계를 주로 접근했다. 즉 우주론의 전개라든가, 인간 본질론의 문제를 다루고 있다. 그리고 「태극도」의 주요 쟁점으로 태극의 해석이라든가 체계 등을 노정시켰다.

셋째, 황영오의 「조선시대의 태극론에 관한 연구」[4]가 있다. 여기에서는 태극론의 형성배경을 비롯하여 조선시대의 태극론을 언급하고 있다. 구체적으로 이언적의 「주리론적 태극론」, 정구의 「심학적 태극론」, 임성주의 「주기적 태극론」을 언급했다. 뒤이어 조선시대 태극론의 전개양상을 소개하고 있다.

넷째, 김계완의 「태극과 형태변형에 관한 연구」(이화여대 석사학위논문, 1987), 송정림의 「주돈이에서의 우주와 인간연구」(이화여대 석사학위논문, 2004) 등이 있다. 여기에서 김계완은 조소학의 입장에서 「태극도설」과 태극선, 태극형태와 조형적 변형을 연구했다. 그리고 송정림의 경우 우주론을 중심으로 무극과 태극, 태극과 동정, 우주에서의 인간과 인성론 등을 연구했다.

외국의 선행연구 논문을 살펴보면 주광호朱光鎬의 「주희태극관연구-이「태극도설해」위중심朱熹太極觀硏究-以太極圖說解爲中心」[5]이 있다. 여

---

2) 박응열, 「주렴계 태극론에 관한 연구」, 성균관대학교 박사학위논문, 1996.
3) 전용주, 「주돈이의 태극도설 연구」, 성균관대학교 박사학위논문, 2014.
4) 황영오, 「조선시대의 태극론에 관한 연구」, 원광대학교 박사학위논문, 2015.

기에는 주희 이래 태극개념, 주희『태극도설해』의 전개, 주희 태극과 음양오행, 지선至善의 표덕表德, 주희 이후 중국태극관의 전개, 조선시대 주희태극관의 계승과 반대 등이 언급되고 있다. 중국 철학사에서 조선시대 주희의 성리학적 영향을 고려하여 확대, 접근한 것으로 이해된다.

위에서 열거한 선행연구들은 연구자의 다양성 파악에 도움을 주었다. 박응렬의 「주렴계의 태극론에 관한 연구」와 전용주의 「주돈이의 태극도설 연구」가 그것이다. 다만 필자의 「주렴계 사상의 연구-태극도설을 중심으로」에서는 선행연구에서 크게 다루지 않았던 부분으로서 「태극도설」의 연원을 보다 구체화시켰다. 그리고 「태극도설」의 철학적 의의에 더하여 본 연구의 중요한 부분인 본체론, 생성론, 수양론을 집중 고찰함으로써 송대 철학의 이론체계를 심도 있게 드러내는데 가치를 두고자 한다.

➡➡➡ 3. 연구방법 및 범주

학술적 접근 방법에 있어서 동양의 연구방법론은 서양과 차이가 있다. 서양의 경우 언어 분석을 통한 정의定義 규정과 같은 인식론적 접근이 주류를 이룬다면 동양은 인간의 인성 함양과 관련된 수양론적 접근이 주류를 이룬다는 점이다. '수양론'이란 개념은 서양 철학에는 존재하지 않는다. 동양 철학이 가진 고유한 특징에 속하는 것으로서

---

5) 朱光鎬, 「朱熹太極觀硏究-以「太極圖說解」爲中心」, 北京大學 博士學位論文, 2005.

내재적 도덕성의 회복을 강조하므로 언제나 서양 철학에는 없는 수양 즉 실천의 문제가 대두된다.[6] 본 연구의 경우 동양학적 방법론이라는 점에서 본체론에 근거한 주렴계의 수양 방법론을 통하여 만물의 영장으로서 도덕적 자각심을 부여하고자 한다.

중국 철학에서 인간의 도덕적 자각심을 불러일으키는 것은 고대의 공맹사상으로부터 비롯되었다. 송대 철학에 이르러 신유학의 선구자로서 주렴계의 사상이 관심사였다. 주렴계의 철학적 입장을 기초로 하여 이론적 체계를 완성한 주자의 「태극해의」를 참고로 신유학의 완성이라는 사상적 맥락을 고찰했다.

본 저술의 구성은 전체 5편으로 되어 있으며, 본 연구 목적을 달성하기 위해 각 장별로 구성내용을 요약한 논의의 전개 내용은 다음과 같다.

제1편은 서론으로 연구의 목적, 선행연구의 분석, 연구방법 및 범주에 대해 기술했다.

제2편은 이론적 고찰로 주렴계 「태극도설」을 중심으로 심도 있게 살펴보고자 한다. 여기에 더해 그의 저술 『통서』에서 언급하는 수양의 용어들도 본 연구의 범주에 포함시켰다. 또한 주렴계의 사상 연구에는 송대사현宋代四賢[7], 특히 주자의 태극과 관련한 언급이라든가 인성수양론을 그 범주에 포함시켜 접근하고자 한다.

다음으로 본 연구의 전개에 있어서 주렴계 사상의 전반적 흐름을 파악보고자 한다. 또한 송대 철인들 가운데 주렴계의 위상과 학파를

---

6) 박승현, 「노자수양론과 마음치유」, 『인문과학연구』 40집, 강원대 인문과학연구소, 2014.3, pp.604-606.

7) 송대의 유학자들로서 주렴계, 장횡거, 이정, 주자가 이에 해당한다.

통한 사상적 접근을 시도하고자 한다. 그의 「태극도설」과 『통서』에서 모색하고자 하는 것은 본체 생성론과 인성 수양론에 대한 내용들이 주류를 이룬다는 것이다. 이러한 내용의 핵심으로서 「태극도설」의 성립과 무극·태극의 개념과 상호관계를 심층적으로 탐색하고자 한다.

제3편에서는 「태극도설」의 이론체계가 어떻게 정립될 수 있는가에 대해 근본원리를 궁구하고자 한다. 그것은 구체적으로 본체론으로서의 「태극도설」, 생성론으로서의 「태극도설」, 수양론으로서의 「태극도설」을 고찰하려는 것이다. 본체론이란 우주론적 접근을 말한다. 생성론이란 음양오행과 「태극도설」의 관계에 대한 접근이다. 그리고 수양론은 도덕적 규범의 준수와 중정인의中正仁義의 실천과 주정主靜 수양을 통한 성인론에 관련된 내용이다.

제4편에서는 송대 철학과 「태극도설」의 특징이 무엇인지 접근해보고자 한다. 주된 이유는 주렴계를 통해 송대 신유학의 선구자적 활동상에 다면적으로 접근하려는 의미를 담고 있기 때문이다. 또한 신유학의 이론체계에 「태극도설」이 어떠한 위상을 지니는지 논의하려는 것이다. 이는 「태극도설」의 철학적 의의 모색과도 상관성이 있다. 또한 「태극도설」이 동양 철학에 어떠한 영향을 미쳤는가도 연구자가 분석하게 된 이유이자 동기이기도 하다.

본 연구에서 무극·태극을 도가나 도교로부터 원용한 주렴계의 유자적儒者的 정체성 문제는 유·불·도 사상의 회통성을 중시하면서 접근하고자 한다. 즉 도가의 우주관은 자연관, 유가의 우주관은 도덕관[8]이라는 점에서 그 경향성을 인지하면서도, 주렴계가 「태극도설」에서 원용한 용어로써 무극과 태극이 노장老莊과 직결되어 있다는 점을 주

---

8) 金忠烈, 『中國哲學散稿』 Ⅱ, 온누리, 1990, p.237.

시하지 않을 수 없기 때문이다. 주렴계가 활동한 송대 철학이 한대의 우주론적 접근을 중시하면서도 수·당을 거치면서 노老·불佛 수양론의 영향을 고려한 주렴계의 학문적 지평과 관련된다는 점을 고려할 필요가 있다.

제5편은 결론 부분으로 분석결과를 요약하고 결론을 도출했다. 그뿐만 아니라 시사점 및 연구의 한계점을 기술하고 향후 연구방향을 제안하고 마무리하려 한다. 본 연구는 향후 철학계와 수련계에도 많은 도움을 줄 것으로 기대한다.

▶▶▶ 3. 주렴계 사상의 개요

고대로부터 인간은 우주의 이법에 관심을 갖고 이성적 사유를 해온 존엄의 존재이다. 우주와 인간의 관계는 본체와 수양이라는 두 측면에서 조망을 받을 수밖에 없다는 뜻이다. 이에 본 연구의 목적은 송대 주렴계(周濂溪, 1017~1073)의 「태극도설」을 중심으로 본체와 생성, 수양의 심연深淵에 다가서고자 하는 것이다.

덧붙여 천·지·인 삼재三才라는 관계에서 인간이 지니는 지고의 가치를 정립하려는 것이다. 흔히 우리가 생각하는 우주를 대우주라 한다면 인간은 전체 우주의 축소모형인 소우주로 보는 것이다. 그것은 천지의 구성체에 있어서 인간의 존재가치를 우주라는 용어로 표현하려는 심리 표출이라 본다. 중국 한대의 동중서(董仲舒, BC170?~BC120)가 천인감응설天人感應說을 언급하면서 인간을 우주라는 범주에 포함시키려는 의도이며 그것이 인간의 삼재적三才的 구성체인 것이다.

이처럼 바람직한 인간상의 정립에는 철학적 시각이 요구된다. 이런 까닭에 송대 주렴계의 「태극도설」의 이론적 배경을 중심으로 접근하고자 한다. 동양의 철학에서는 여러 이론 가운데 우주론을 우선적으로 거론하는데, 이러한 우주론은 실체적 생성론이라고 할 수 있다. 그리하여 우주론을 본체론과 등치等値의 개념으로 접근한다. 우주를 구성하는 실체는 주렴계에 의하면 '무극이태극無極而太極'이라는 「태극도설」에서 언급했다. 이는 우주의 본체론이라 할 수 있는 논리적 근거가 된다.

우주에서 생명현상을 전개하는 모든 생명체의 존재적 근거와 생성·가치 등을 망라해 전개하는 이론적 체계화가 송대 철학에서 이루어졌다. 여기에서 인간이 존재하는 근거가 바로 무극이나 태극으로 본체론의 출발인 것이다. 이를 『주역』이나 도가 철학에서 흔히 말하면 '도'라고 할 수 있다.

그러므로 도道와 관련된 무극과 태극이 생명체 형성의 본체적 근거가 본 연구의 출발이다. 이러한 이치로 우주를 생성론적 시각에서 접근을 시도했다. 이에 주렴계는 무극과 태극에 근거하여 음양 개념을 등장시키고 있으며, 그것은 태극의 동정 작용에 의함을 증명한다. 음양의 작용으로 인해서 오행五行이 등장하는데 우주에 생성하는 존재의 가장 기초적인 요소이다. 수·화·목·금·토라는 오기五氣의 작용으로 인해서 생명의 생성이 이루어지기 때문이다. 인간의 탄생도 우주를 이루는 다섯 원소인 오행의 기氣를 통해서 이루어진다. 이는 동·식물도 마찬가지이다.

오행은 기에 기초하며 인간의 존엄성은 오성五性을 고루 갖춘 인성의 발현과 연결된다. 본 연구의 귀결점으로서 인성 수양론을 모색하려는 것은 중국 철학의 개화기인 송대 철학에서 그 실마리를 찾고자 했다. 그것은 중국 철학이 고대로부터 본체론과 우주의 문제 여기에다가 인성의 본성 문제에 더하여 도덕적 가치규범에 이르기까지 가장 많은 지면을 할애하며 철학적 전개가 이루어졌기 때문이다.

이처럼 동양 철학의 사유구조 가운데 특히 주렴계 「태극도설」의 사상적 구조는 본체론, 생성론, 수양론이라는 큰 틀에서 전개된다. 그것은 서양 철학에서 말하는 존재론, 인식론, 가치론이라는 틀과 외형상 유사하다. 중국 철학에서 언급하는 '본체·생성·수양' 혹은 '우주·인성·수양'에 대한 철학적 이론화 작업은 송대 철학의 학풍으로 이어진다. 송대 학풍을 통해서 성리학의 이론적 체계화를 이루었던 것이다.

「태극도설」의 위와 같은 '본체·생성·수양'이라는 세 가지 틀에서 본 연구를 구성했다. 그것은 송대 철학의 시초로서 주렴계의 위상에 걸맞게 접근된 것이라 본다. 주렴계가 바라본 본체·생성·수양의 시각이 망라됨으로써 그의 철학이 송대 철학의 효시적 역할에 더하여 신유학으로서 새로운 가치가 더욱 드러날 것이다.

또한 주렴계의 학문을 통해 송대 유학의 전개와 특성을 파악하고, 「태극도설」의 성립과 연원에 대한 세밀한 탐색과 분석을 위해서 본 「태극도설」의 연원문제를 점검하지 않을 수 없다. 신유학의 우주 본체론적 이론정립은 활발했지만 인성 수양론적 이론은 도교·불교에 비해 활발하지 못했기 때문이다. 주렴계가 도교·불교의 사상을 수렴함으로써 인성의 문제, 인격의 문제라는 범주적 확대와 응용이 가능했다는 사실을 상기하지 않을 수 없다.

주렴계 「태극도설」이론의 정합성整合性에 의해 본체적 무극·태극, 그리고 생성론적 음양·오행에 근거하여 인성 및 인격의 함양과 그 방법으로서 중정·인의와 주정의 수양론을 집중 조명했다. 이것은 공·맹의 천인합일 사상을 지향하는 신유학의 도통道統 정신을 확인할 수 있게 해준다. 주렴계가 신유학자로서 공·맹 정신을 계승하려는 자세 속에서 도교와 불교의 수양론적 방법론의 범주를 확대, 적용했다는 점에서 중국 고대철학의 철학화 작업이 가능했으며 신유학이 갖는 이단 비판적 성향을 용해한 학술적 가치가 크다.

송대 유학과 주렴계
「태극도설」의 성립

1) 송대 유학의 형성

중국 근세의 송학宋學이 발생한 사회적 배경은 무엇일까? 배경을 살펴보면 당唐 왕조 후반기에 당나라 체제를 붕괴시킨 안사安史의 난이 일어났다. 안사의 난이 발발한 이후 지방 군단사령관(절도사)의 세력은 증대하기 시작했으며, 당대唐代의 역사가 3백년간 지속되었지만 결국 당나라도 서기 907년에 패망하기에 이르렀다. 당나라의 패망 이후 5대의 난세가 일어났으며 전란은 70여 년간 지속되었는데, 이를 '오대五代'라 한다. 황하유역을 기반으로 해서 형성된 후량·후당·후진·후한·후주의 5국이 흥망을 거듭했던 것이다.

근세의 중국은 분열의 시대로 이어졌으며, 그것은 역사적 전환점을 맞이하게 된다. 육조六朝[1] 수당隋唐 7백년의 문화에서 문벌귀족화한 사대부 세력은 조금씩 변모를 보이게 된다. 이 5대의 전란에 의해서 완전히 그 자취를 감추게 되었으며 그로 인해 문관 귀족은 몰락했다.[2] 문관의 몰락 이후에 사회적으로 문화적으로 커다란 전환기를 맞이했다. 문벌 귀족의 위상은 추락했으며 설사 관리가 된다고 해도 세습될 수 없고, 관리는 일반 서민 사이에서 등용되었다.

그리하여 사대부나 서민들이 국가에서 관리로 등용되는 시대로 진입했다. 수당 시대부터, 문벌주의를 타파하기 위해서 설치한 과거 제도는 송대에 들어와서부터 그 실효를 발휘하게 되었다[3]는 뜻이다. 그

---

1) 420년 東晉의 무관이었던 劉裕가 선양을 받아 이룩한 왕조이자 남조의 하나로 오-동진-송-제-양·陳을 육조시대라고도 부른다.
2) 森三樹三郎(임병덕 譯), 『중국사상사』, 온누리, 1994, p.200.

런 연유로 송대에 이르러 사대부도 국가를 위해 봉사한다고 하는 의식 구조의 변화가 일어났다. 당연히 이들은 정치에 관심을 갖게 되었으며 그로 인해 송대 300년 동안 정치에 관심을 가진 지식인의 숫자가 늘어났다.

정치에 관심을 가진 사대부와 지식인들의 의식이 높아지면서 정치적으로 북송北宋은 천하를 통일했다. 북동으로는 요遼, 북서로는 서하 西夏라는 이적夷狄의 2대 강국을 두고, 때로는 굴욕 외교를 강요받기도 했으며, 군비를 강화할 필요에 의하여 행정이나 재정의 합리화를 피하지 않을 수 없었는데, 왕안석(1021~1086)의 신법新法도 그러한 것 중의 하나였다.4) 그가 주장한 신법은 이상주의에 빠지고 급진적이기까지 했다. 이에 사마광의 구법당舊法黨과 대립하게 되어 결과적으로 구법당이 천하를 잡으면서 신법당과 다툼이 잦았다. 그러므로 북송시대는 정당의 다툼이 지속되면서 사대부들은 정치의식이 점증했으며, 학문과 치국治國의 방편으로 송대 유학을 형성함과 더불어 더욱 발전시키는 계기가 되었다.

송대 유학의 성립과 발전은 공맹 정신을 잇는 도통道統 유맥의 전통을 벗어나지 않았다. 왜냐하면 송대 철학자들은 공맹을 중심으로 한 도통 유맥의 전통을 고수하는 경향이었기 때문이다. 이를테면 송대의 성리학자들은 맹자의 학설, 특히 성선설을 자신들의 인간론으로 받아들여 맹자를 공자 사상의 정통 계승자로 자리매김했으며, 『맹자』를 사서四書의 하나로 규정하여 경전으로 격상시켰다.5) 그동안 『맹자』

---

3) 위의 책, p.200.

4) 森三樹三郎(임병덕 譯), 『중국사상사』, 온누리, 1994, p.200.

5) 한국철학사상연구회, 『韓國哲學』, 예문서원, 1995, p.32.

서적이 역성혁명과 관련된다는 이유로 금기시하는 경우가 적지 않았는데, 오히려 이를 사서의 반열로 올린 것이다.

또한 『예기』에서 분장分章된 『대학』과 『중용』도 사서로서 널리 읽히게 되었다. 송유宋儒는 그리하여 한당漢唐 유학을 뛰어넘어 곧바로 공자와 맹자에 접속을 시도했으며, 공맹 이후로 성인聖人의 학이 끊어졌던 것을 정명도(1032~1085)가 성도聖道를 밝혔으며, 이는 정이천(1033~1107)과 주자(1130~1200)로 전승되었다.[6] 『논어』에 더하여 『맹자』, 그리고 『대학』과 『중용』을 주해한 주자의 역할이 적지 않았다. 오늘날 사서로 읽히는 이들 고전은 도통(道統)을 중시하는 송대 유학자들의 영향이 지대했던 이유이다.

송대 유자들의 공헌으로 『맹자』가 사서로 규정되면서 당시의 유학자들은 맹자의 정신을 계승하고 자신의 철학을 '도학道學'이라 했다. 신유학은 실로 원시 유학의 의리적인 측면을 이어받았다. 특히 맹자의 경향을 계승했으며, 신유학자는 도학자로 통하고 그들의 철학은 도학이라고까지 일컫게 되었다.[7] 따라서 '도학'이라 부르는 것은 공맹의 정신을 계승하는 도통 정신의 연장선이라 볼 수 있다. 돌이켜보면 송학은 공맹과 같은 성인의 학이 사라질 위기에 처하자, 도·불이 유행하던 수·당을 넘어서 새롭게 도통 정신의 발휘를 도모한 것이다.

즉 한대로부터 수·당을 넘어서 도통 정신의 발휘는 송대 철학자들에 의해 지속되었지만, 한편으로 한대漢代의 우주론에 영향을 받아 송대의 우주론이 형성된 것도 사실이다. 전한대前漢代 우주론을 대표하며 송대 이학(理學)에 많은 영향을 끼친 천인감응설天人感應說의 내용

---

6) 류성태, 『중국 철학사의 이해』, 학고방, 2016, p.316.
7) 풍우란(정인재 譯), 『중국철학사』, 형설출판사, 1986, p.343.

을 보면 주로 재이災異는 실도실덕失道失德에 대한 하늘의 경고이며, 허물을 고치지 않을 경우 국가가 쇠망하고 만다[8])는 것이다.

동중서는 한대의 천인상감설을 주장하면서 치국을 위해서는 천天에서 그 단서를 찾고자 했다. 그는 양陽은 덕德, 음陰은 형刑이며, 양陽은 생육生育, 음陰은 임형任刑이라 했다. 그에 의하면 천도가 중양경음重陽輕陰이므로 인도 역시 중덕경형重德輕刑해야 한다는 논리를 펴면서 우주론적 천인감응설을 토대로 천인합일의 정신을 주장했다.

그 밖에도 한대에 유행한 경학經學이 송대에 영향을 미쳤다. 『주역』과 사서四書의 주해에 있어서 송대 철학이 새로운 해석을 가미하면서 한대 경학으로부터 영향을 받게 된다. 한대의 경학에서만이 아니라 송대의 경학, 흔히 동양의 철학사에서 가장 주목되는 시기인 송대의 철학에서도 『주역』은 매우 중요한 역할을 했다. 곧 성리학자들은 『주역』의 「계사전」과 이에 근거한 「태극도설」을 이학理學의 본원으로, 도리道理의 대두뇌처大頭腦處 (주자, 『태극도설해』)로 추론하고 있다.[9] 이처럼 송대의 성리학이 한대 경학의 영향을 받으면서 『주역』과 사서에 대한 해석을 새롭게 전개했던 것이다.

이런 시대 상황에 유추하여 송대 유학은 한당시대 훈고학을 넘어서 철학화하기 시작했다. 당시 유학의 본질은 유·불·선 삼교를 지양, 통일한 것이므로 자구 해석을 위주로 하는 한당의 훈고학에 비하여 두드러지게 사색적이었고, 소박한 원시 유교보다는 철학적이었다.[10] 한당

---

8) 곽신환, 「주역의 자연과 인간에 관한 연구」, 성균관대학교 박사 학위논문, 1987, p.61.

9) 위의 책, pp.6-7.

10) 金容治(조성을 譯), 『中國思想史』, 이론과 실천, 1988, p.219.

시기에 유행했던 훈고학은 고전의 자구를 새기며 해석을 하는 학풍 성향을 말한다. 훈고학은 원시 유교 고전의 교훈을 통해서 자신의 인품을 바르게 한다는 점에서 '훈고訓詁'라는 것이다. 그러나 한당의 훈고적 성향이 송대에 이르러 원시 유교의 사상을 훈고하는 것을 넘어서 유학사상을 이론적으로 체계화를 지향했으므로 보다 사색적이고 철학적이었다.

여기에서 유념할 것은 송대에 이미 역학易學이 유행하고 있었다는 사실이다. 이유는 송대 상수학象數學이 한대 상수학을 계승하면서 도상학圖像學의 전개에 공헌을 했기 때문이다. 한대와 송대 모두 『주역』의 주요 논점, 즉 변통관變通觀, 천인관天道觀, 태극음양太極陰陽, 적연감통관寂然感通觀, 궁리진성관窮理盡性觀 등을 전거로 하여 상象과 수數의 원리를 도출하고 이를 바탕으로 우주론적 도식을 구축함으로써 상수학의 전통을 유지하고 있다는 공통점이 있다.[11] 송대 학자들은 『주역』을 도상圖像으로 이끌어냄으로써 우주현상에 관한 이론적 사유를 체계화했다. 이것은 송대 철학이 우주론에서 인간의 생성론과 연결시켜 출발하여 자아실현의 수양론으로 연결시키려는 그들의 노력이 뒷받침된 것이다.

송대 유학이 자아실현을 중점으로 하면서 보다 철학화한 이유는 당시 도·불이라는 이단사상에 자극을 받고 배척적이었다는 사실에서 기인한다. 곧 불교로부터 유학의 고유사상을 보호해야 한다는 일종의 사명감에서 사상을 체계화하고자 했던 것이다. 송대의 성리학자들은 허虛·무無를 주장하는 도·불의 유행에 맞서 현실을 중시하는 유도儒

---

11) 한훈, 「태극도의 도상학적 세계관과 그 매체성」, 공주대학교 박사학위 논문, 2013, p.26.

道의 계승을 지향했다. 송대 학자들은 유학을 체계화하는데 열중했는데, 장횡거·이정·주자 등의 성리학자들은 노장老莊과 불교를 '허무적멸지도虛無寂滅之道' 즉 '허무의 철학'과 '적멸의 철학'으로 규정하면서 무無를 자신의 이론 체계에서 배제하고 '유有로서의 본체'를 확고히 하고자 했다.12) 도·불의 사상에 대한 유학의 체계화를 도모한 것은 송대 유학이 갖는 강한 이단 의식 때문이었다.

그런 연유로 송대의 사대부는 당시 유행한 불교의 개인 구원주의에서 탈피, 현실정치적 차원에서 수제치평修齊治平의 유교로의 복귀를 시도했다. 사대부들은 당시 유행한 귀족적 성격을 청산해야 했고 또한 그것이 국가의 흥망에 연결되는 성질의 것이었기 때문에, 사대부의 위기감을 불러일으키게 되었으므로 영원의 문제보다도 현실적인 문제 해결의 쪽이 한층 중요했다.13)

이는 송대 사대부들로 하여금 정치적 치국治國으로 관심을 전환하게 했다. 즉 개인 영혼을 구원하는데 목적을 지닌 불교를 극복하자는 것으로, 유교는 현실중시적 성향으로서 치국과 평천하平天下에 관심을 갖도록 한 것이다. 송대 유학은 불교의 탈세속과 개인구원에 치우치는 것을 벗어나 적극적으로 치국에 관심을 더 가지게 한 이유가 된 것이다. 결국 송대 유학이 이단이라 여겨진 불교를 거부하면서 더욱 현실 치세 중심으로 나아갔다.

송대 유학에 있어서 이단론은 이미 당대唐代에도 일어났었다. 수당 시대에 도교와 불교의 유행이 강하게 일어났던 탓이다. 한유(韓愈, 768~824)와 이고(李翱, 772~841)는 이러한 도·불 이단을 배척하면서

---

12) 전묘숙, 「近思錄의 道體편 연구」, 숭실대학교 석사학위논문, 2008, pp.1-2.
13) 森三樹三郎(임병덕 譯), 『중국사상사』, 온누리, 1994, p.201.

유학을 중심으로 그들의 학문을 발전시켰다. 곧 당唐의 이단 배척론이 일어나자 송대 유학은 그 영향을 받아 형성되었던 것이다. 당의 이단 배척론이 강하게 불어닥치면서 송대에 이와 같은 영향으로 유학이 발달했다는 것으로 당말唐末의 유학자들은 노老·불佛을 비판했으며, 이는 유학의 부흥을 촉구하는 것이었음으로 송대 유학의 꽃이 발아되는 계기가 되었다.[14]

유·불·도의 사상은 중국을 비롯한 한국과 일본에 고루 퍼져 있었는데, 특히 도·불 사상의 배척은 유교에 있어서 유학 계승이라는 사명감으로 인하여 그들 사상을 이단으로 여길 수밖에 없었다. 이와 같은 이단의식은 송대 이학이 갖는 특성으로서 도교와 불교의 유행에 대한 유학의 자체반성에서 시작된다. 자기반성이란 유학 사상에 도·불의 사상이 지닌 장점의 결여와도 직결되었다. 이에 도·불의 장점을 수렴하려는 학문적 반성이 유학자들에게 자극으로 이어진 것이다.

그리하여 당唐 중엽부터 송대에 이르기까지 유학은 자체적으로 도교와 불교의 사상을 연구하여 점차로 기존의 유학의 내용이 우주와 인생에 대한 추상적인 사유로서 형이상학적 철학의 필요성을 느끼게 한다.[15] 송대 유학은 선진유학을 계승하는 것을 기본으로 하면서 도·불이 관심을 가진 분야, 즉 우주와 인생의 수양론으로 영역을 확대하는 결과를 가져온 것이다. 송대 유학은 도·불에 대한 이러한 자체 반성을 통해 유학을 재평가하고, 우주와 인생의 영역을 망라하여 포괄적인 세계관으로 나아가기 시작했다.

또한 유교의 『주역』과 사서로서의 전통유학을 계승하는 것을 긍정

---

14) 류성태, 『중국 철학사의 이해』, 학고방, 2016, p.316.
15) 송정림, 「주돈이에서의 우주와 인간연구」, 이화여대 석사학위논문, 2003, p.5.

적으로 재평가했다. 더욱이 유교의 자체 반성은 앞에서 언급한 한유와 이고를 거치면서 이단의식의 등장과 더불어 유교계승이라는 점에서, 송대의 호원, 손복, 석개 시대에 이르러 유학의 발전이 이루어진다.16) 나아가 주렴계와 이정, 주자에 이르러 유학이 더욱 체계적인 이론으로 정립되면서 포괄적인 세계관을 형성했다.

그러나 신유학자들은 이론의 체계화와 포괄적인 세계관으로서 송대 유학의 지평은 확대했으나, 고대정신을 지향하는 국수적 성향은 벗어나지 못했다. 사실 송나라는 북방의 요遼·금金과 대항하는 민족국가였기 때문에, 송학도 중국 고대정신으로의 복귀를 그 기본 방침으로 하는 국수적인 것이었다.17) 결국 송대 유학의 본질은 넓게 보면 유·불·선을 통일하는 결과를 가져다주었는데, 그것은 유교의 사상에 도교와 불교의 세계관을 수렴했기 때문이다.

우주론과 인성론적 수렴의 과정에 있어서 국수적 성향에 매몰되었다면 송대 유학이 그들의 세계관을 확대할 수 없었을 것은 자명한 일이다. 이러한 세계관의 확대는 신유학이 인식론적으로 중국 철학의 꽃으로서 활짝 피는 계기가 되었다. 이와 같은 송대 신유학의 탄생은 소강절(邵康節, 1011~1077), 주렴계(周濂溪, 1017~1073) 장횡거(張橫渠, 1020~1077), 정이천(程伊川, 1033~1107) 등으로 이어진다. 송대에 신유학이 탄생함으로서 그들의 인식론이 새롭게 수립되었다.

---

16) 송대 유학에서는 漢唐의 훈고학적 전통과 사장학이라는 외면적이고 과시적인 학문에서 벗어나고자 했다. 이는 胡瑗(993~1059), 孫復(992~1057), 李覯(1009~1059) 이래 송대 유학의 새로운 경향이라 할 수 있다.(김학재, 「송대 신유학자들의 노자관에 대한 개괄적 시안」, 『동서철학연구』 제25호, 한국동서철학회, 2002, p.73 참조).

17) 金容治(조성을 譯), 『中國思想史』, 이론과 실천, 1988, p.219.

주렴계는 '신발지神發知'를 주장하며 우주론적 확대를 통해 인성론으로까지 그의 인식영역을 확대했다. 그리고 소강절은 사람이 감각기관으로 사물을 인식할 수 있으나, 무궁한 이치는 마음으로 살펴봄으로써만 가능하다고 했다. 장횡거는 마음의 인식 곧 궁리를 차근차근 해나가면 마침내 사물의 이理를 인식할 수 있다고 했다. 정이천은『대학』의 격물과 치지의 해석을 통하여 인식론을 전개하면서 선지후행설을 주장했다.[18] 주자는 이정 사상을 계승하여 선지후행先知後行을 주장했다.

송대 유학이 형성되어 꽃을 피우게 된 이유는 무엇보다 이들 유학자들의 도통道統 정신에 의한 것으로 옛 성현의 가르침을 후대에 다시 흥성시키는데 진력했기 때문이다. 맹자가 양주와 묵적 등의 사설邪說을 물리치고 성현의 가르침을 세상에 널리 펴기 위해 진력했던 것처럼, 송대 철학자들은 불교와 도가의 잘못된 교설을 물리치고 그간 단절되었던 옛 성현의 가르침을 다시 세상에 널리 펴는, 즉 맹자와 같은 역할을 자임했던 것이다.[19] 여기에서 불교와 도가의 잘못된 교설이란 송대 유학자들의 관견管見이라 볼 수도 있으며, 오히려 이들 사상을 수렴한 주렴계의「태극도설」에서는 이를 수렴, 새로운 송대 신유학을 꽃피우는데 크게 기여하게 된다.

송대 유학이 꽃을 피우는 과정에서 볼 때 주렴계의 태극사상에 이어 장횡거는 기철학을 발전시켰다. 그리고 이정은 이기론과 성리학의 부흥을 가져다주었다. 송명 유학은 대체로 주렴계를 효시로 하여 정명도, 정이천이 그 중심이 되기 때문에, 이른바 초기라고 하면 이정 이전

18) 정진일,「유교의 致知論 소고」,『범한철학』제15집, 범한철학회, 1997, p.141.
19) 김학권,「張載의 우주론과 인간론」,『철학연구』제77집, 대한철학회, 2001, p.76.

의 시기로서 이 시기에는 강학講學이나 저술에 종사했던 인물들이 매우 많았지만 이론을 건립할 수 있었던 자들은 주렴계, 장횡거, 소강절20)과 같은 인물들이다.

여기에는 주자도 빠뜨릴 수 없으며 이들 사상을 종합하여 체계화한 주자는 송학을 완성한 학자로서 송대 유학의 부흥에 기여한 철학자였기 때문이다. 그런 맥락에서 송대 유학의 발아와 흥성으로 형성된 '신유학'의 개념은 몇 가지 사상노선이 있다는 점을 알아둘 필요가 있다. 신유학이란 이 도학道學을 서양식으로 표기하기 위하여 새로 만든 용어로서 그 주요 원천으로서는 다음과 같은 세 개의 사상노선이 있다.

첫째, 유儒가 그 자체요, 둘째 불가로서 이는 선禪을 매개로 한 도가와 더불어 신유학의 형성기에 가장 영향력이 컸다. 셋째는 도교인데 음양가에 관한 도교의 우주론적 해석은 중요한 요소가 되었으며 신유학자의 우주론은 주로 이 사상노선과 연관되었다.21) 이처럼 신유학이 송대에 꽃을 피워 유학의 체계를 완성하게 만든 원인은 이단을 배격하는 유학적 학풍에서 비롯되었다. 그것이 자극제가 되어 오히려 이단이라 불리는 도·불사상과 영향을 주고받았던 것이다. 비록 송대 철학이 표면적으로 이단을 배척했다고 해도 학문적 지평을 넓힌 성리학으로서 흥성한 유학을 '송학宋學'이라 부르며, 이는 후대 한국사상에도 영향을 주었다. 성리학은 중국의 송나라에서 시작되었다고 해서 송학이라고 한다.

---

20) 勞思光(정인재 譯), 『중국철학사』 송명편, 탐구당, 1987, p.105.
21) 풍우란(정인재 譯), 『중국철학사』, 형설출판사, 1986, p.343.

우리나라에는 고려 말의 정몽주가 시조이다. 실질적인 학문으로 정착한 것은 조선조 권양촌, 정삼봉에 의해서라고 할 수 있다.[22] 송대 성리학이 형성되어 세계관을 확대하는데 도·불의 영향을 받았고, 주렴계의 「태극도설」이 이를 증명했다. 이는 송학宋學의 집대성자인 주자가 주렴계의 도설圖說에 해석을 가함으로써 송대 철학이 더욱 발전할 수 있었고 그것이 한국유학에 영향을 주었던 것이다.

2) 주렴계의 생애와 사상

(1) 주렴계의 생애

송대(960-1279)에 활동한 철학자로서 「태극도설」을 밝힌 주렴계의 생애에 대해서 살펴본다. 태어난 연도는 송나라 진종眞宗 천희天禧 원년元年이다. 이는 도정度正이 지은 연보의 기록과 일치하며 서기로 추산해보면 그의 생졸연대는 1017~1073년이 된다.[23] 그는 진종 원년에 태어나 오십 평생을 살다간 인물이다.

이어서 주렴계의 이름과 호에 대하여 알아보면 다음과 같다. 그의 이름은 주돈이, 주돈실, 주무숙, 주렴계 등으로 비교적 다양하게 불렸는데 이에 대한 언급이 『송사宋史』에 다음과 같이 기록되어 있다. "주돈이周敦頤의 자는 무숙茂叔이다. 도주 영도현 사람이다. 원래의 이름은 돈실敦實이었으나 영종 임금의 옛 휘를 피해서 돈이로 개명했다. 외숙 용도각 대학사 정향鄭向의 추천으로 분녕 주부가 되었다."[24] 그는 위에

---

22) 송항용, 「노장철학의 세계」, 한국불교환경교육원 엮음, 『동양사상과 환경문제』, 도서출판 모색, 1997, p.45.

23) 勞思光(정인재 譯), 『중국철학사』 송명편, 탐구당, 1987, p.100.

24) 『宋史』(12710-12쪽), "周敦頤, 字茂叔, 道州營道人, 元名敦實, 避英宗舊諱改

서술한 바와 같이 여러 호로 다양하게 불리며 활동했다는 사실을 알 수 있으나, 본 연구에서는 주렴계로 통칭하고자 한다.

가정적으로 불우하게 지냈던 주렴계는 15세에 부친을 잃자 거처를 어머니와 외숙 정향의 집으로 옮겼다. 청년기에 학문적 성취를 이루는 데 많은 공을 들였으며, 그것이 주변에 알려지게 되었다. "주돈이는 15세, 16세 나이의 아우 정이程頤와 함께 하남성 여남현에서 학문을 논한다는 말을 들었고, 마침내 과거를 위해 배우는 학습을 싫어하고 개탄을 하며 도를 구하는 뜻을 가지고 있었다."[25] 도를 구하기 위함이 라는 것은 송대의 학풍과 같이 학자에 머무르지 않고 도를 찾아 인품 을 갖추는 것에 초점이 맞추어져 있었으며, 주렴계는 이에 과거의 인 습을 버리고 구도자로서 젊은 시절을 보내게 되었다.

유자儒者이자 구도자로서 주렴계는 불가의 선종에 영향을 받았는데 선사들과의 교류가 적지 않았다. 그가 소강절과 다른 점은 선종의 영 향을 받은 것인데, 그는 스스로 말하기를, 이 한 톨 묘심妙心은 황룡산 黃龍山의 혜남선사가 깨우쳐 준 것이고, 여산의 불인선사가 개발해 준 것이며, 역리易理 방면에 대해선 만약 동림사의 상총선사가 비밀의 길 을 발해 주지 않았더라면 나는 곧 이렇게 도를 환히 꿰뚫어 깨닫지 못했을 것[26]이라고 했다. 유학자로서 그는 불교 스님들과의 인연이 적지 않았던 것이다.

그러면 주렴계가 송대 지식인들에게 널리 알려진 시기는 언제일까?

焉, 以舅龍圖閣學士鄭向, 任爲分寧主簿."

25) 『宋史』 卷427 「道學列傳」, "自十五六時, 與弟頤聞汝南周敦頤論學, 遂厭科擧 之習, 慨然有求道之志."

26) 張起鈞·吳怡 (송하경외 1인 역), 『중국철학사』, 일지사, 1984, p.351.

송나라 남송시대에 들어서이다. 그는 남송 소흥紹興(1131~1162) 연간에 이르러 유학자들에게 관심을 받기 시작했다. 특히 후중량侯仲良, 윤돈尹焞(1071~1142), 주진, 호안국(1074~1138) 등 이정 문하의 문인들에게 주목을 받았다.[27] 그가 송유들에게 주목을 받은 것은 「태극도설」을 천명함으로써 원시 유학의 인륜적 훈고訓詁만이 아니라 도·불과의 교섭을 통한 학술적 다양성을 도모하면서 유학의 이론을 깊이 천착하여 체계화했기 때문이다.

이론을 체계화하는 과정에서 주렴계는 송대에 학술적으로 대등한 인물들 중 신법新法의 주창자인 왕안석과 한 차례 만난 적이 있으며, 이정자二程子가 어울렸던 장횡거나 소강절이 그 주변에 있었다.[28] 주렴계와 조우한 왕안석은 개혁을 주장하며 신법을 강조했다. 그리고 상호 영향을 주고받은 정명도의 아우 정이천은 성즉리性卽理를 주장했다. 나아가 장횡거는 태허즉기太虛卽氣를 주장하여 기일원론氣一元論을 천명했으며 소강절은 선천역先天易에 조예가 있는 인물이었다.

이처럼 송대 철인들과 교류하면서 주렴계는 신유학의 효시로서 역할을 했으며, 그것은 후대 주자가 그의 사상을 체계적으로 해석한 영향도 있다. 그가 도학의 개창자로 여겨진데에는 주자의 역할이 컸다는 뜻으로, 주자는 「태극도」, 「태극도설」을 정밀하게 탐구하여 이를 도학의 도체를 담은 문헌으로 여기고 주렴계를 도학의 개창자로 추존했다.[29] 일반적으로 송말 원초의 주자학이 관학으로 자리한 후 「태극도

27) 이대승, 「주돈이 신화형성과 주희의 역할」, 『대동문화연구』 110집, 성균관대 대동 문화연구원, 2020, p.145.

28) 유교사전편찬위원회, 『儒敎大事典』, 博英社, 1990, p.1430.

29) 이대승, 앞의 책 p.141.

」,「태극도설」에 대한 주자의 시각은 정설이 되었음은 잘 아는 사실이
다. 『송사』「도학전」의 내용은 주자의 시각이 정론으로 받아들여졌으
며 본 저술은 송대를 지나 원나라 때에 편찬되었다.

그렇다면 송대의 철인들과 더불어 도를 논하고 학문의 깊이를 더한
주렴계가 세운 학문적 업적은 어떤 것들인가? 그의 인품에 더하여 학
문적 창의성이 적지 않았다는 것을 『송사』에서는 다음과 같이 말하고
있다.

> 황정견(1045~1104)은 그(주렴계)에 대해서 '인품이 매우 고매
> 하여 가슴에 품은 생각은 깨끗하고 시원해서 마치 광풍제월光風霽月
> 같았다'고 말했다. … 태극도를 지어 천리天理의 근원을 밝히고 만물
> 의 시작과 끝을 궁구했다.[30]

위와 같이 주렴계는 「태극도설」을 창안하고 인간으로서 따라야 할
천리를 밝히는데 정성을 다한 것으로 기록되어 있다.

송대의 학문적 성과를 이룬 철인으로서 세상에 알려진다는 것은 정
치계에 나아가 벼슬을 하는 경우로 이어졌다. 학문적 덕망이 벼슬활동
과 연결되는 것이 중국 정치사에서 흔한 일이기 때문이다. 외숙 정향
의 추천으로 20세에 벼슬에 올랐지만 순탄하지 못했다.

주렴계가 남안南安에서 관리로 있을 때 나이도 매우 젊어 태수가
알아보지 못했는데, 낙양洛陽 사람인 정향程珦이 와서 태수의 사무를
대행하게 되자, 주렴계의 기품과 용모가 보통 사람이 아님을 보고서

---

30) 『宋史』(12710-12쪽), "黃庭堅稱其人品甚高, 胸懷灑落, 如光風霽月…著太極
圖, 明天理之根源, 究萬物之終始."

더불어 말해보고는 그 학식에 감복하여 도우道友로 맺었다.[31] 주렴계의 인품이라든가 학식이 대단했기 때문이며, 태수가 관리 역할을 잘하는 그를 알아본 것이다.

모범적으로 20여 년간 정치에 관여했던 주렴계는 현장縣長으로부터 각 주의 판권에 이르기까지 역할을 했다. 그는 일신의 안위를 돌보지 않고 너무 가혹한 형벌과 법률을 비평하고, 생명의 위험을 무릅쓰고 나쁜 질병이 유행하는 깊숙한 벽지로 들어가 무고하게 끌려간 사람들의 죄를 변호하곤 했다.[32] 주렴계는 정의를 위하여 벼슬활동을 하면서 가난한 사람들을 위하여 희생적으로 변호를 했으므로 수많은 사람들로부터 문무를 겸한 선비라고 존중을 받았다. 또한 그는 자기 안위만을 도모한 것이 아니라 그 스스로 연마한 학문을 현장에서 체험하듯 모두에게 감화시킴으로서 모범적인 유자儒者로 알려진 것이다.

이처럼 주렴계는 호남 도주 출신으로 그곳에서 관직활동을 하면서, 교육활동을 겸비했다. 최근에는 그가 주자에 의해 도학의 개창자로서 추존되기 이전에 이미 호상학파에 의해 부각되고 있었다는 연구가 제시되었는데, 이에 따르면 주렴계는 호남湖南 출신으로서 교육활동을 왕성하게 했기에 그는 호남의 지식인들에게 큰 영향을 끼쳤다[33]는 것이다. 호남의 호상학파는 주렴계 문헌을 전승하여 그를 도학道學 운동의 개창자로 삼았다.

관직활동을 하면서 주변의 교육까지 헌신적으로 살았던 주렴계는

---

31) 가노 나오키(吳二煥 譯), 『中國哲學史』, 乙酉文化社, 1986, p.362.

32) 張起鈞, 吳怡(송하경외 1인 역), 『중국철학사』, 일지사, 1984, pp.351-352.

33) 이대승, 「주돈이 신화형성과 주희의 역할」, 『대동문화연구』 110집, 성균관대 대동 문화연구원, 2020, p.142.

신유학의 개창자로 존중받는 상황에까지 이른 것이다. 그 당시로서 누구에게나 존중을 받는데는 그만한 이유가 있을 것이다. 사회활동을 하면서 또는 관리직에서 벼슬의 정사政事를 하면서도 헌신적인 노력에 더하여 지적인 학덕學德을 겸한 경우가 대표적일 것이다. 주렴계는 학문을 중시한 유가의 전형적 인물이었다는 사실에서 적격이었다고 볼 수 있다.

그는 천리天理의 근원과 만물의 시종을 궁구한 학자였을 뿐만 아니라 정사政事 방면에도 탁월한 재능을 발휘한, 소위 학문하고 여력이 있으면 벼슬함을 표방하는 유가의 전형적인 인물이었다.[34] 주렴계는 공맹의 심성존양心性存養의 학문을 밝혔으며 불교의 견성오도見性悟道가 탈속적이라 보아 세속적 사회에 도움이 되지 않는다고 여겼다. 그것이 그로 하여금 불교보다는 유자로서 살아가도록 삶의 방향을 바꾸게 한 것이다. 사회 정사를 중시하고 관료로서 살다가 유가적 심성존양의 학문을 통해 중정인의 등을 현장에서 펼치고자 했던 것이다.

한정된 세월 속에 주렴계가 벼슬을 하면서도 학덕을 겸비한 인품은 담박한 삶을 추구했던 결과이다. 이것은 주렴계가 도연명을 존중한 점에서도 잘 나타난다. 그는 도연명이 심신을 편안하고 은일隱逸하게 하는 생활태도를 부럽게 바라보았다. 이것은 도연명처럼 그와 같은 인생을 살고자 했다는 것을 의미한다. 그가 실제 도연명과 같은 생활상을 살았던 것은 아니다. 그들의 입지점이 달랐기 때문인데, 도연명의 생활상은 전원이었다면 주렴계의 활동상은 도시였다.

부패와 타락이 난무하고 모함과 모략으로 언제 좌천될지도 모르는 관직 생활 속에서도 주렴계는 그들에게 감염되지 않고 지조를 견실하

---

34) 김학권, 「주돈이 철학의 연구」, 『원대 논문집』 31집, 원광대학교, 1996, p.248.

게 지켰으며, 역경에 처했다고 하여 세파에 따르거나 유행을 쫓지도 않았다. 또 우월한 지위에 놓였다고 자랑하거나 과시하지도 않고 평상심을 잃어버리지 않는 태도를 유지했던 것이다.[35] 그의 담박한 삶의 태도를 「애련설愛蓮說」에 비추듯이 진흙에서 나왔으면서도 흙속에 물들지 않고, 고결하고 담박한 심성을 견지했다.

여산에서 맑고 담박한 생활을 하면서 주렴계는 자신의 심경을 평화롭게 하고 연꽃처럼 깨끗한 인품을 닦아나갔던 관계로 그의 서당도 연꽃과 관련된 곳에 마련했다. 그는 여산의 연화봉 밑에 아담한 렴계서당을 마련했는데, 집 앞의 초목이 모두 창문을 휘감았던 관계로 어떤 사람이 왜 가위로 잘라서 다듬지 않았느냐고 물으니, 그는 웃으면서 이 초목들은 자신의 심의心意와 똑같은 것[36]이라고 대답했다.

도학道學의 실천 자세로 살았던 그는 청아한 연꽃과 같은 심경으로 고결함을 망각하지 않고 살아가고자 했다. 그가 지은 「애련설」은 그의 심경에서 '광풍제월光風霽月'과 같이 마음의 고결함과 상쾌함을 담은 인품을 담아내었다. 이는 그가 불교 선종의 영향을 받았다는 뜻으로도 이해되는데 삶의 표현방식에 있어서도 담박하고 평안하며 고결함을 담아내었기 때문이다.

이처럼 주렴계는 풍부한 학식이 있음에도 불구하고 인생의 후반에 고요한 곳을 찾아 자신의 후반을 담박하게 살고자 하여 현 호남성 도현인道縣人으로서 만년에는 혜원慧遠과 도생道生이 불법을 강론한 곳으로 이름난 여산에서 살았다.[37] 혜원과 도생이 불법을 강론했던 곳을 찾은

---

35) 노재준, 「여말 선초 주돈이 愛蓮說 수용의 양상」, 『태동고전연구』 37집, 태동고전연구소, 2016, p.180.
36) 張起鈞·吳怡 (송하경 외 1인 역), 『중국철학사』, 일지사, 1984, p.351.

그로서는 우연이라 해도, 그의 「태극도설」이 지니는 연원적 함의含意가 도·불을 수렴한 곳과 관련되어 있음이 필연이었다고 본다. 승려혜원이 불자였음에도 불구하고 유교의 육경六經을 연구하면서 유학에도 심취하고, 또한 노장 철학에도 관심을 가졌던 것을 고려하면 주렴계역시 혜원과 같은 종교의 회통성을 중시했으리라 추단해 본다.

그러나 주렴계는 질병으로 인하여 지남강군으로 옮기길 원했고 이것으로 인하여 노산 연화봉 아래 살았으며 앞에는 계곡이 있고38), 살면서 얻은 병 때문에 아쉽게도 회갑을 넘기지 못했으니 누구에게나수명은 정해져 있기 마련이다. 하지만 그가 살았던 당시로서의 57세는평균 수명이었으며, 그의 일생은 학문을 닦으며 이를 치국과 평천하를위해 학덕을 나누어주는 후회 없는 삶을 살다간 것이다.

주렴계가 세상을 하직하자 향학에서 그를 존숭하는 예를 다했다.성리학이 흥성했던 우리나라에서도 그를 배향했다. 문조文廟에 향사되는 공자 이하의 위차位次는 고려조의 국자감과 향학에서 시행되는 것을 계승했는데, 대성전의 정위正位에는 '대성지성문선왕大成至聖文宣王'을 봉안하고 안자, 증자, 자사, 맹자 등 사성四聖을 배향했으며 십철十哲과 주렴계, 정호, 정이, 소옹, 장재, 주희 등 제현을 종향했던 것이다.39) 한국유교의 국가의례로서 서울의 백악산 아래 경복궁을 중심으로 좌우에 종묘와 사직이 있는데, 여기에서 주로 유교 선비들의 배향의례가 전개되었다.

---

37) 풍우란(정인재 譯), 『중국철학사』, 형설출판사, 1986, p.344.

38) 『宋史』(12710-12쪽), 以疾求知南康軍, 因家廬山蓮花峯下, 前有溪.

39) 이희재, 「유교의례와 생명윤리」, 『종교교육학연구』, 제20권, 한국종교교육학회, 2005, p.77.

주렴계의 생애는 그의 학문적·정치적 활동사에서 짐작할 수 있다. 특히 그는 저술활동을 통해 학문을 체계적으로 확립시켰다. 그는 유교의 이론을 정립함에 있어서 도·불을 자유롭게 넘나들면서 신유학을 형성한 학자였다. 11세기 중국 북송시대의 철학자 주렴계는 「태극도」와 「태극도설」을 통해 자신의 세계관을 체계적으로 확립한 신유학자로서 충실한 삶을 살았다.

그의 작품은 멀리는 『노자』와 『주역』 「계사전」의 우주생성론, 전국시대부터 양한시대까지 유행했던 음양론과 오행론 등으로부터, 가깝게는 당송唐宋 교체기에 도교 수련자의 우주론 등을 자양분으로 삼아, 중국 철학의 우주론적 사유전통을 종합하여 새로운 세계관으로 체계화한 것이다.40) 이에 주렴계의 심오한 철학사상은 다음 장에서 그의 저술을 참조하면서 보다 구체적으로 접근하고자 한다.

(2) 주렴계 사상과 저술

주렴계 사상은 그가 남긴 저술을 통해서 접근하는 것이 용이하다. 그러면 「태극도설太極圖說」, 『통서通書』, 『역설易說』, 「애련설愛蓮說」의 순서대로 하나하나 밝히고자 한다. 우선적으로 「태극도설」에서 그의 사상을 접근하고자 하며 그것은 사상의 요체가 본 「태극도설」의 내용에 있기 때문이다. 인간도 만물과 똑같이 그 안에 태극을 가지고 있다며 모리 미키사부로森三樹三郎의 『중국사상사』에 다음과 같이 나타나 있다.

---

40) 소현성, 「주자의 太極解義 일고-그 세계관을 중심으로」, 『유학연구』 39집, 충남대 유학연구소, 2017, p.246.

인간의 내에 있는 태극은 『예기』「중용편」에 따라 이것을 '성誠' 이라고 해도 된다. 요컨대 인간의 마음의 순수한 상태가 '성誠'이고 태극인 것이다. 태극에는 아직 동動이 없는 것이므로 정靜이고 무위 無爲이다. 그러나 그 정靜인 마음의 태극이 외물과 접할 때 여기에 동動이 생긴다. 이 정에서 동으로 옮기는 미묘한 때가 기幾로 이때에 비로소 악과 선이 분리된다. 그러므로 기幾의 때에, 힘써 중정을 지킬 필요가 있다. 중정으로 되기 위해서는 정靜을 주로 하고 무욕無 欲이어야 한다. 이처럼 주렴계는 태극을 근원으로 하는 우주 생성 설을 주장하여 그 태극으로 돌아가는 길로써 주정무욕主靜無欲을 설했다.41)

태극의 이치를 정립한 주렴계의 학문적 공헌은 「태극도설」에 잘 나타난다. 이에 후대의 학자들은 그의 「태극도설」에 관심을 갖고 본체론 과 인성론의 학문적 토대를 구축했다. 곧 주렴계의 「태극도」나 「태극 도설」에 대해서도 후외려는 상수학象數學과의 관계에 주목했고, 풍우 란은 도교 연단鍊丹과의 관계에 주의했으며, 다케우치 요시오武內義雄 의 『중국사상사』에서는 태극도설에는 당나라 승 종밀宗密(속성 何氏) 의 「원인론原人論」에서 얻은 구句가 많다는 청나라 모기령毛奇齡의 주 장에 동의하고 있다.42) 이처럼 주렴계 사상에서 주목되는 것은 「태극 도설」이며, 그것은 철학자들의 우주 본체론적 관심을 부여하기에 충 분했다.

본체론과 생성론에 대한 관심부여를 통해 송대 리학理學의 학문적 체계화가 갖추어지며 탄생한 「태극도설」은 성리학의 효시이며, 본 이

---

41) 森三樹三郎(임병덕 譯), 『중국사상사』, 온누리, 1994, p.203.
42) 安炳周, 『儒敎의 民本思想』, 성균관대 대동문화연구원, 1987, p.12.

론에 영향을 준 것은 『역전易傳』이다. 여기에는 이론적 정합성이 갖추어져 있기 때문이다. 이를테면 우주 자연의 생성, 변화의 관심은 송대 유가로 하여금 『역전』 연구에 몰두했는데, 이들은 주렴계, 소강절, 장횡거, 이정 등이다.

이들은 주로 우주론에 깊은 관심을 지녔던 사람들인데 한결같이 『계사전』의 "역易에는 태극이 있으니 이것이 양의兩儀를 낳고, 양의는 사상四象을 낳고, 사상은 팔괘八卦를 낳는다"는 구절의 해석을 통하여 나름의 우주론을 전개하고 있다.[43] 『역전』에 태극, 양의 이론이 등장하며, 이에 대한 개념을 규명하고 본체와 현상의 문제를 접근하게 하는 데 우주론의 발단이 된 것이다.

한편 주렴계가 본체와 현상의 상관성을 체계적으로 밝힌 「태극도설」에서 유교사상의 체계화 과정은 물론 송대의 유학에 기반하며, 그것은 근본적으로 『주역』에 근거한다는 점은 간과할 수 없다. 그의 「태극도설」은 『주역』에 의거하여 천도론과 인도론을 종적으로 연결시킨 것으로, 우주만물의 생성과 변화, 그리고 존재에 대해 비교적 체계적인 설명을 제시하고 있는 송대유가 최초의 우주론이었다.[44] 이처럼 우주론의 정립은 「태극도설」에 나타난 학문적 공헌이며, 그것은 생성론과 인성론으로 연결된 철학적 체계화로 이루어진다.

철학적 체계화에 기반이 된 주렴계의 「태극도설」은 후대 성리학자들에게 많은 영향을 미친다. 이를테면 소강절, 장횡거, 정이천 등 송대의 대표적인 신유학자들이 「태극도설」을 학문의 기점으로 삼았기 때문

---

43) 곽신환, 「주역의 자연과 인간에 관한 연구」, 성균관대학교 박사학위논문, 1987, p.24.

44) 김학권, 「朱熹와 李滉의 易哲學 비교연구」, 『汎韓哲學』 제17집, 汎韓哲學會, 1998, p.134.

이며, 주렴계가 송대 신유학의 개창자가 된 것도 바로 이 때문이다.[45)
주렴계의 「태극도설」이 장횡거의 우주론으로 태허太虛·태화太和 이론
에 심화를 가져다주었다. 이정二程으로서는 성즉리性卽理 사상의 심화
로 이어져 체계적 인성론 정립에 도움을 주었고, 주자는 이러한 주렴계
의 사상과 이정의 성리학, 나아가 장횡거의 사상에 계승과 비판을 통한
이기론을 심화시켜 송대 철학의 깊이를 더했다.

다음으로 주렴계의 사상 전반을 이해할 수 있는 저술이 『통서通書』
이다. 『통서』는 도합 40편으로 학문과 윤리와 정치와 문학을 두루 논
하고 있으며, 성誠으로써 근본을 삼고 음양으로서 도를 삼아 수신, 제
가, 치국, 평천하하는 모든 학문을 꿰뚫었으니, 이것은 순수한 유가의
사상이며 유학의 공부인 것이다.[46) 현실 치세에 대한 관심 속에서도
인성론적 접근에 보다 가까운 내용으로 구성되어 있다. 그것은 사상
을 사회참여와 관련한 학문 그리고 윤리를 포괄하므로 수제치평이라
는 유교의 현실주의적 사유와 직결되는 내용이 주를 이루고 있기 때
문이다.

여기에서 중시되는 것은 『통서』와 「태극도설」이 서로 표리를 이루
며 주렴계의 사상 전반을 구성하고 있다는 점이다. 주렴계는 성誠의
개념을 내세워 천도를 말하고 오행五行의 각 성性은 일음일양지도一陰
一陽之道의 조화법칙에 따라 성誠의 통通은 원형元亨이라고 하고 성誠의
복復은 이정利貞이라 하고 성명의 근원이라 했다. 『통서』「성상장誠上
章」에서 원형元亨은 성誠의 통通이라고 했다. 주자는 이를 주석하기를,
이 책은 『태극도』와 더불어 서로 표리가 되니, 성誠은 곧 이른바 태극

---

45) 위의 논문, p.134
46) 張起鈞, 吳怡 (송하경외 1인 역), 『중국철학사』, 일지사, 1984, p.35

이라며 성誠의 통通을 사용하여 '원형元亨'을 해석했다.[47) 이는 곧 인간이 간직해야 할 '성誠'이 매우 중요함을 공유하고 있기 때문이며, 표리 관계를 이루는 주렴계의 양대 저술이 관심을 끌기에 충분하며 통通의 품성을 갖추고 있음을 밝힌 것이다.

위의 언급처럼 '성誠'의 문제는「태극도설」의 생성론이나『통서』의 수양론에 있어서 공유되는 사상이다.『통서』에서는 성誠의 개념은 유교 사서의 하나인『중용』에 잘 나타나 있다.『통서』에서 그는 성을 제일 먼저 거론함으로써 성의 중요성을 밝혔다. 비록「문언文言」중에 '사특함을 물리침으로써 그 성을 간직한다閑邪存誠'라는 글귀가 있으나 여기서 성자誠字는 핵심적인 관념을 가지고 있지 않다. 성이 중요한 관념으로 다루어지기 시작한 것은『예기』의「중용」이므로 그는『중용』의 영향을 받아『통서』에서 성을 중요한 관념으로 삼았다.[48)『중용』20장에서 "성자 천지도야 성지자 인지도야(誠者 天之道也 誠之者 人之道也)."라 하여 "성은 하늘의 도이며, 사람은 이에 성을 실천해야 한다."고 했다.

성 실천의 중요성에 비추어볼 때 주자도『중용』16장을 주석하면서 성을 진실무망眞實無妄한 것이라 했으며, 주렴계는『통서』에서 지극히 진실하며 거짓됨이 없는 성은 성인의 근본이라며 다음과 같이 말한다.

성誠은 성인의 근본이다. 크도다! 하늘의 본원이여! 만물이 그로부터 시작된다고 했으니 성誠의 근원을 말한 것이다. 건도乾道의 변화에 의해서 만물은 각기 본연의 성性과 명命이 바르게 될 때

---

47) 유장림, 김학권 옮김,『주역의 건강철학』, (주)정보와 사람, 2007, p.35.
48) 勞思光(정인재 譯),『중국철학사』송명편, 탐구당, 1987, p.125.

성誠은 이에 구체화하며, 순수하고 지극히 선한 것이다. 그러므로 한번 음陰이 되고 한번 양陽이 되는 것이 바로 도道이다. 도를 계승한 것이 선善이고 도를 성취한 것이 성性이다. [49]

위에서 논한 바와 같이 그는 성이란 성인의 근본이라고 했다. 그것은 우리가 어떻게 수양을 해야 하는가의 이상적 인간상을 거론한 것이다. 그러므로 이상적 인품을 함양하기 위해 주렴계는 『통서』에서 성인聖人에 이르도록 중도中道를 행하여 인성의 수양이 필요함을 말했다. 악행을 멀리하고 선행을 하도록 함으로써 천하의 달도達道를 지향토록 했다. 그는 이에 다음과 같이 말하고 있다.

"성性이란 강건하기도 하고 유약하기도 하며, 선하기도 하고 악하기도 하니, 중中해야 할 따름이다. 그러나 사람들은 거기에 다다르지 못하고 있다 강선剛善은 의롭고 정직하며, 결단력 있고 엄격하며, 책임을 다한다. 강악剛惡은 사납고 도량이 좁으며, 횡포하다. 유선柔善은 자애롭고 순박하며, 순종한다. 유악柔惡은 나약하고 결단력이 없으며, 간사하다. 오직 중中의 상태라야만 조화롭고 기율에 알맞으니, 천하의 달도達道요, 성인의 일이다. 그러므로 성인이 가르침을 세움에 사람들로 하여금 스스로 그 악을 고치도록 했고, 중中에 이르러 그치게 했다." [50]

---

49) 「通書」誠上章, 誠者, 聖人之本. 大哉乾元, 萬物資始, 誠之源也. 乾道變化, 各正性命, 誠斯立焉. 純粹至善者也. 故曰, 一陰一陽之謂道, 繼之者善也, 成之者性也.

50) 『周敦頤集』「通書」師章, "性者, 剛柔善惡中而已矣. 不達曰, 剛善, 爲義, 爲直, 位斷, 爲嚴毅. 爲幹固. 剛惡, 爲猛, 爲隘, 爲强梁. 柔善, 爲慈, 爲順, 爲巽. 柔惡, 爲懦弱, 爲無斷, 爲邪佞. 惟中也者, 和也, 中節也, 天下之達道也, 聖人之事也. 故聖人立教, 俾人自易其惡, 自至其中而止矣."

이처럼 주렴계의 전반 사상을 거론함에 있어서 빠뜨릴 수 없는 것이 성론誠論이다. 이 성誠은 다음의 용어 '성신기誠神幾'와 관련지어 이해할 필요가 있으며 이에 대해 주렴계는 다음과 같이 말한다. "적연부동寂然不動한 것은 성誠이다. 감이수통感而遂通한 것은 신神이다. 움직이지만 아직 형체가 없어서 있는지 없는지 알 수 없는 것이 기幾이다."51) 이를 개념적으로 언급했는데, '성誠'은 적연부동이라는 것이다. 일상적인 정성이 아니라 적연寂然의 무극과 태극의 의미를 담고 있는 성을 말한다. 그리고 '신神'이란 무엇이든 감응하여 소통하는 것이라 했다. 이어서 '기幾'는 동정 간에 작용하지만 아직 형태가 없는 것이라 했다. 이러한 '성신기誠神幾'는 「태극도설」에서 말하는 본연의 체성을 언급한 것으로, 본체론에 관련된 것으로 이해된다.

여기에서 '성신기誠神幾'의 사상적 구조를 살펴보면 『도덕경』의 이희미夷希微, 『여씨춘추』의 형정기形精氣, 『회남자』의 형기신形氣神 등과 같은 맥락에서 접근이 가능하다. 주렴계의 성신기誠神幾는 그 흐름에서 정기신精氣神과도 관련되며, 이에 도교 사상과 사상적 공감대를 지닌다. 곧 정기신精氣神은 단지 도교적 전통에서만 거론된 것이 아니고 유교 사상에서도 채택되었는데, 그 이유는 유교 사상의 우주론적 기반도 기철학이기 때문이다.52) 주렴계의 '성신기誠神幾'와 도교에서 거론하는 정기신精氣神은 송대 철학의 장횡거가 관심을 가진 기철학과 사상적 공감대를 지닌다.

주렴계의 '성신기誠神幾' 가운데 성誠을 통한 수양론이 강조되고 있

---

51) 『通書』, 寂然不動者, 誠也, 感而遂通者, 神也, 動而未形有無之間者, 幾也.
52) 김낙필, 「性命論과 精氣神論」, 『태동고전 연구』 제3집, 태동고전연구소, 1987, p.202.

음을 알 수 있다. 이에 인간으로서 '성誠'이 필요한 것은 성자적 인품을 갖기 위함이다. 그는 성誠이란 성인의 근본이라며 "크도다, 건원乾元이여!"라 하고, 만물이 이에 바탕하여 비롯되었으므로 건원이 성誠의 근원이라고 했다.

> 건도乾道가 변화하여 각각 성명性命을 바르게 한다. 성誠은 여기서 세워진다. 성誠은 순수지선純粹至善한 것이다. 그러므로 '일음일양一陰一陽하는 것을 도道라 이르고, 이를 잘 이어받는 것이 선善이고, 이를 이루어 일정한 경향을 띤 것이 성性이다'고 했다. 원元과 형亨은 성誠의 통通이고, 이利와 정貞은 성誠의 복復이다. 크도다. 역易이여! 성명性命의 근원이로다.[53]

위에 제시한 내용처럼 『통서』의 명칭에 어울리게 주렴계는 '통通'을 거론하며 태극과 역易에 담긴 뜻이 통通이라 언급한 그의 지혜가 나타난다. 서한西漢의 양웅은 "도道란 통함이니 통하지 않음이 없는 것이다."(『法言』, 問道)라고 했고, 당唐의 공영달에 의하면 도체道體는 무형이니 자연히 사물로 하여금 개통하게 하므로 이를 일러서 도道라며 건괘乾卦의 덕은 자연히 만물에 통함을 말하는 것이기에 건도乾道라 한다(「건단전의 疏, 계사상전의 疏」)고 했다.[54] 주렴계는 『통서』를 통해서 역도易道와 태극에 담긴 뜻이 '통通'임을 발견하고, 통의 중요성을 시사하듯이 그의 서명書名으로 삼았다.

---

53) 『通書』「誠上 1章」, 乾道變化, 各正性命, 誠斯立焉, 純粹至善者也, 故曰, 一陰一陽之謂道, 繼之者善也, 成之者性也, 元亨, 誠之通, 利貞, 誠之復, 大哉易也, 性命之源乎.

54) 유장림, 김학권 옮김, 『주역의 건강철학』, (주)정보와 사람, 2007, p.35.

통通 개념의 중요성에 더하여 『통서』에서 주목을 끄는 것으로 문장이 수려하다는 점이다. 『통서』의 내용은 「태극도」에 담긴 내용을 더 자세하게 드러냈으며, 주렴계 전서의 성誠, 동정動靜, 이성명理性命 장章의 문장이 더욱 뛰어나다.[55] 수려한 문장으로 전개되는 『통서』는 모두 40장으로 짧으면서도 긴 문장으로 모두 2,640자 정도이나, 외적으로 수려한 문장에 더하여 문장이 담고 있는 철학적 가치는 심대하다. 문장의 수려함 속에 철리가 심오하다는 점에서 주렴계는 도학道學의 개창자로 불려도 무리가 없다. 그러므로 『통서』는 문장의 수려함에 더하여 철리로써 송대 신유학을 발흥시키는 역할을 함으로써 학문적 공적을 남겼다. 즉 그것은 주렴계가 태극의 심오한 이치를 밝힘과 더불어 공맹孔孟의 학문을 드높였다는 사실에 있다.

> 『통서』 40편을 써서 태극의 심오한 이치를 분명하게 밝혔다. 참석자는 그의 말은 간략하고 도道는 컸으며, 꾸며 주면서도 질박하여 의미가 정확했다. 또한 공자孔孟의 근원을 얻어 학문에 큰 공적을 가지고 있었다고 말했다.[56]

결과적으로 그는 학문적으로 큰 공적을 남겼다. 도학道學의 개창자로서 「태극도설」을 통해 본체론과 생성의 문제, 인성의 문제를 거론했으며, 『통서』를 통해 '성신기誠神幾'의 사상을 구조적으로 밝혀 두루 소통하는 그의 학문적 깊이를 구축해 나갔다.

---

55) 손흥철, 「주돈이의 태극과 이기개념의 관계분석」, 『퇴계학논총』 제29집, 사단법인 퇴계학부산연구원, 2017, p.42.

56) 『宋史』(12710-12쪽), 又著通書四十篇, 發明太極之蘊, 席者謂其言約而道大, 文質而義精, 得孔孟之本源, 大有功於學者也.

송대 신유학의 이론 정립에 공헌한 주렴계의 저술『통서』의 위상은 당시의 학자들이 저술한 것들과 비교해 볼 수 있다. 다시 말해서 주렴계의『통서通書』, 장횡거의『서명西銘』, 정자의「식인편識仁篇」, 주자의「인설仁說」등 저작에 보이는 인성仁誠의 개념의 우주론적 확대가 유가의 유기체적 우주론의 완정형完整形으로 나타난다.[57] 주렴계의 사상은 송대의 새로운 학파로 등장한 장횡거, 이정, 주자 등의 저술과 나란히 하면서도 선구자적 역할을 충실히 한 것이다. 그의 여러 저술에 보이듯이 송대 철학의 효시로서 그의 사상이 빛을 발했다는 뜻이다.

송대 철학의 시발점으로서 주렴계 사상의 요체는 그의 대표 저작으로「태극도」와「태극도설」외에『통서』에 구체적으로 거론된다. 여기에서 표출되는 사상은 다소의 동이同異가 있기도 하다. 주렴계는「태극도」에서 무극의 본체를 통해 만물의 생성과정을 제시하고,「태극도설」에서는「태극도」의 무극론無極論을 통해 태극의 동정론動靜論을 펼치고 있다. 그리고『통서』는 태극 또는 신神을 사용하여 그것을 본체 또는 본체의 동정 작용과 연계하고 있지만, 궁극적으로『통서』는 형이상에 기초한 인성의 표준으로 내세워 인간 가치의 문제를 중점적으로 거론하고 있다.[58] 그의 저술에 나타난 사상의 요체는 이처럼 그의 대표 저술 등에서 다양하게 접근이 가능한 것이다.

다음으로 주렴계의 주목되는 저술이『역설易說』이다. 송명시대 도학道學의 창시자로서 부를 수 있는 그의 저작으로「태극도설」,『통서』및『역설』등이 있다.[59] 『역설』은 그의 태극 사상을 언급함에 있어서

---

57) 곽신환,「儒學의 유기체 우주론」, 93 한국동양철학회 추계국제학술회의,『기술·정보화 시대의 인간문제』, 한국동양철학회, 1993, p.7.
58) 박응열,「주렴계 태극론에 관한 연구」, 성균관대학교 박사학위논문, 1996, p.38.

『주역』「계사전」을 인용하고 있다. 무극이 노장 철학에서 나온다면 태극은 『주역』과 장자사상에서 언급되며, 이는 그가 『역설』에서 학문적 깊이를 체험한 것으로 이해된다. 그는 역易의 원리로서 건도乾道와 곤도坤道를 분명하게 알아 도를 깨달았으므로 『역설』을 세상에 선보인 계기가 되었을 것이다.

이처럼 『역설』에서 주지하듯이 주렴계의 사상이 『역경』과 밀접하게 관련되어 있다는 것을 감안하여 그의 역리易理에 대한 이해 정도는 어떠한가를 살펴보자. 그의 학문은 원래 『주역』「계사전」에 근거를 삼고 있다. 이미 언급한 것처럼 태극太極이라는 용어도 「계사전」에서 유래한 것임을 감안하면 그는 『주역』 계사繫辭의 특정 구절에 발견되는 사상을 연구하고 발전시켜, 그것들의 설명을 위해서 도가의 도식을 이용했다고 할 수 있다.[60] 그 결과로 생긴 그의 도식을 「태극도」라 했음을 알 수 있다. 그의 『역설』은 유가와 도가에서 주로 거론되는 본체론과 우주 생성론을 담고 있다.

본체와 우주의 문제를 밝힌 『역설』은 『통서』 본래의 이름 '역통易通'과 관련되어 있다는 점에서 그 의의가 더욱 드러난다. 다시 말해서 주렴계의 『역설』 사상은 『통서』와 함께 「태극도설」을 중심으로 사상이 전개되는데, 『통서』는 본래 이름이 '역통易通'이니 주렴계 역시 역易을 논한 저작으로 여겼던 것이다.[61] 그가 역통易通의 『역설』에 의하여 『주역』을 해석한 목적은 형이상학과 우주론을 중심으로 이론체계

---

59) 황영오, 「조선시대의 태극론에 관한 연구」, 원광대학교 박사학위논문, 2015, p.16.

60) 馮友蘭(문정복 譯), 『중국 철학소사』, 以文出版社, 1995, p.354.

61) 풍우란(박성규 譯), 『중국철학사』(하), 까치, 1999, pp.446-447.

를 확립하는데 있었다. 그 이론이 비록 「태극도설」과 관련되어 있다고 해도 『통서』에서 역易의 이론을 설파하면서 우주론과 인성론의 관계를 하나하나 설명하고 있음이 특징이란 점을 유추할 수가 있다.

또한 주렴계의 저술로 「애련설愛蓮說」이 거론된다. 그는 인생 후반기에 렴계서당에서 후학을 가르치고 속세를 벗어나 연꽃을 사랑하며 쇄락함과 광풍제월光風霽月의 기상을 보인 철학자였다. 그는 어떤 재주나 세상의 출세를 구함이 없는 고결한 인품으로 세간에 있는 물건은 오직 연꽃이 이런 특성을 가장 대표할 수 있다고 여겼기 때문에 평생을 두고 연꽃을 가장 사랑했다.[62] 당시 주변의 사람들에게 오르내리는 한 편의 「애련설」을 지었는데, 마음이 산하처럼 순박하고 깨끗하며 상쾌한 마음의 회포를 통해서 이를 저술했을 것으로 판단된다.

산하대지처럼 맑은 마음을 지향하는 주렴계의 심지에서 나온 「애련설」 내용은 매우 청아하다. 그는 물과 육지에서 피는 초목의 꽃 가운데에는 사랑스러운 것들이 매우 많으나 진나라의 도연명은 유독 국화를 사랑했고, 당나라 이래로 세상 사람들이 모란을 매우 사랑했다고 서두에서 언급한 후 다음과 같이 말했다.

나는 유독 연꽃이 진흙에서 나왔으나 더렵혀지지 않고 맑은 물결에 씻겼으나 일찍 죽지(몸을 굽히다) 않으며, 속은 비어 있고 밖은 곧으며, 덩굴지지 않고 가지 치지도 않으며, 향기는 멀어질수록 더욱 맑고 정자와 같은 모습으로 깨끗하게 서 있어 멀리서 바라볼 수는 있지만 더럽게 하거나 가지고 놀 수 없는, 이러한 것들을 사랑한다. 내가 이르건대, 국화는 꽃 가운데 속세를 피해 숨어

62) 張起鈞, 吳怡 (송하경 외 1인 역), 『중국철학사』, 일지사, 1984, p.351.

사는 편안한(잃다) 은자隱者이고 모란은 꽃 가운데 부귀한 자이며,
연꽃은 꽃 가운데 군자라 하겠다.[63]

이처럼 주렴계는 도연명을 거론하며 국화를 사랑했던 마음이나 모란, 나아가 연꽃을 사랑하는 마음이 하나같이 더럽혀지지 않은 맑은 마음을 가져다주며 군자와 같은 심경에서 노닐도록 한 것은 그의 수양심이 지극함을 알게 해준다. 군자로서 연꽃의 향기를 맡는다면 일생 어두움을 다 씻어낼 수 있는데, 연꽃의 향기를 통하여 청정심을 터득하는 것이[64] 일종의 수양으로서 주렴계의 청아한 모습이 「애련설」에 투영되고 있다.

(3) 염락관민濂洛關閩 학파와 「태극도설」

중국 고대의 춘추전국시대에는 제자백가로 자기들의 사상이 최고라는 주장을 했다. 그 가운데 크게 두 갈래의 사상이 그 역할을 했는데 그것은 유儒·도道로서 학문적으로 파벌을 형성했다. 공자와 노자의 갈림은 가깝게는 전국시대 제자의 학문적·사상적 파벌을 낳았고, 멀게는 이후 중국 문화의 정면과 반면을 형성하면서 현세주의와 초현세주의라는 두 가지 큰 흐름으로 흘러갔다.[65] 학파라는 것은 학풍이 서로 다른 것으로 나뉘는 것을 말하며, 일반적으로 말하는 파벌의 부정적

---

63) 周濂溪, 「愛蓮說」, 予獨愛蓮之出於淤泥而不染 濯清蓮而不夭 中通外直 不蔓不枝 香遠益清 亭亭淨植 可遠觀而不可褻翫焉. 予謂菊 花之隱逸者也 牧丹花之富貴者也 蓮花之君子者也.
64) 노재준, 「여말 선초 주돈이 愛蓮說 수용의 양상」, 『태동고전연구』 37집, 태동고전 연구소, 2016, p.185.
65) 김충열, 『노장철학강의』, 예문서원, 1995, p.42.

개념을 넘어서서 학파가 나타나는 것은 철학의 다양성이 인정되는 자연적인 현상이다. 전국시대에 들어서 공자와 노자, 맹자와 순자는 서로 다른 학풍을 일으키며 중국 철학의 다양성을 전개해왔음을 알 수 있다.

여기에서 주렴계가 속해 있는 유가학파는 공자의 학설을 지향하는데, 유가는 시대별로 선진先秦 유학과 한당漢唐 유학과 송명宋明 유학으로 흘러왔고 주렴계는 송명 유학의 학풍을 일으켰다. 송대의 유학이 새롭게 변모하는 흔적은 학파들의 왕성한 학적 논쟁을 통해 드러난 학파들을 통해 알 수 있다. 송대를 통틀어 전개되는 유학의 새로운 양상은 학파의 모습을 띠고 있는데, 이 시대의 유학은 학파들 사이의 대립과 논쟁을 통하여 구체적인 모습을 세밀히 갖추어 나간다.66) 학파들의 대립과 논쟁은 학문 발전의 부정적 요소가 아니라 오히려 긍정적으로 그 영향력이 미쳐 치밀한 이론 무장이라는 결과를 가져다주어 결과적으로 철학의 전성기를 이루는 계기가 된다.

중국 철학의 전성기에 해당하는 송대의 학파적 논쟁은 그 대립을 넘어서, 신유학의 철학적 개념을 체계화했다. 그러므로 송대에 등장하는 학파들은 크게 세상을 어떻게 경영해 나갈 것인가 하는 관점의 차이로 분화와 대립을 보이기도 하고, 작게는 신유학의 철학적 개념들을 어떻게 이해하고 실천해 나갈 것인가 하는 점에서 서로 갈라져 나가는 경우도 있다.67) 이러한 과정을 통해 서로 다른 시각에서 그에 합당한 형이상학적 개념들을 재정립하고 이의 실제 실천방법을 구체화한 것이다.

---

66) 한국철학사상연구회, 『韓國哲學』, 예문서원, 1995, p.49.
67) 위의 책, p.49.

일반적으로 신유학의 송대학파를 이룬 유학자들 가운데 주렴계는 송학宋學의 시조이다. 그는 우주의 생성과 그 근원의 문제, 나아가 인간으로서 어떻게 수양을 해나가야 할 것인가의 근본적 문제 제기를 통해서 송대의 학풍을 불러일으켰던 것이다. 주렴계의 「태극도설」에 이어서 소강절, 장횡거, 이정 등 송대의 대표적인 신유학자들이 이「태극도설」을 그들 학문의 기점으로 삼았기 때문에 주렴계는 송대 신유학의 개창자가 되었다.[68] 그의 영향으로 신유학의 본체론적 논쟁과 더불어 수양론의 이론 전개에 활발한 논쟁이 벌어졌고 그것이 송대 철학의 학파를 형성하는 직접적인 계기가 된 것이다.

송대 학파들은 크게 사현四賢으로 거론된다. 이 학파들의 글을 모은 것으로 1175년에 간행된 『근사록』이 있는데, 그것은 이들 사현의 글을 모아 편집한 것이다. 『근사록』에 실려 있는 글은 『태극통서』, 『명도선생문집』, 『이천선생문집』, 『주역정씨전』, 『횡거선생문집』등 16종류의 책에서 인용한 것으로 총 622조항 중 주렴계의 글은 12조항, 이정의 글은 499조항, 장횡거의 글은 111조항으로 정호와 정이의 글이 대부분이고 주렴계의 글은 비교적 적은 편이다.[69] 『근사록』에서 사현의 교훈적 문장을 인용하면서 주周·정程·장張의 순서로 인용하고 있음을 알 수 있다. 그것은 주렴계가 이들 학파 가운데 선두주자로서 사상적으로 영향을 미치고 있다는 것을 말한다.

송대 학풍에서 알 수 있듯이 『근사록』에 게재된 대표적 사파四波의 철학자들은 널리 존중받았던 인물들이었기 때문에 '사현四賢'이라고

---

68) 김학권, 「朱熹와 李滉의 易哲學 비교연구」, 『汎韓哲學』 제17집, 汎韓哲學會, 1998, p.134.
69) 송희준, 「『近思錄』의 도입과 이해」, 『한국학논집』 제25집, 계명대한국학연구소, 1998, pp.134-135.

불린다. 그 내용은 염락관민濂洛關閩 학파의 글을 모아둔 것으로『근사록』은 달리『논어』라고까지 불리는 고전이다. 본 저술은 주자와 여조겸이 편집한 것으로 당시의 성리학자인 주렴계, 정명도, 정이천, 장횡거 등의 학설 가운데 '근사近思'에 적합한 문구들을 모아서 간행했다.

이 네 사람의 이론은 우주의 원리로부터 개인의 일상생활에 이르기까지 범위가 광대하여 보통 사람들로서는 이들 철학의 대체적인 내용조차도 파악하기 어렵기 때문에, 주자와 여조겸이 이들 학문의 요점을 정리, 편찬한 책이『근사록』이다.[70] 이 책은 다양한 철학적 소재를 제시함으로써 우주와 인생 전반에 대한 철학적 관심사를 통하여 도학의 기본 정신을 정립하고자 했다.

그러면 이들 사현四賢 학파들의 중심사상이 무엇인지 하나하나 소개해보고자 한다. 우선 염락관민濂洛關閩 가운데 '염濂'에 해당하는 주렴계는 어떠한 학풍을 불러일으켰는가? 그는「태극도설」을 주장하면서 인성론과 우주론의 완결된 이론을 정립하는데 그것이 학파를 이루면서 성리학의 뿌리가 된다. 주렴계는 맹자 이후 단절되었던 성명性命의 학을 되살리고자 했다. 또 한대 이고의 복성론을 받아들여 새롭게 정리함으로써 중국의 전통인 유학을 뿌리로 해서 자신의 본성을 회복하고 인생의 무상함을 극복하여 성인이 될 수 있고, 궁극적으로 하늘과 짝하는 천일합일이 가능하다[71]고 생각했다. 여기서 그는「태극도설」을 통해 형이상학적 우주론과 인성론의 관계를 설정하고 이를 이론적으로 체계화했다.

---

70) 오명숙,「근사록의 철학체계분석」, 전북대학교 석사학위논문, 1993, p.1.
71) 허광호,「주돈이와 권근의 천인합일사상 비교」,『동양고전연구』66집, 동양고전연구회, 2017, p.255.

송대 이학理學에서 이론적으로 체계화된 주렴계의 「태극도설」은 장횡거와 이정에 있어서는 별로 관심을 두지 않았지만, 주자가 이에 깊은 관심을 가졌다는 점을 새겨볼 필요가 있다. 그것은 주자가 「태극도설해」를 저술한데서 「태극도설」의 이론이 체계화되는 과정을 밟았다는 점에서 평가할 만한 일이다. 사실 주자 이전의 '태극太極'이란 개념은 그렇게 중요한 철학 개념이 아니었는데, 소강절이나 장횡거 역시 태극을 그들의 중요한 철학 문제로 여기지 않았고, 정호와 정이는 태극에 대한 언급이 아예 없다[72]는 점이 이를 증명한다.

이에 반해 주자에 의한 주렴계 사상의 해석학적 역할이 돋보이는 이유가 된 것이다. 주자는 「태극도설」의 태극에 대하여 철학적 의의를 가미했고, 그것은 결국 송명이학 중의 형이상학의 한 개념으로 성립시킨 것이다.[73] 그러므로 주렴계의 「태극도설」에 대한 관심과 학술적 이론 정립은 주자의 영향이 지대했다고 볼 수 있다.

당연히 주자는 주렴계의 「태극도설」을 근간으로 삼아 그의 전반 이론을 정립하는 계기가 되었고 나아가 『주역』을 집대성했다. 주자의 철학도 그 이전 신유학자들의 철학을 집대성한 것이었기 때문에 자연스럽게 「태극도설」을 근간으로 삼았고, 아울러 『주역』에 기초하여 그의 철학을 구축한 관계로 인하여 그는 평생토록 『주역』 연구에 심혈을 기울였으며 또한 많은 업적을 남겼다.[74] 주자는 사서四書의 집주에 이어 『주역』의 연구, 나아가 송대 사현四賢의 이론을 집대성한 철학자

---

72) 황영오, 「조선시대의 태극론에 관한 연구」, 원광대학교 박사학위논문, 2015. p.16.

73) 朱熹(김상섭 譯), 『역학계몽』, 예문서원, 1994, pp.97-99 참조.

74) 김학권, 「朱熹와 李滉의 易哲學 비교연구」, 『汎韓哲學』 제17집, 汎韓哲學會, 1998, pp.134-135.

로서의 공로가 크다.

다음으로 '관關' 학파로서 장횡거를 거론할 수 있다. 그는 한때 도교와 불교에 관심을 가졌지만 후에 유학으로 돌아와 관학關學을 중시하면서 『중용』을 체體로 하며 역易을 종宗으로 하고 공맹孔孟을 인극人極으로 삼았다. 기일원론氣一元論을 밝힌 송대의 기철학자로서 그가 밝힌 태허太虛의 일기一氣는 음양 이기二氣의 원시原始이다. 또한 그는 태허가 태극이고, 무형無形은 단지 태허의 기氣 특성과 상태를 묘사한 것이라 했다.

그리고 태허太虛의 기氣와 도道의 관계를 분명하게 설명했고, 기氣와 이理의 관계도 분명하게 하여 기학氣學 본래의 정신인 생명 자체의 체현에 치중함으로써 성명性命의 이理에 치중한 이학理學과 상이한 정신을 드러내고 있다.[75] 젊은 시절에 장횡거는 북쪽 오랑캐들에 빼앗긴 영토를 되찾기 위해서 의병을 일으켰지만 범중엄의 충고와 권유로 인해 구도에 뜻을 둔 유학儒學의 길로 나아가고자 했다.

마침내 유학의 학풍을 일으킨 장횡거는 「태극도설」에서 중심 개념으로 사용하는 '태극太極'에 비견되는 용어로서 '태허太虛'라는 말을 사용하고 있다. 그는 주렴계의 「태극도설」에서 문제의 소지가 있는 무극에 대해 언급하지 않고, 무극 대신 태허라는 말을 사용함으로써 태허는 기氣의 본래 상태이고, 실유實有한 기氣는 무無일 수 없다고 했다.[76] 그가 밝힌 '태허즉기太虛卽氣'는 「태극도설」의 '무극이태극無極而太極'에서 문제될 수 있는 부분을 해소하려고 노력한 흔적을 드러내고

---

75) 이상선, 「氣學으로 본 莊子와 張橫渠」, 『도교문화연구』 16, 한국도교문화학회, 2002, p.192.

76) 최정묵, 「장횡거의 기일원론적 우주론」, 『유학연구』 제3집, 충남대 유학연구소, 1995, pp.700-701.

있다.

이어서 '락洛' 학파로서의 정명도와 정이천은 어떠한 사상을 전개했는가? 이정의 아우인 이천의 학문에 대하여 간파할 수 있는 것은 주자의 다음 주장에 잘 나타나 있다.

> 맹자는 일찍이 기질지성에 대하여 말한 적이 없다. 이천 선생이
> 성性을 논의한 것이 명교名敎에 공헌한 까닭은 기질지성에 대하여
> 밝혔기 때문이다. 기질을 가지고 논의하면, 본성이 같지 않다고
> 말할 때 생기는 모든 의문이 얼음 녹듯이 해결된다. 퇴지 선생이
> 성性을 말한 것도 역시 좋지만, 역시 기질지성은 알지 못했다.[77]

맹자가 본연지성을 밝혔다면 이천은 기질지성을 밝혔다며, 주자는 이정二程의 학문을 맹자에 빗대어 칭송하고 있다. 아울러 주자는 정명도의 학문에 대하여 자신의 견해를 말한다. 곧 이천의 학설에 더하여 명도의 학설을 거론함으로써 이정의 학문적 성향을 종합하고 있는데, 본연지성과 기질지성을 두루 포괄한 이정의 사상에 대한 주자의 다음 견해이다.

> 또 물었다. '맹자가 성性을 말한 것은 이천 선생과 비교하면 어떻
> 습니까?' 대답하셨다. '같지 않다. 맹자는 군더더기를 발라내고 성性
> 의 근본만을 말했고, 이천 선생은 기질氣質을 겸비하여 말했는데,
> 요컨대 (그 두 가지는) 분리될 수 없다. 그래서 명도 선생은 성性만

---

77) 『朱子語類』 卷4, 「性理一」, 孟子未嘗說氣質之性, 程子論性所以有功於名敎者, 以其發明氣質之性也, 以氣質論, 則凡言性不同者, 皆氷釋矣, 退之言性亦好, 亦不知氣質之性耳.

논의하고 기기氣를 논의하지 않으면 갖추어지지 못하며, 기기氣만을 논의하고 성성性을 논의하지 않으면 명확하지 못하다고 말씀하셨다. 나도『태극도설해』에서 이른바 태극은 음양의 기운과 분리되지도 않으며, 또한 음양의 기운과 섞이지도 않는다고 말해야 한다고 했다.78)

이정에 대한 위의 언급에서 사상적 성향을 알 수 있는데, 송대의 대표적인 신유학자인 이정은 노자의 철학에 관하여 어떠한 입장을 취했을까를 살펴본다. 정이천은『이정유서二程遺書』권6에서 "나는 부처와 노자를 비판하지 않는다(叔不排釋老)"라고 했는데, 이는 상대에 대한 비판보다는 자신의 철학적 사유에 집중함으로써 주체의 형성에 노력하려는 의지를 표현한 것이다.79) 정명도는 천리天理와 성성性과 인仁을 주로 거론했다면, 이천은 성즉리性卽理를 밝히고 격물궁리格物窮理의 인식론에 이어 거경居敬의 수양을 주로 언급했다.

다음으로 송대의 염락관민濂洛關閩 학파 가운데 '민민閩'은 주자를 지칭한다. 주자는 이기론을 완성하여 이를 통해 우주와 인간의 관계에 대해 깊이 있는 연구를 했다. 성리학의 집대성자로서 주자에 의하면 만물은 모두 이理와 기기氣로 구성되어 있으며, 두 가지 가운데 기기氣는 존재의 구체적 구성요소라면 이理는 기기氣의 생성변화를 주재하는 이법적理法的 의미를 지닌다80)고 본다. 인간의 경우도 마찬가지로서 이

---

78)『朱子語類』卷4,「性理一」, 又問, 孟子言性, 與伊川如何, 曰, 不同, 孟子是剔出而言性之本, 伊川是兼氣質而言, 要之不可離也, 所以程子云論性不論氣, 不備, 論氣不論性, 不明, 而某於太極解亦云所謂太極者, 不離乎陰陽而爲言, 亦不雜乎陰陽而爲言.

79) 김학재,「송대 신유학자들의 노자관에 대한 개괄적 시안」,『동서철학연구』제25호, 한국동서철학회, 2002, p.76.

와 기의 두 요소로 구성되어 있다고 말할 수 있다.

위에서 언급한 것처럼 염락관민濂洛關閩 학파 간의 성리학적 쟁점과 해석은 서로가 일치한다고 볼 수 없다는 사실로 인해 네 학파가 형성되었던 것이다. 북송 사자四子, 즉 주렴계, 정명도, 정이천, 장횡거의 원의原意와 주자의 주석 사이에는 반드시 일치한다고만은 볼 수 없는 점이 존재하는데, 예를 들면 먼저 주렴계의 『태극도설』에서 주자는 태극을 이理로 해석했으나 주렴계의 사상적 입장에서 볼 때 태극은 기氣로 해석될 여지가 있다.81) 태극이나 태허, 성리와 이기 등의 철학적 쟁점은 북송대의 학파들이 갖는 이론적 차별성으로 이해될 수 있을 것이다.

이론적 차별성을 지닌 염락관민濂洛關閩 학파에 대한 주자의 역할을 다음 몇 가지로 접근해 보고자 한다.

첫째, 주자는 송대 신유학자들의 다양한 이론에 관심을 가지고 이들 학파의 이론을 종합하는 역할을 했다. 곧 주자는 주렴계의 「태극도설」과 장횡거의 기론氣論, 그리고 정이천의 이기론理氣論을 종합하여, 리理 중심의 우주론을 확립했다.82) 태극의 의미를 이理의 시각에서 바라보았고 또한 장횡거의 기氣를 언급하여 기질지성의 필요성을 맹자 사상에 덧붙였으며, 이들의 사상을 종합한 이기理氣의 이론을 이정의 사상에서 찾았다.

---

80) 김낙필, 「靈氣質論의 사상사적 의의」, 정산종사탄생100주년기념 추계학술회의《傳統思想의 現代化의 鼎山宗師》, 韓國圓佛敎學會, 1999.12, p.73.
81) 이범학, 「『近思錄』과 朱子」, 『韓國學論叢』 18, 국민대 한국학연구소, 1996, p.158.
82) 김학권, 「朱熹와 李滉의 易哲學 비교연구」, 『汎韓哲學』 제17집, 汎韓哲學會, 1998, p.136.

둘째, 주자는 이들 네 학파 가운데 장횡거와 이정을 나란히 배열했다. 이러한 배열의 기반은 송대의 우주론과 인성론의 이론적 해석의 다의성이 존재한다는 사실로 인해 염락관민濂洛關閩 학파의 상호관계를 파악하는데 도움이 된다. 곧 주렴계는 신유학의 문로를 열어주었으며, 장횡거와 이정은 서로 학문적 영향을 주고받았는데 주자는 장횡거와 이정 둘을 나란히 배열했다. 이는 장횡거를 공맹·이정과 나란히 배열했다는 것으로, 장횡거는 이정과 학문을 논할 때 가르침을 추구했으며, 이정은 장횡거를 높이 받들었으나 공부에 있어 정명도는 장횡거의 법통을 지적하기도 했다.[83] 신유학의 학파들에 대한 주자의 날카로운 시각이 엿보인다.

셋째, 주자는 이정을 스승으로 삼은 상태에서 장횡거의 사상을 매듭지었으며 여타의 학자들에게도 관심을 가졌다. 이천의 성즉리설性卽理說과 격치궁리법格致窮理法이 주자에 의해 완성되었고, 주렴계와 장횡거 그리고 이정뿐만 아니라 이정이 비교적 소홀히 했던 소강절과 사마광의 상수역학象數易學까지 폭넓게 연구하여 송학宋學을 실질적으로 매듭지었다.[84] 송대학파에 있어서 사현四賢 외에도 소강절이나 사마광에까지 관심을 가진 점을 보면 송대 철학에서 주자와 이정을 중심으로 한 학술적 전개와 역할이 드러나고 있음을 알 수 있다.

북송의 성리학이 꽃을 피운 전성기를 보낸 만큼 그 사상의 뿌리는 주렴계이며, 이 사상의 영향은 송대뿐만 아니라 명대에까지 영향을 미친다. 주렴계는 그의 「태극도설」에서 천인합일 사상을 도설의 형식을 빌려 전개했는데, 그의 이러한 사상은 장횡거, 이정 형제를 거쳐

---

83) 勞思光, 鄭仁在 譯, 『中國哲學史』 宋明篇, 探求堂, 1987, p.57.
84) 李康洙 外, 『中國哲學槪論』, 한국방송통신대학교출판부, 1995, p.244.

주자에 와서 완성된 체계를 형성했고, 뒤이어 이후 명대 왕양명(王陽明, 1472~1528)에 의해 주창된 양명 심학心學과 더불어 근세 중국의 주요한 사상적 흐름이 된다.[85] 북송 성리학자들의 학파 간 활발한 철학적 논쟁이 명대에까지 미친 영향이 적지 않은 것이다.

뒤이어 송대의 거유 사현四賢이 청대 철학에 미친 영향은 무엇인가? 주렴계의 「태극도설」에 이어서 장횡거의 태허즉기太虛卽氣, 그리고 정이천의 성즉리性卽理, 주자의 이기理氣 사상은 명대의 유·불·도 회통 사상에 이어서 청초의 실학實學으로 이어졌다. 이들의 사상이 대동원(戴東原, 1723~1777)과 왕부지(王夫之, 1619~1692)에게로 계승되었음을 보면, 그의 철학은 정이천과 주희에게로 이어지는 송대의 성리학적 체계 속에 완전히 흡수될 수 없는 독자적인 체계였지만, 공자, 맹자, 주렴계, 정명도, 장횡거 등으로 이어지는 정통 유학으로서 평가되고 있다.[86] 형이상학적 우주론과 인성의 문제에 관심이 많았던 송대 철학에 대한 반발로서 청대 실학으로 이어진 것은 사실이지만, 송명의 학파에서 명청明淸의 학파라는 상호관계의 연결고리를 무시할 수는 없는 것이다.

특히 청대의 왕부지는 송대의 학풍 가운데 실학實學 중심으로 나간 대표적인 학자였다. 장횡거의 기철학을 계승한 왕부지는 내재적인 기철학을 주장했다. 그러나 왕부지의 학문은 장횡거의 관학關學, 정이천의 낙학洛學, 주희의 민학閩學을 바탕으로 하고 있으며, 자기와 다른 이론은 비방하고 올바른 길로만 나아갔다.[87] 이는 청대의 철학이 실

---

85) 허광호, 「주돈이와 권근의 천인합일사상 비교」, 『동양고전연구』 66집, 동양 고전연구회, 2017, p.254.

86) 안영석, 「張橫渠 哲學의 연구-내용체계의 해명과 현대적 해석」, 영남대 박사 논문, 1990, p.4.

학적 성향을 지닌 관계로 송대의 학파로서 염·락·관·민 학파 가운데 장황거의 관학이 청대에 미친 영향은 지대했다. 그러나 송대 철학의 뿌리는 주렴계이며 그의 사상이 「태극도설」에 기반했다는 점을 상기한다면 송대학파의 쟁점이 부각되어 명대에 이어서 청대, 나아가 오늘날 중국 철학 발전에 지대한 기여를 했다는 점은 부인할 수 없다.

2. 「태극도설」의 성립과 개념

1) 「태극도설」의 성립과 도교

(1) 무극과 태극 용어의 연원

「태극도설」의 연원을 파악하기에 앞서 본 도설圖說에 원용된 '용어'들의 이해가 우선적으로 필요하다. 여기에 나오는 주요 용어들로서 태극, 음양, 신神 등이 등장하는데, 그 용어들의 전적典籍이 무엇인가를 살펴볼 필요가 있다. 진고응은 이러한 용어들이 등장하는 『주역』의 「계사전」을 아예 도가의 작품으로 간주했다. 그는 태극, 음양, 정기精氣, 신神, 간이簡易, 원시반종原始反終, 강유상추剛柔相推, 도기道器 등의 13가지 개념을 들어서 이런 철학 개념들이 대개 『장자』를 위시한 도가서에서 유래하며, 다른 유가의 전적에 보이지 않음을 들어서 『역전』이 전국시대 도가들의 손에 의해 지어졌다고 주장했다.[88] 이 용어들이 『주역』에 근거한다는 유가적 사유에 대해 이의를 제기함으로써 도가

---

87) 蔣維喬, 고재욱 譯, 『中國近代哲學史』, 서광사, 1980, p.60.
88) 陳鼓應(최진석 역), 『老莊新論』, 소나무, 1997, pp.417-515 참조.

의 작품으로 거론한 것이다.

그렇다면 「태극도설」이 유학의 『주역』에 근거한다는 연원의 문제를 처음 제기한 사람은 누구인가? 본 「태극도설」과 관련한 전수의 문제를 처음 거론한 사람은 주진(朱震, 1072~1159)이었다. 그는 남송의 학자이며, 주렴계보다 50여 년 후에 태어났으며, 역학에 능통했고 『한상역해漢上易解』를 저술했다. 또 「선천도」, 「하도와 낙서」, 「태극도」라는 세 가지 그림에 대한 전수傳受 관계를 처음으로 기술했다.[89] 언급된 용어들이 도가에 기원한 것이 아니라 『주역』에 근거한다는 것은 그의 사상적 성향이 유가였다는 점에서 볼 때 유교적 사유 체계에서는 주진의 견해가 바람직하게 접근될 것이다. 연원성의 문제 제기는 하나의 쟁점이라는 점에서 논란의 여지는 지속될 것이다.

『주역』「계사전」에서는 「태극도설」에 등장하는 '태극'과 음양을 언급하고 있다. "그러므로 역易에는 태극이 있고, 이것이 음양 양의兩儀를 낳으며, 음양은 사상四象을 생하고, 사상은 팔괘를 생하며 팔괘는 길흉을 정하며, 길흉은 대업大業을 생한다."[90] 역易에 태극이 있고 그것은 음양을 생한다고 했는데, 주렴계는 '역' 대신에 무극이라는 용어를 사용하고 있다는 점이 다르다. 『주역』의 생성론에서 거론하는 사상四象과 팔괘八卦는 「태극도설」에서 거론하지 않는 점에서 본 도설이

---

89) 주진은 세 가지 그림에 대한 傳受 관계를 기술하고 있는데, 즉 선천도는 陳摶에서 시작하여 충방과 목수 등을 거쳐 소옹에게 전수되었고, 하도와 낙서는 충방을 통해 劉牧에게 전수되었고, 또 太極圖는 목수를 통해 주렴계에게 전수된 것으로 되어 있다(전용주, 「주돈이의 태극도설 연구」, 성균관대학교 박사학위논문, 2014, p.16.)

90) 『周易』「繫辭上傳」, "是故易有太極, 是生兩儀, 兩儀生四象, 四象生八卦, 八卦定吉凶, 吉凶生大業."

『주역』과는 다른 점으로 이해된다.

이러한 맥락에서 『주역』 「계사전」과 「태극도설」에서 보이는 공통된 용어는 '태극'이라는 점에서 그 연원을 『주역』이라 할 수 있는데, 여기에서 '태극太極' 연원으로서 주목할 것으로 『주역』과 『장자』에 대한 논란의 여지가 없지 않다. 곧 왕효어王孝漁는 자신의 저서 『장자내편 신해』에서 다음과 같이 말한다. "태극과 육극은 함께 쓰였다. 그러므로 태극이란 말이 『주역』 「계사전」에 처음 나온 것이 아니며, 이와 달리 『주역』 「계사전」의 태극이란 말이 『장자』에서 나왔다."라고 했으니, 송·명대에 이르러 태극이란 용어는 성리학의 우주론 범주 가운데 가장 기본적인 개념으로 발전했다.[91] 다만 장자에서 언급하는 태극은 단순한 공간 개념이라는 점에서 본 도설의 태극과 다소 상이한 점이 있다.

이처럼 장자철학에 말하는 공간 개념과 달리 『주역』 「계사전」에 보이는 태극은 역을 모태로 출발하여 근본 원리로 제시되어 있다. 유교 및 도교에서 사용하는 무극·태극의 핵심 개념의 포괄적 접근은 『주역』에서 그 단서를 찾는다면, 「태극도설」이 온전히 노장 철학에게서만 영향을 받았다는 인식을 극복하게 해주는 것으로 이해할 수 있다. 『주역』의 우주론과 생성론이 「태극도설」의 본체론과 생성론에 용해되어 있다는 사실에서 더욱 그렇다. 용어의 원용이라는 점에서 장자를 거론할 수 있지만 내용상에서 보면 『주역』과 더 관련이 있다는 뜻이다. 그럼에도 불구하고 주렴계가 사용한 무극과 태극 용어의 전적典籍은 『주역』 연원서에 더하여 도가서를 거론할 수 있다.

『도덕경』은 5천여자로 구성되어 있고 『장자』는 6만자로 구성되어

---

91) 陳鼓應(최진석 譯), 『老莊新論』, 소나무, 1997, pp.299-300.

있는데 노자와 장자의 사상을 조망해본다면, 노자와 장자가 시공 개념으로 사용한 무극과 태극에 있어 단순히 시공 개념에만 머물지 않는 측면도 발견된다. 이를 확대 이해하면 『장자莊子』에는 무궁·무극·무애無涯·무종시無終始·무고금無古今 등의 단어가 여러 차례 언급되고 있으며, 특히 「제물론」에서는 무궁의 논리가 잘 묘사되어 있다.92) 노장 철학에서 언급되는 이러한 용어들은 시공을 초월하는 성향에 맞게 그들의 심오한 철리를 알게 해준다.

위에서 언급한 연원서의 논란에는 『주역』과 노자·장자 가운데 어느 하나라고 잘라서 말할 수 없다. 이에 태극과 유사한 용어로 무엇보다 먼저 거론해야 할 것으로 '무극'이라는 용어가 있는데, 한 가지 주목할 것은 『주역』에서 이 무극이라는 용어가 등장하지 않는다는 점이다. 여기에서 『주역』의 연원성에 대하여 고민해야 할 것이다.

일반적으로 '무극'은 『도덕경』이나 『장자』에 등장하고 있으며, 그러므로 주렴계가 천명한 「태극도설」에서 우주의 근본을 무극이라 했는데 이 무극 용어가 『주역』에 등장하지 않는 관계로 인하여 그 연원성을 『주역』에 한정하는 것에는 한계가 뒤따른다. 그러므로 유가의 고전에 '무극'의 용어는 발견되지 않지만 『장자』나 『도덕경』에 무극이라는 표현이 등장하는 것은 「태극도설」의 연원이 도가 철학과 깊은 관련이 있음을 증명하고 있다. 이에 유가적 시각에서 본다면 주렴계가 노장老莊의 고전에 등장하는 용어를 원용한 것이라 할 수 있는 일이지만, 주렴계는 오히려 유가 철학의 범주적 확대를 통해서 도가 철학에 관련시키고 있음을 알아야 할 것이다.

---

92) 조경현, 「莊子의 宇宙 개념과 그 철학적 의미」, 金忠烈先生 華甲記念 『自然과 人間, 그리고 社會』, 螢雪出版社, 1992, p.33.

주렴계가 주목한 도가 철학의 시조로서의 노자는 궁극적으로 무극으로 회귀할 것을 다음과 같이 주장한다.

> 그 수컷을 알고서 그 암컷을 지키면 천하의 시냇물이 되고, 천하의 시냇물이 되면 상덕常德이 떠나지 않아 어린 아이로 되돌아간다. 그 흰 것을 알고서 그 검은 것을 지키면 천하의 법도가 되고, 천하의 법도가 되면 상덕에 어긋나지 않아 무극으로 돌아간다. 그 영화를 알고서 그 욕됨을 지키면 천하의 골짜기가 되고, 천하의 골짜기가 되면 상덕이 이에 가득 차 통나무로 되돌아간다. 통나무가 흩어지면 그릇이 되거니와, 성인이 이것을 쓰면 군주가 된다. 그러므로 큰 재목은 쪼개지 않는 법이다. 93)

무극으로의 회귀는 노자의 주장처럼 상덕常德에 어긋나지 않는 상태가 되어야 가능하다는 것이다. 이러한 경지에 이른다는 것은 인위적인 행위를 극복하고 무위의 대자연에 합일하는 성인의 경지라는 뜻에서 말한 것이다. 노자에 이어서 무극이라는 용어를 사용한 철학자는 장자였다. 그는 삶을 우주 대자연의 원리에 따라 즐기는 소요유逍遙遊의 경지를 무극이라 하고 있다.

> 지금 저 만물은 모두 흙에서 생겨나서 흙으로 돌아가는 것이오. 그러므로 나廣成子는 이제 당신皇帝과 헤어져서 무궁의 문으로 들어가 끝없는 무극無極 경지에서 노닐려 하오. 나는 해와 달빛과 나란

---

93) 『道德經』 28章, 知其雄, 守其雌, 爲天下谿, 爲天下谿, 常德不離, 復歸於嬰兒, 知其白, 守其黑, 爲天下式, 爲天下式, 常德不忒, 復歸於無極, 知其榮, 守其辱, 爲天下谷, 爲天下谷, 常德乃足, 復歸於樸, 樸散則爲器. 聖人用之, 則爲官長, 故大制不割.

히 빛나며 천지와 더불어 영원할 것이오. 나를 향해 찾아와도 멍하
니 무심無心하고 내게서 멀리 떠나 버려도 멍하니 무심하오. 사람들
은 누구나 모두 죽지만 나만은 홀로 살 것이오.94)

　위에서 언급한 무극은 시간적 개념으로 끝없는 상태를 상징하고 있
음을 알 수 있다. 그러나 주렴계가 말한 무극은 단순한 시간적 개념을
넘어서 우주의 본체론적 근거이자 생성론의 단초가 된다. 우주 본체론
을 거론하는데 등장하는 무극 용어의 측면에서 바라본다면 장자가 말
하는 우주론은 주렴계의 「태극도설」에 영향을 미쳤다고 본다. 이에
주렴계가 『장자』에 등장하는 태극이라는 용어를 원용했음을 주목하
지 않을 수 없다. 그렇다면 『장자』에 등장하는 '태극'은 어떻게 묘사되
고 있는지 궁금한 일이다. 무극의 시간성과 태극의 공간성에 접근되는
개념으로서 사용되고 있음은 다음의 언급에서 알 수 있다.

　　도道는 시공을 초월한다. 태극의 위에 있지만 높다 하지 않고,
　　육합六合의 아래에 있지만 깊다 하지 않으며, 천지보다 먼저 존재했
　　지만 오래되었다 하지 않고, 상고보다 오래 살았지만 늙었다 하지
　　않는다.95)

　이처럼 도道와 관련하여 '태극'이 언급되고 있는데, 다만 태극이라
는 용어가 구체적으로 철학적 의미로 접근되기보다는 단순한 공간 개

---

94) 『莊子』「在宥篇」, 今夫百昌皆生於土而反於土, 故余將去汝, 入无窮之門, 以
　　遊無極之野, 吾與日月參光, 吾與天地爲常, 當我, 緡乎, 遠我, 昏乎, 人其盡死,
　　而我獨存乎.
95) 『莊子』「大宗師篇」, 在太極之上而不爲高, 在六極之下而不爲深, 先天地生而
　　不爲久, 長於上古而不爲老.

념으로 등장한다. 위의 언급에 나타나듯이 장자는 도가 무한한 시공간 속에 존재함[96]을 여러 각도에서 말하고 있다.

주렴계의 「태극도설」에서 말하는 무극의 본체에 대한 태극은 노장 철학에서 철학적 개념으로 접근되는 것보다는 시간·공간 개념으로 이어지며, 태극은 특히 공간의 육합六合과 관련하여 언급되고 있음을 알 수 있다. 물론 무극과 태극이 도가 철학에서 시공 개념에만 머물렀다고 하면 무리일지도 모른다. 왜냐하면 『도덕경』과 『장자』에 등장하는 무극이나 태극의 용어가 '무無' 철학의 측면에서 모색될 수 있다는 점을 감안하면, 이 용어들이 노장老莊에게 공간이나 시간적 용어 정도에만 머물렀다고 볼 수는 없다. 그것은 주렴계가 도가 철학의 심오성을 인지하고 「태극도설」이라는 무극·태극의 용어를 원용하여 철학화했다는 의미와도 관련된다.

다시 말해서 주렴계의 「태극도설」은 노장사상에 연원하면서도 전통유교 사상을 체계화하는데 연원을 삼음으로써 송대 성리학의 다양성을 담보하는 성리학의 기초를 마련했다고 보면 좋을 것이다. 그러므로 노자와 장자에서 거론되는 무극과 태극의 용어와 유교에서 주로 인용되는 『주역』의 태극 용어 간에 우주론과의 회통적인 측면이 있다.

장자가 말하는 우주도 중국의 전통적 우주관처럼 상하사방上下四方의 공간 구조와 고왕금래古往今來의 시간 변화를 가진 유한 우주였지만, 장자는 그러한 유한 공간을 신명이 넘실대는 정신 경지로 승화시켜 '무하유지향無何有之鄕'의 드넓은 세계廣漠之野로 만들었고, 무궁으로 접근했다.[97] 비록 무극이나 태극이 노장 철학에서 주로 시공 개념

---

96) 陳鼓應(최진석 譯), 『老莊新論』, 소나무, 1997, p.299.
97) 김충열, 『노장철학강의』, 예문서원, 1995, pp.287-288.

으로 접근될지 모르지만 태극은 무한 공간의 무궁으로 바라본 장자의 사상에 더하여 무극을 밝힌 노자의 깊은 철리가 주렴계의 「태극도설」에 영향을 미쳤다고 볼 수 있다. 여기에서 주의하여 살펴볼 것으로 주렴계가 무극과 태극이라는 용어를 『주역』이나 노장의 저술에서 원용했다고 해도, 송대 성리학자로서 송대 학풍에 어울리게 노장과 불교를 배격했다는 점이다.

송대에 들어와 그 동기와 궁극에 있어서 정주학은 분명히 노장과 불교를 배격하기 위해 일어났고 또한 배격했으나 실은 불교적 이론이나 도가적 사변이 그 근저를 이루고 있었다.[98] 그로 인해 주렴계는 무극과 태극의 개념을 노장 철학에서 원용함으로써 유교의 이론을 체계화하는데 진력했다. 송대 철학에서 도道·불佛을 이단사상으로 멀리했다고 해도 그들에게 결여된 우주론적 범주를 이들에게서 수렴한 주렴계의 학문적 포용성과 심화를 엿볼 수 있게 해준다. 다만 「태극도설」에 등장하는 용어의 원용으로 인해 주렴계와 도가사상이 직접적으로 관련성이 크다고 단언하는 것은 곤란하다. 근세 중국 철학자 노사광은 이에 다음과 같이 말한다.

　　원래의 학설 중에서 「설괘說卦」를 인용하여 하늘天·땅地·사람人의 뜻을 말했다. 그 형이상학의 관념은 무無를 근본으로 삼고, 가치론의 관념은 정靜을 위주로 했으나, 모두 고대 남방의 전통적인 도가사상과 관계가 있다. 이러한 도가의 사상은 일찍이 『역전』『예기』의 사상 속에 주입되었으나, 우리들은 또 이 점에 근거하여 함부로 주렴계와 도가의 관계를 직접적으로 단정해 버려서는 안

---

98) 安炳周, 『儒敎의 民本思想』, 성균관대 대동문화연구원, 1987, p.12.

될 것이다. [99]

위의 언급처럼 사상의 근간에서 양자의 차이가 적지 않다. '태극'의
용어를 양가 철학에서 사용하고 있지만 사상적으로 간극이 크다는 것
을 간과해서는 안 된다. 그럼에도 불구하고 일부 학자들의 주장과 같
이 도가로부터 전수된 「태극도설」이라는 점을 어느 정도 수용한다면,
송대의 이단적 성향 속에 있던 주렴계로서 사상적 수렴의 자세가 신유
학의 개창자라는 점에서 더욱 돋보인다. 태극은 『주역』 이래 주로 도
가 계통으로 전수되었으며, 태극이 도상圖像과 함께 새로운 철학적 개
념으로 정립된 것은 주렴계로부터 시작되었다[100]는 점을 고찰해 보자
는 것이다. 「태극도설」에서 신유학의 이론이 체계화된 것은 이처럼
주렴계의 도道·불佛사상 수용과 직결되어 있음을 알 수 있다.

한편 무극과 유사한 의미의 용어 '무궁無窮'이라는 용어도 유념해야
할 필요가 있는데 노장사상에서 말하는 이 무궁은 무극과 태극을 아우
른다고 볼 수 있다. 무극이나 태극의 용어에 유사하게 접근되는 '무궁'
의 용어가 노장 철학에서 연원한다고 해도 폭넓게 춘추전국시대의 제
자백가에서 사용되는 용어들이었다는 점을 알아둘 필요가 있다. 이를
테면 '무궁'이란 용어가 『장자』에 14회 출현하지만, 공자와 맹자는 중
시하지 않았고, 『순자』에 3회, 『한비자』에 1회, 『여씨춘추』에 1회 출
현하고, 『노자』에도 유사한 개념인 무극이 1회 언급될 뿐이다.[101] 이

---

99) 勞思光(정인재 譯), 『중국철학사』 송명편, 탐구당, 1987, p.123.

100) 손흥철, 「주돈이의 태극과 이기개념의 관계분석」, 『퇴계학논총』 제29집,
　　　사단법인 퇴계학부산연구원, 2017, p.35.

101) 조경현, 「莊子의 宇宙 개념과 그 철학적 의미」, 金忠烈先生 華甲記念 『自然
　　　과 人間, 그리고 社會』, 螢雪出版社, 1992, p.32.

처럼 무극이나 태극의 용어, 그리고 이와 관련된 무궁의 용어는 제자백가에서 산견散見되듯이 유가와 도가, 법가에 공유되는 점에서 무극이나 태극 용어들은 어느 한 학파에 치우쳐 접근할 수 없다.

이러한 학파들 사이에 오르내리는 용어의 일정부분 공유 속에서 '태극'이라는 용어에 대하여 「태극도설」을 유가의 입장에서 접근하는 『주역』과 연관성을 상정할 수 있을 것이다. 그러나 「태극도설」에서 말하는 '무극이태극無極而太極'이라 할 때의 무극이 『도덕경』에 등장하여 도道와 관련짓고 있다는 사실을 간과할 수 없다. 이것은 춘추전국시대의 시대적 배경과 사상적 배경에서 공유되는 부분이 없지 않기 때문이다.

춘추전국시대에 있어서 유가 철학과 도가 철학의 무극과 태극의 용어가 공유되고 있는 점은 철학계에서 일면 묵인되고 있다. 나아가 오늘날 중국 철학에서 시공간의 개념은 무극과 태극이라는 용어 대신에 우주·세계라는 용어가 보편화되고 있다.

동아시아 전통에서는 한문의 우주와 세계에서 보듯이 시간과 공간은 결합된 채 우주론의 중요 개념을 형성하고 있는데, 세계는 세대世代의 시간적 개념인 세世와 공간적 범위를 나타내는 개념인 계界가 결합하고 있으며, 우주 역시 각각 공간 개념과 시간 개념을 나타내는 단어의 결합이다.[102] 무극과 태극에 더하여 우주와 세계 용어에 시공 개념이 합류되어 있는 점은 유儒·도道 철학에서 보편적으로 이해되는 편이다.

---

102) 장원석, 「주역의 시간과 우주론」, 『동양철학연구』 24집, 동양철학연구회, 2001, p.252.

(2) 「태극도설」의 도교적 영향

도교는 도가와 차이가 있다는 것은 수련도교를 강조하려는 뜻이다. 송대 성리학이 도교와 불교의 수련 혹은 수양을 수렴했다는 점에서 주로 후대 도교와 관련하여 서술할 것이며, 불교적 사유도 부분적으로 거론할 것이다. 도교사상을 유학에 끌어들인 송대 철학자들 중 도학자로서 도교사상을 도학道學에 도입한 사람 가운데 주렴계와 소강절 (1011~1077)이 그 대표적이다.[103] 노장 철학 용어의 원용에 더하여 수련도교, 즉 이에 속하는 선사仙師들에게서 「태극도설」을 전수받았다는 점에서 주렴계의 「태극도설」의 연원을 거론하려는 것이다.

주렴계의 「태극도설」의 연원에서 도교사상을 이끌어 들였다는 것은 그가 송대 유학자로서의 정체성과 관련되는 문제이다. 그것은 본 도설圖說의 근저에 도교나 불교의 사상이 용해되어 있다는 사실에서 더욱 그렇다. 주자에 의하면 주렴계의 도상圖像이 유학의 정신을 계승한 도통道統의 관점에서 볼 때 생기는 문제는 학문의 정통성 시비 문제와 관련지어 말할 때 곤란한 이론적 오류를 내포하고 있다고 판단한 것이다.[104] 이를 부인할 수 없는 것은 도교 수련의 내단학內丹學과 수련도修練圖의 영향이 그것이다. 그리하여 불교의 「명상도瞑想圖」가 본 「도설圖說」에 이미 유포되고 있는 현실에서 완벽하게 그런 사상적 교류가 없었다고 판단하기 어렵다는 주장이 설득력을 얻는다.

이러한 맥락에서 주렴계의 「태극도설」은 교의敎義의 정체성 문제가 거론되는 것으로, 도교와 불교의 사상적 교류가 있었을 것이라는 점이

---

103) 풍우란(박성규 譯), 『중국철학사』(하), 까치, 1999, p.441.
104) 신계식, 「남명 조식의 圖說에 나타난 성리학 연구」, 대구한의대 박사학위논문, 2008, p.16.

다. 사실 주렴계가 『주역』에 관심을 갖고 그의 사상에서 '태극'을 거론한 점은 유가의 입장에서 출발한 것으로 생각되지만, 그의 본 도설에 나타나듯이 도교와 불교의 영향을 받았다. 주백곤은 주렴계가 진단(陳摶, 871~989)이 세운 진단학파의 역학에서 「무극도」 도식을 흡수하여 그것을 새로이 해석했다고 보았으며, 다른 한편으로 한·당 시대부터 나온 의리학義理學의 전통을 계승했고, 그것을 유가의 윤리 관념과 결합시킴으로써 『주역』의 기본원리를 해석했다.[105] 「태극도설」에 등장하는 태극과 음양이 주로 여기에 관련되며, 우주 생성론 역시 『주역』의 「계사전」과 직결되어 있다.

정체성 문제로 부각된 「태극도설」이 도교의 영향이 없지 않다는 지적은 근본적으로 전장에서 언급한 무극·태극 용어의 연원이 노장의 전적典籍과 관련되어 있다는 점에서 예견되는 일이다. 이러한 용어들이 중요한 철학적 범주로 논의된 것은 도교 사상에 그 연원이 있음은 분명한 사실이며, 도교 사상은 그 성립 초기부터 노자의 도道 사상을 중요한 철학적 기반으로 간주했으므로 무극·태극을 중시했다.[106] 도가와 도교의 이와 같은 용어가 후대로 계승되면서 교의敎義 확대 정립에 도움을 주었으므로 도교의 수련적 심화 과정에서 도가의 무극·태극이 그 기반이 되었다.

도가 철학이 후대 수련도교로 심화되었는데 풍우란도 「태극도설」의 용이성에 그 연원을 『주역』에 더하여 도교라고 했다. 주렴계가 『주역』「계사전」에 있는 어떤 구절에서 찾아낸 사상을 연구하고 발전시

---

105) 朱佰崑, 『易學哲學史』 第2卷, 北京, 華夏出版社, 1990, pp.85-86.
106) 김낙필, 「도교의 圓상징과 無極·太極」, 『圓佛敎學』 창간호, 韓國圓佛敎學會, 1996, pp.61-62.

켜서 그 사상을 설명할 목적으로 도교의 도표圖標를 이용했다고 한다.[107] 주렴계는 이러한 도식圖式을 「태극도」라고 했으며, 이론적 기반으로서 도식에 대한 해설은 주렴계의 「태극도설」이다. 주렴계가 설명한 본 도설에서는 도해圖解를 보지 않아도 쉽게 이해할 수 있도록 했다.

어떻든 주렴계의 도설圖說 내용에 영향을 준 것으로는 도교서나 선가서였을 것이라 판단된다. 학계에 잘 알려진 「선천도」는 『도장道藏』에 있는데 그것이 「태극도설」의 원본이었을 것이라고 추단한 학자는 중국 근세의 철학자 풍우란이었다. 『도장』 내의 「상방대동진원묘경품도(上方大洞眞元妙經品圖)」에 「태극선천지도」가 있는데, (『도장』196, 9쪽.) 주렴계의 「태극도」와 대략 같다. 당나라 명황(明皇, 현종玄宗의 시호)이 쓴 서문이 있으므로 송대 이전의 책으로서 이것이 혹시 주렴계 「태극도」의 원본이었을 것[108]이라고 추단했다.

이러한 추측에 의하면 도교의 「태극선천도」는 주렴계의 「태극도」에 영향을 주었음이 틀림없다고 본다. 「태극선천도」가 주렴계에게 전해진 계보를 보면 『송사』에 잘 나타난다. 여러 단계를 거치며 주렴계에게 전해진 내력이 다음과 같이 자세하게 밝혀져 있다.

> 『송사』 「유림전儒林傳」의 주진(1072~1138)의 전기에 따르면, 주진의 경학은 깊고 진실했다. 그는 「한상역해漢上易解」에서 말하길, 선천도는 진단이 충방에게, 충방은 목수에게, 목수는 이지재에게, 이지재는 소옹에게 전했다. 하도낙서는 충방이 이개에게, 이개

---

107) 풍우란(정인재 譯), 『중국철학사』, 형설출판사, 1986, p.344.
108) 풍우란(박성규 譯), 『중국철학사』(下), 까치, 1999, p.444.

는 허견에게, 허견은 범악창에게, 범악창은 유목에게 전했다. 목수
는 「태극도」를 주돈이에게 전했다. [109]

　이처럼 「선천도」를 전한 효시로는 당대의 진단陳搏인데 그는 노장老
莊의 무극과 태극 용어를 통해 도교 이론의 체계화에 심혈을 기울였
다. 『주역』의 태극과 『도덕경』의 무극을 연결시키며 이 태극과 무극
을 도교의 핵심 개념으로 본격적으로 부각시킨 것은 당말의 진단이었
다[110]는 사실을 상기할 필요가 있다. 여기에서 진단이 영향을 준 주렴
계의 「태극도설」은 그 맥락에서 본다면 도교사상의 핵심을 전하려는
의도가 있었으리라 판단된다.

　그리하여 도교의 신선 수련의 측면에서 '무극·태극'이라는 용어를
차용한 진단을 거론할 수 있는데, 그 내용은 우주의 생성론과 관련된
다. 진단의 우주 생성론은 「무극도」나 「선천태극도」의 그림에 잘 나
타나 있다. 본 그림에 나타난 '무극'에 관해서 진단은 "무극은 태극이
아직 나타나기 이전의 한 점은 텅 비고 신령스러운 기운으로서 이른바
보아도 보이지 않고 들어도 들리지 않는다는 것이 그것이다."[111]라고
했다. 주렴계의 「태극도설」의 심오한 이론에 비교하듯 진단은 무극을
기철학의 가장 원초적 상태로 본 것이다.

　이러한 맥락에서 진단은 무극의 해석에 이어서 태극을 언급한다.

---

109) 『宋史』(12908쪽), 震經學深醇, 有漢上易解云, 陳搏以先天圖傳种放, 种放傳
　　穆修, 穆修傳李之才, 之才傳邵雍, 放以河圖洛書傳李漑, 漑傳許堅, 許堅傳范
　　諤昌, 諤昌傳劉牧, 穆修以太極圖傳周敦頤.
110) 卿希泰 주편, 『道敎與中國傳統文化』, 福建人民出版社, 1989, p.140.
111) 『玉詮』卷5, 『道藏輯要』「鬼集 5」, "無極者 太極未判之時 一點太極靈氣
　　所謂視之不見 聽之不聞也."

"일기一氣가 서로 섞이고 융합하여 일만 기氣가 갖추어져 있으므로 태극이라 부른다. 이는 바로 내 몸이 태어나기 이전의 모습이다."[112] 그의 사상에서 무극은 바로 도를 의미하며 태극은 도에서 나온 일기를 뜻한다고 볼 수 있다. 「태극도설」에서 '무극이태극'이라고 언급한 주렴계의 사상이 바로 송대 철학의 범주적 심화와 연결된다는 점을 알 수 있다. 이는 기氣를 중시하는 수련도교의 성향으로 진단이 주렴계에게 전수한 영향이다.

그렇다면 신선의 수련적·교의적 심화를 가져다준 진단의 「선천도」는 어디에서 입수했을까? 이를테면 「무극도」는 진단이 화산의 석벽에 각인했다는 그림인데, 청초의 인물 황종염(黃宗炎, 1616~1686)에 의하면 「도서변혹圖書辨惑」에서 「방사수련지술方士修煉之術」에서 그 그림은 태극에서 음양오행이 나오고 음양오행의 변화에 따라 인간과 만물이 발생하는 과정을 역으로 소급하여 인간이 도와 합일을 지향하는 수련과정을 상징하는 것이라고 풀이한다.[113] 이를 감안하면 화산 석벽에서 입수한 「선천도」는 진단이 주렴계 철학의 체계화에 깊은 영향을 주었음을 알 수 있다.

주렴계 「태극도설」의 철학적 체계화는 그 이론 속에 본체론, 생성론, 수양론적 접근을 가능하게 해주며, 이러한 이론의 연원으로서 도교의 연단鍊丹 신선술에서 영향을 받았다고 본다. 도교에서 '신선'이 되는 길로 「태극도」에 영향을 준 것으로 「무극도」가 있으며, 「무극도」가 「태극도설」에 응용되었기 때문이다. 도교의 경우 당대唐代부터 신

---

112) 『玉詮』 卷5, 『道藏輯要』 「鬼集 5」, "一氣交融 萬氣全具 故名太極 卽吾身未生之前之面目.
113) 김낙필, 「도교의 圓상징과 無極·太極」, 『圓佛教學』 창간호, 韓國圓佛教學會, 1996, pp.70-71.

선에 이르는 수행과정의 상징으로서 ○이 보이는데 「선천도」라는 「연단도」가 이와 관련된다.

무극과 같은 상징으로서의 ○은 주렴계에 의하여 「태극도설」의 무극을 상징화했고, 유교의 성리학에서도 ○은 우주의 본체인 태극(무극)을 의미하게 되었다. 그리고 송대 이래의 도교에서는 이 「태극도설」을 도교의 내단 수련법으로 응용했다. 그것은 신선이 되는 수련화의 단계이며 이는 노장의 도道 사상과도 괴리감 없이 해석의 묘미를 확대해주었다.

여기에서 주렴계의 「태극도설」의 연원으로서 진단 「무극도」의 연원을 모색해볼 필요가 있다. 즉 「태극도설」은 오대五代 말의 도사 진단이 전한 「무극도」의 순서를 고친 것으로, "주렴계는 그 그림을 얻어 순서를 뒤집고 그 이름을 바꾸어 유자들의 비전으로 삼았다. 방사의 비결은 자연에 거역하여 단丹을 만드는 것이기에 아래에서 위로 올라갔지만 주렴계의 의도는 순응하여 인간의 생성을 논했기 때문에 위에서 아래로 내려갔다."[114] 진단의 「무극도」는 도교 수련의 요점을 역학적으로 표현한 것이며, 이는 그 이전 촉한後蜀 시대 팽효彭曉의 삼오지정도三五之精圖와 한대 위백양의 『주역 참동계』라는 도교 사상에서 나온 것이다.[115] 그러므로 주렴계의 「태극도설」은 당대의 진단을 거슬러 올라가 촉한 시대와 한대로 이어지고 있다. 그것은 「삼오지정도」 및 『주역참동계』와 관련이 있다는데서 잘 알 수 있다. 이러한 도설의 연원적 성찰 속에 진단이 입수한 「선천도」 그림 내용을 풀이하면 「태

---

114) 沈善洪,「太極圖辨」『黃宗羲 全集』『宋元學案』(3), 浙江古籍出版社, 1986., p.624.

115) 임채우,「왕필 역철학의 도가역학적 위상」, 『圓佛敎思想과 宗敎文化』40집, 圓光大圓佛敎思想硏究院, 2008, p.239.

극도」와 동일한 점이 있다.

그러나 성리학에서 해석하는 「태극선천도」와 도교에서 해석하는 「태극선천도」의 입장이 달라진다. 이 그림은 「수화광곽도」와 「삼오지정도」를 결합하고 수련의 초단계와 마지막에 ○을 배치하는 것으로 구성되어 주렴계의 「태극도」와 완전 동일하지만 「태극선천도」 그림의 해석에서 성리학과 도교의 입장이 다르기 때문이다.116) 이와 같은 주장에 의하면 도교적 수련의 시각은 최초의 ○은 내단으로 들어가는 득규得竅(현빈지문[玄牝之門]이라고 함)로 풀이되며 마지막 ○은 내단이 완성된 상태, 또는 탈태脫胎-무극無極을 가리키는 것으로 풀이할 수 있다는 것이다.

이처럼 진단의 「태극선천도」와 「무극도」의 신선 수련의 목적은 장생불사로서 자연의 질서와 법칙에 위반되었으니 이른바 '역'이다. 내단은 신체 내부에서 수련을 거쳐 얻어지는, 사람을 장생불사하게 하는 기초가 되고, '성태'라고도 불린다. 이른바 취감전리의 결과가 바로 '내단' 혹은 '성태'이다. 원래의 「무극도」가 나타낸 것은 그러한 수련에서 반드시 거쳐야 할 단계, 이른바 '역이성단逆而成丹'이었다.117) 결과적으로 유교의 성리학과 도교의 수련법에 차이가 있음을 알 수 있게 해준다. 성리학에서는 이기理氣의 문제를 부각시키면서 성즉리性卽理를 강조했다면, 도교에서는 이를 성명쌍수性命雙修의 내단 수련법으로 적극 응용했다는 것이다.

그렇다면 수련법으로 응용된 것으로서 성즉리의 성리학과 성명쌍

---

116) 김낙필, 「道敎의 圓상징과 無極·太極」, 『圓佛敎學』 창간호, 韓國圓佛敎學會, 1996, pp.70-71.

117) 풍우란(박성규 譯), 『중국철학사』(下), 까치, 1999, p.446.

수의 신선사상에 큰 차이가 나타난다는 것인가? 이를 판별적으로 본다면 큰 차이점이라 할 수 있겠지만 유교·도교 교의敎義의 중국 철학이라는 회통성으로 볼 때 상호 연계가 가능하다고 본다. 곧 이理를 무위無爲의 법치적 의미로 생각하지 않고 이理에 능동적 조화의 측면을 부여한다면 도교적 성명론과 큰 차이가 없다고 볼 수 있는 것으로, 성리학의 문을 연 주렴계의 「태극도설」이 성명쌍수론에서 그대로 원용되는 것을 보면 양자의 차이는 이理에 관한 해석의 차이에 불과하다고 말할 수 있다.[118) 주렴계가 도교의 「태극도」를 유교의 성리학으로 접근한 철학자로서의 사상적 넓이와 회통적 면모를 보이고 있는 것이다.

유가와 도교의 회통 면에서 볼 때, 진단 이후의 도교사상에는 유교와 소통할 수 있는 노장의 무극과 태극에 대한 여러 해석이 있다. 진단이후 도교사상가들 사이에는 무극, 태극을 도와 연결시키는 논의가 지속적으로 이루어졌다. 첫째, 진단이 본 것처럼 무극을 만물의 시원인 도로 보고 무극에서 나온 최초의 일기一氣를 태극으로 보는 관점을 상정할 수 있다. 둘째, 무극을 이理로 삼고 태극을 이기理氣의 혼합체로 삼는 관점이 있으며, 셋째 태극이 바로 무극이라고 보는 입장이 있다.[119) 이처럼 무극과 태극은 노장 철학의 용어를 원용한 측면이 있으므로 노장에서 강조하는 도와 연관성을 간과할 수 없으며, 그것은 후대 성리학의 성즉리에서 말하는 천리天理 및 수양론과의 접근도 가능한 일이다.

---

118) 김낙필, 「性命論과 精氣神論」, 『태동고전 연구』, 제3집, 태동고전연구소, 1987, pp.199-200.

119) 김낙필, 「도교의 圓상징과 無極·太極」, 『圓佛敎學』 창간호, 韓國圓佛敎學會, 1996, pp.71-72.

여기에서 「태극도설」의 도교적 영향에 더하여 소강절이 말하는 「선천역학」을 거론하지 않을 수 없다. 주자는 소강절의 사상을 대부분 긍정적으로 받아들였는데, 그는 주렴계의 「태극도설」을 소강절의 선천역학으로 해석했다. 순수한 유가가 아닌 소강절을 자신의 철학체계 속에 적극적으로 받아들인 인물은 다름 아닌 주자였다는 것이다.

주자는 문우文友 채원정(蔡元定, 1135~1198)에게서 힘입은 소강절의 이해를 바탕으로, 주자학의 형이상학적 시작점인 주렴계의 「태극도설」을 선천역학의 논리를 가지고 해석하고 있다.[120] 「태극도」를 주렴계의 해석에 의하지 않고 주자 자신의 철학으로 해설한 기반은 「태극도」를 주렴계가 아닌 소강절의 논리를 적용한 것이다. 송대 성리학의 효시인 주렴계에 대하여 본 성리학의 재정립을 하는 과정에서 소강절을 끌어들인 주자의 사상적 교류에서 폭넓은 안목이 함께했다는 뜻이다.

송대 철학의 거목이자 효시로서 주렴계의 폭넓은 안목으로 저술된 「태극도설」은 후대 도교와 영향을 주고받으면서 도가 철학에서 원용한 무극과 태극의 용어를 깊이 있게 접근한 증거이다. 여기에서 그는 본체론, 생성론과 인성론의 문제를 상호 연계함으로써 성리학적 교의의 체계화를 도모했다. 「태극도설」의 전래 연원에서 볼 수 있듯이 유교와 도교의 간극을 극복한 주렴계의 사상은 중국 철학의 양대 산맥으로서 도교의 사상, 그리고 그의 말년에 불교 승려들과의 교류에서 수행을 중시한 학덕 겸비를 노정시키고 있다. 주렴계는 「태극도설」의 철학적 범주 확대에 도道·불佛을 연원함으로써 송학의 부흥을 가져다준 장본인이었다는 점은 의심의 여지가 없는 것이다.

---

120) 이창일, 「소강절의 先天易學과 상관적 사유」, 한국학중앙연구원 박사학위 논문, 2004, pp.1-2.

2) 무극과 태극의 개념

(1) 무극의 개념

주렴계의 무극 개념은 단순히 하나의 개념만으로 해석할 수 없다. 무극과 관련한 용어가 「태극도설」에서 여러 번 등장하기 때문이다. 주렴계는 본 「태극도설」에서 '무극이태극無極而太極' '태극본무극야太極本無極也' '무극지진이오지정無極之眞二五之精'이라 하여 무극을 세 번 사용한다. 무극이면서 태극이라는 의미, 태극은 본래 무극이라는 의미, 무극과 관련한 '무국지진無極之眞'이라는 의미가 사용되고 있음을 살펴 그 개념 파악에 대한 주의가 필요하다. 여기에는 해석의 방향이 여러 가지로 접근될 수 있기 때문이다.

개념 파악에 주의가 요구되는 '무극지진無極之眞'의 의미를 우선 분석해 본다. 이 문구는 두 가지 의미로 해석될 수 있다. 하나는 무극이 있고 그 무극 가운데의 진수眞髓라 해석하면 무극과 무극지진은 두 가지 실체가 있게 되며, 다른 하나는 무극지진無極之眞의 진眞을 무극의 특성을 가리키는 개념으로 보아 무극이라는 진수의 의미로 해석할 수 있다.[121] 무극과 진체眞體라는 두 가지의 실체로 바라보느냐, 아니면 진眞을 무극의 성향을 가리키는 것으로 보아 하나의 실체로 바라보느냐의 문제이다. 논자는 양자의 함의含意를 고려하면서 무극이라는 개념을 다채롭게 해석하는 것이 바람직하다고 본다.

그러므로 무극지진無極之眞이 갖는 두 가지 실체라는 개념을 감안하면서도 하나의 무극이라는 성향을 염두에 두어야 한다. 「태극도설」을 주해한 주자는 이에 대해 다음과 같이 말한다. "무극지진은 마땅히

---

121) 손홍철, 「주돈이의 태극과 이기개념의 관계분석」, 『퇴계학논총』 제29집, 사단법인 퇴계학부산연구원, 2017, p.45-49 참조.

태극이 그 가운데 있어야 한다. '진眞'자는 곧 태극이다."[122] 주자는 무극이라는 것과 태극이라는 두 실체로서 해석의 물꼬를 트고 있다. 이어서 그는 말하기를 "무극지진은 동정을 포괄하여 한 말이며, 아직 발동하지 않은 중中을 단지 정靜으로 말했다. 무극은 단지 극極에 이른 것이며, 다시 나아갈 곳이 없다."[123]라고 했다. 무극과 태극을 말함에 무극지진을 동정 하나로 말했다면, 또 미발未發의 정靜이라 할 수 있는 길을 튼 것이다. 즉 무극과 태극을 동정 내지 정靜으로 접근하는 것이 가능하다는 것이다.

하지만 무극의 개념 파악에 있어 두 실체로 접근할 필요가 있는 것은 주자의 해석이 동원되고 있으며, 무극은 무엇보다 태극과 별리하여 접근할 수 없기 때문이다. 무극에 이어서 태극이라는 용어가 곧바로 뒤따르며 '무극이태극無極而太極'이라는 용어가 이것이다. "주렴계는 사람들이 태극을 하나의 사물로 여길까 염려했기 때문에 '무극' 두 글자를 그 위에 덧붙으니, 이는 본래 어떠한 사물도 없고 이理만 있을 뿐임을 말하는 것과 같다."[124]라고 본 것이다. 무극의 개념 이해에 있어서 주렴계의 「태극도설」에 철학적 심오한 해석을 가한 주자의 견해는 이처럼 개념적 접근에 있어서 합리적 이해의 길을 밝힌 것이다.

이러한 맥락에서 무극의 개념을 보다 구체화한다면, 주자는 무극을 태극과 달리하여 접근될 수 없다는 뜻에서 다음과 같이 말한다.

---

122) 『朱子語類』94:68, "無極之眞, 已該得太極在其中. 眞字便是太極."
123) 『朱子語類』94:18, "無極之眞是包動靜而言, 未發之中只以靜言. 無極只是極至, 更無去處了."
124) 朱熹, 『太極解義』, "周子恐人亦以太極爲一物, 故以無極'二字加於基上, 猶言本, 只有此理也."

만물의 근거가 되는 지고의 하늘의 작용은[上天之動] 소리도 없
고 냄새도 없으나 조화의 실제적인 핵심이며 온갖 사물의 근원이
다. 그러므로 무극이면서 태극이라고 말한 것이다. 태극 밖에 또
다시 무극이 있다는 뜻이 아니다.[125]

소리도 없고 냄새도 없으나 실체로서 무극의 존재는 분명하다는 것
이다. 주자가 해석하는 무극은 사물의 근원으로서 존재하는 무극인
것이며, '무無'의 극極 상태로서 그것은 소리도 없고 냄새도 없는 본연
의 실체를 말한다.

그러므로 「태극도설」의 무극 개념에 대해 주자는 형상이 없는 초경
험적 존재의 실재성이라고 풀이했다. 이는 당연히 소리나 냄새가 없는
것에 더하여 형상조차 없기 때문에 초경험이라 본 것이다. '무극이태
극(無極而太極)'에 대해 주자는 무형無形·무상無象의 초경험적 존재의
실재성과 그것이 이 세계의 생성과 변화의 핵심이자 구체적 존재자들
의 존재론적 근원임을 천명한다.[126] 이처럼 무극은 감각과 경험의 세
계를 초월한 것으로 보아 현상의 언어로 접근되는 것이 불가능한 일이
다. 그렇지만 무극은 우주와 만물의 존재근거가 되며, 모든 생명체가
생명활동을 하는 근원이 된다.

우주 만물의 근원으로서, 언어와 명상의 세계에서 거론될 수 없는
무극은 곧 형이하학에서 거론되지 않는다는 뜻이다. 즉 형이상학에서
주로 거론되는 것으로 '무극이 태극'은 우주론이자 생성론이며 형이상

---

125) 朱熹, 『太極圖說解』, 上天之載, 無聲無臭, 而實造化之樞紐, 品彙之根抵也.
　　　故曰無極而太極, 非太極之外, 復有無極也.
126) 소현성, 「주자의 太極解義 일고-그 세계관을 중심으로」, 『유학연구』 39집,
　　　충남대 유학연구소, 2017, p.251.

학으로 자리매김할 수 있게 되었다.[127] 철학적 접근법으로 크게 무형의 형이상학과 유형의 형이상학이 언급될 수 있다. 이것은 인문주의적 형이상학에서 무극의 개념을 접근해야 한다는 뜻이다. 형이하학적으로는 접근이 어렵지만 형이상학에서는 얼마든지 무극의 본체론적 속성을 이해할 수 있기 때문이다.

이처럼 형이상학의 영역에서 무극의 개념을 접근해야 하며, 즉 형이상학적 접근법을 근거로 해서 무극의 개념을 설명하기 위해서는 먼저 유有와 무無, 그리고 극極의 의미를 알아야 한다. '무無'는 무성無聲과 무취無臭와 같이 형체나 흔적이 없음을 형용하는 말이며, '유有'는 무극이면서 태극이 본체의 존재를 의미한다.[128] 그리고 극極은 지극한 상태로서 인·물人·物이 지극하여 형상으로 무어라 설명해내기 어려운 지극함의 실체라고 할 수 있다. 이처럼 유有와 무無의 양면성을 비유하면서 무극과 태극을 이해하는 것이 필요하며 여기에 '극極'이라는 개념의 실체를 인지해야 한다.

무극에 대한 유·무有·無 대비라든가 '무無' 중심적 사유를 갖다보면 무극無極과 무無의 개념을 혼동할 여지가 생길 수 있다. 이에 장횡거는 주렴계의 「태극도설」에서 문제의 소지가 있는 무극에 대해 언급하지 않고 태허라는 말을 사용했다. 이것을 무극의 의미와 혼동하여 무無를 중시하는 것으로 오해할 수 있는 부분을 염두에 둔 것이다.[129] 무극을 무無와 직결시켜 무물無物이나 무상無狀으로 접근하려는 주렴계의 사

---

127) 위의 논문, p.215.

128) 손흥철, 「주돈이의 태극과 이기개념의 관계분석」, 『퇴계학논총』 제29집, 사단법인 퇴계학부산연구원, 2017, p.45.

129) 최정묵, 「장횡거의 기일원론적 우주론」, 『유학연구』 제3집, 충남대 유학연구소, 1995, pp.700-701.

상에 대해 기철학을 강조한 장횡거는 거부하고 있는 셈이다. 이에 장횡거는 주렴계의 무극의 개념에 있어 실유實有의 기氣를 상정하고 있다. 곧 그는 '태허즉기太虛卽氣'를 제시하여 주렴계의 '무극이태극無極而太極'에서 제기될 수 있는 문제를 직시하고 있다고 본다.

여전히 주렴계는 무극을 무無에 치중하지 않고 유有로 향하는 접점으로서 태극을 두었다. 또 무극이 도와 연결되는 것은 노장 철학에서 주장하는 도가 유·무有·無의 연결고리를 통해 작용하고 있다는 것을 시사 받았던 것이다. 여기에 도의 속성을 달리 표현한 용어들에 견주어 무극의 의미를 다양하게 접근하는 단서가 성립된다. 즉 '도'는 보아도 볼 수 없고 들으려 해도 들을 수 없고 만져보려 해도 만질 수 없다. 어둡다고도 할 수 없고 밝다고도 할 수 없고 무無, 일一, 무물無物, 무상지상無狀之狀, 무물지상無物之象, 무극無極이라는 개념 등으로 표현된다.[130] 무극의 개념은 이처럼 무無, 무물無物, 무상無狀 등의 용어로 해석할 수 있는 단서가 성립된다. 무극이란 아무 것도 없는 무無의 상태이면서 이것을 무상無狀으로 보아도 무無를 벗어나 있지 않다는 것이다.

위의 언급에 나타나듯이 무극과 동일선상에서 거론되는 용어들은 근원으로 복귀하는 도의 여러 작용을 말한다. 노자가 말했듯이, 여기서 상덕常德-玄德이란 유와 무, 어려움과 쉬움, 긴 것과 짧음, 높음과 낮음, 앞과 뒤, 암컷과 수컷, 검다와 희다, 영광과 치욕, 수축과 팽창, 약함과 강함, 폐함과 흥함, 소여와 탈취 등 상대성을 상반相反하여 근본, 무극, 무명無名, 무물無物로 복귀하는 도의 작용을 말한다.[131] 주렴계의 「태극

---

130) 임채우, 「老莊의 세계이해 방식-整體와 部分」, 『道敎와 自然』, 도서출판 동과서, 1999, p.78.

131) 임현규, 「노자의 爲道論」, 『철학연구』 34집, 대한철학회, 2005, p.332.

도설」이 노자 사상에 등장하는 '무극'에 연원했기 때문에 이러한 도가적 원용과 해석이 가능한 것이다. 유교에서 말하는 철리는 주로 현실중시의 차원에서 접근한 성향으로 인해 우주의 본체론적 개념으로까지 확대하는데 한계가 있었음을 반증하고 있다.

무극의 연원에 있어서 주렴계 이전과 동일시대 인물들에 대하여 주자의 제자인 진북계(1159~1223)는 유종원과 소강절을 예로 들면서 진북계는 다음과 같이 무극의 연원을 설명하면서 무극 이론을 밝히고 있다.

> 무극에 대한 이론은 누가 먼저 시작했는가? 유종원은 「무대无對」에서 '무극의 극'이라는 말을 했고, 소강절은 (황극경세서)「선천도설先天道說」에서 '극極이 있기 전에 음은 양을 품고 있었고, 극이 있은 후에 양이 음에서 분리되었다.'고 말했다. 이러한 것들은 주렴계 이전에 있었던 무극에 대한 이론들이다. 그러나 그것들의 주된 뜻은 각기 다르다. 유종원과 소강절은 기氣의 측면에서 말을 했다. [132]

그러면 「태극도설」에 등장하는 무극의 개념을 다음 몇 가지로 접근해 보고자 한다.

첫째, 무극은 문자 그대로 극한이 없는 무한無限을 의미한다. 그것은 한정의 세계를 뛰어넘어 있다는 것으로 노장 철학에서 우주의 본체적 속성을 거론할 때 자주 언급되는 것이다. 다시 말해서 주렴계의 「태극

---

132) 北溪陳淳, 『北溪字義』上卷, 「太極」, 無極之說始於誰乎, 柳子天對曰無極之極, 康節先天圖說亦曰無極之前, 陰含陽也, 有極之後, 陰陽分也. 是周子以前已有無極之說矣. 但其主意各不同. 柳子厚康節是以氣言.

도설」은 옛날 도사들 사이에서 전해졌다고 하는 「태극도」에 설명을 가한 것으로, 무극은 극한이 없는 무한한 것이라는 뜻인데, 이것은 노장사상에서 보이는 용어이다.[133] 무한의 경지가 무극이라는 것으로 이는 우주 생성의 본체적 개념과 통하는 것이다. 그것은 우주만물의 근원이 되는 것으로서 무극을 이해하는 방향이다.

둘째, 무극은 무물無物과도 관련된 혼돈의 의미이다. 즉 무극은 무無의 최고를 의미하는 어휘로서 혼돈한 무물無物의 카오스의 상태를 형용한 것이며, 유有의 최고인 태극太極은 무극과 음양의 합체合體로서 우주 순리의 질서를 형용한 것이다. 태극이 우주 생명체 탄생의 단서가 된다면 무극은 이보다 이전의 상태와도 같은 혼돈이다. 이러한 혼돈의 상태는 형상이 이루어지기 전 무無의 최고 경지를 언급한다. 무극이 무물無物과도 같이 카오스의 상태로서 본체적 위상을 차지하고 있다.

셋째, 「태극도설」의 무극 용어가 노자철학에 등장한 점을 고려하면 그 의미로서 무명無名을 거론할 필요가 있다. 언어와 명상名相을 초월하는 경지에서 무극이 거론된다는 사실을 상기하자는 것이다. 이름 지을 수 없는 그런 진리의 바탕을 무극이라고 하며, 유명有名이라는 것은 그 무명無名의 바탕에서 무궁무진한 조화를 일으키는 창조의 작용을 나타낸다.[134] 무명無名을 의미하는 무극, 유명有名을 의미하는 태극이라 한다면 무극은 당연히 언어와 명상을 초월하는 무명無名을 뜻한다고 본다.

넷째, 무극은 우주 만물이 존재하는 근거의 '이理'로 접근할 수 있다.

---

133) 森三樹三郎(임병덕 譯), 『중국사상사』, 온누리, 1994, p.202.

134) 장응철 역해, 『노자의 세계』, 도서출판 동남풍, 2003, p.21.

태극은 본래 무극이라고 「태극도설」에서 말하듯이, 주자 역시 무극과 태극을 '이理'와 연결시켜 해석하고 있다. 무극과 태극은 초월성과 창조성을 갖추고 있으므로 천리天理로서 우주 만물의 존재 근거이며, 주희가 말하는 이理로 이해된다. 이를 응용한다면 태극의 이理를 무극이라 보아도 무방하다고 본다.

무극의 개념을 정립함에 있어 태극을 벗어나 있지 않다는 점은 주목할 일이다. '무극이태극無極而太極'이라는 언급이 그것이며, 이에 『주역』「계사전」에 등장하는 태극이라는 용어를 주렴계가 원용하고 있다. 그러므로 『주역』에서 말하는 허虛와 공空은 유교에서 말하는 무극 및 태극과 유사한 측면이 있으므로 성리학에서 주장하는 무극이 태극이라고 추론할 수 있다. 유有와 무無의 상즉相即 곧 서로 밀접하게 접근되는 점에서 노자는 '유무상생有無相生'이라 했듯이 무극과 태극은 다른 용어로 호칭된다고 해도 주렴계가 '무극이태극'이라고 언급했던 점을 주목해야 한다. 결과적으로 태극의 개념을 무극에서 단서로 삼아야 하며, 무극의 개념 역시 태극에서 단서로 삼아야 한다.

이처럼 주렴계의 무극 개념은 도道·불佛에 영향을 받은 것이라 보면서도 주자는 유학적 관점에서 '무극이 태극'을 형용하는 개념이라 보았다. 주렴계가 도가사상을 수용했다면 주자는 이를 유교적 이론으로 재정립했던 것이다. 주자는 주렴계의 저작이 도·불과 관계없이 유학적 관점에 기초하여 순수 창작된 것이라고 보고, 이 관점을 일관되게 고수하고 있었으므로, 도·불과 관련하여 성립된 주렴계 저작의 본의를 오히려 왜곡화시키는 경향을 가지게 되었다고 할 수 있다.[135]

---

135) 박응열, 「주렴계 태극론에 관한 연구」, 성균관대학교 박사학위논문, 1996, p.155.

하지만 주자는 도가의 무극 용어를 주렴계의 사상을 해석하면서 태극의 형용 개념으로 접근하는 길을 열었다는 점에서 유학의 이론을 더욱 체계화하는데 박차를 가했다.

용어의 정착과정에 나타나듯이 도가의 무극과 이를 수용한 주렴계의 무극은 인간이 최고의 수련목표로서 설정할 수 있다는 점에서 유儒 · 도道 사상의 회통에 대해 부정적으로 볼 필요는 없다. 『도덕경』의 무극은 이후부터 많은 수련가 사이에 최고의 수련경지로 삼는 경향이 나타나게 되었다[136])는 점을 긍정적으로 보자는 것이다. 노장 철학이나 후대 도교철학에서 무극을 수련의 최고단계로 보았음은 물론 주렴계의「태극도설」에서 말하는 무극 역시 인성수양의 근거로 삼고 있다.

인성수양의 근거로서 주렴계「태극도설」에 등장하는 무극의 개념은 모든 존재근거, 생성근거가 되는 것이며, 그것은 결국 인간 수양의 목표 이기도하다. 그는「태극도설」에서 태극 및 그 이하의 음양, 오행, 건남곤녀乾男坤女, 만물로 이어지는 존재의 생성이 무극에 의한다고 보았으며, 무극과 만물과의 관계에 있어서 무극에 기초하여 무극으로부터 태극이 된다고 했다.[137]) 무극이 갖는 종합적 개념이 이것으로,「태극도설」의 이해에 있어 존재근거가 되는 무극 개념을 우선적으로 이해해야 한다.

(2) 태극의 개념

송대 철학에서 말하는 우주론의 키워드인 '태극'은 주렴계가「태극

---

136) 김낙필,「도교의 圓상징과 無極·太極」,『圓佛敎學』창간호, 韓國圓佛敎學會, 1996, pp.68-69.
137) 박응열, 앞의 논문, p.65.

도설」에서 언급한 것으로 생성론적 측면의 도와 관련된다. 중국 철학 가운데 있어 태극은 도와 더불어 생명성의 주재자적 성격으로 쓰이기 때문이다. 같은 시대의 인물로서 소강절은 천지의 인·물人·物이 모두 도로부터 나왔으며, 모두 그 도를 따라 운행하는 것이므로 이 도를 일一이라고도 하고 태극이라고도 한다.[138] 그는 「선천도」에 관심을 가지고 도를 태극과 연결짓고 있으며, 주렴계 역시 태극이 곧 도道와 같은 맥락에서 언급하고 있다.

사실 고전으로서 『주역』에서 말하는 태극은 '도'라고 하는 것에 주시할 필요가 있다. 역학에서는 도와 태극을 본래 다른 것이 아니며 '태극생양의太極生兩儀'에서 양의兩儀를 음양으로, 근원을 태극으로 보게 되면 도는 곧 태극을 의미하는 것이다.[139] 도의 작용으로서 음양에서 오행으로 전개되는 생명현상은 이 태극에서 비롯된다. 태극에서 음양 양의兩儀를 생한다는 사실에서 그렇다. 그리고 도는 음양의 상호 작용의 과정에서 말한 것으로 보면, 태극이나 도는 생성 변화의 법칙이 된다는 것이며, 다만 『주역』에서 말하는 태극은 구체적으로 생성변화로서 생명현상의 근원을 말하는 것이다.

우주 생성변화의 근원으로서 『주역』에 등장하는 태극이 도교 경전에서도 거론된다. 태극이 도교사에서 중요하게 논의된 것은 수·당 이전에 성립된 것으로 보이는 『태상노군개천경太上老君開天經』이며, 이 책에서는 우주 생성의 과정을 밝히면서 태역太易, 태시太始, 태초太初, 태소太素 이후에 태극의 단계를 제시하고 있다.[140] 주렴계가 말하는

---

138) 김도종, 「선천학적 역사인식의 고찰-소강절의 역사철학」, 김삼룡박사 화갑 기념 『韓國文化와 圓佛教思想』, 원광대학교출판국, 1985, p.1104.
139) 강임숙, 「주역의 生生윤리 연구」, 경상대 박사학위논문, 2005, pp.89-90.

태극은 도교 경전에서 수련의 단계로 응용되고 있음을 알 수 있는데, 그것은 태역, 태시, 태초, 태소 이후의 수련 단계가 태극이라는 것에서 잘 알 수 있다.

여기에서 도와 태극의 관계를 염두에 두면서 태극의 개념 이해가 필요한데, 우선 '태극'의 어원에 대하여 살펴보고자 한다. 태극의 어원은 공자의 '십이변지十而變之'(象傳上下, 象傳上下, 繫辭上下, 說卦傳, 文言傳, 序卦傳, 雜卦傳)에서 발견된다. 곧 태극은 동양철학의 근본정신인 동시에 우주와 인간의 진리로서「태극도설」은 태太를 보다 쉽게 해석한 것으로, 태극의 태太는 양적인 체적을 의미한 대大자에 일점一點으로서 그의 중심을 표시하여 질적인 근원을 의미하고 있으며, 극極은 나무[木]가 빨리[極] 커 올라간 상단을 의미하기에 최고의 상단이라는 의미이다.141) 태극이 모든 존재의 근거라는 것에서 음양의 기氣, 동정의 작용, 명암을 통한 생명활동의 원리가 된다는 것이다.

또한 어원적으로 태극은 공간의 범주와 관련된다. 즉 태극은 공간의 극한을 가리키는 중국 철학사의 중요한 개념인데, 도가의 장자가 사용하기 시작했고『주역』「계사전」에 와서 철학적인 범주가 되었다.142) 태극의 용어는 이처럼 선진시대의 문헌 가운데서는『장자』「대종사」에 등장하여 공간 개념의 극한을 상징했고,『주역』「계사전」에서는 이 태극 개념을 점치는 방법으로 해석하는 길을 열어주었다. 수련의 최상단계가 태극이면서도, 공간 개념으로서의 태극, 그리고 인간의 길

---

140) 김낙필,「도교의 圓상징과 無極·太極」,『圓佛敎學』창간호, 韓國圓佛敎學會, 1996, p.69.
141) 김계완,「태극과 형태 변형에 관한 연구」, 이화여대 석사논문, 1987, p.5.
142) 陳鼓應(최진석 譯),『老莊新論』, 소나무, 1997, p.299.

흉화복을 점치는 수단으로써 태극이 거론된 점은 고대 유·도儒·道 양가에서 태극에 대한 관심이 지대했다는 결과이다.

태극의 개념은 이처럼 공간적 개념에 더하여 철리를 담고 있다. 그러면 태극의 의미를 사전적으로 살펴보면, 우선 태太는 '크다' 또는 '시초始初'라는 의미를 갖고 있는데, 지금까지 제출된 개념은 첫째 중中이라는 의미이고, 둘째 '지극至極'이라는 의미이며, 셋째 '표준標準'이라는 의미이고, 넷째 '근본根本' 또는 '근원根源'이라는 의미이다.[143] 어원적인 의미와 사전적 의미에 더하여 철학적 개념으로 접근한다면 그것은 중中, 지극, 표준, 근본, 근원이라는 심오한 의미를 담고 있다. 태극이 다양한 의미를 담고 있는 것은 태극의 개념이 우주의 생성론에 더하여 인성론으로 연결되는 중층적 접근이 가능하다는 뜻이다.

그런데 송대 이전의 태극은 기氣로 보는 성향이었는데, 태극의 본질을 송대 이전의 학자들이 혼돈미분의 기氣로 보았기 때문이다. 후한 초 반고는 『한서』「율력지」에서 태극의 본질이 원기元氣임을 말했고, 삼국시대 위魏의 맹강도 「율력지」를 인용하여 태극을 원기로 보았으며, 태극의 원기가 자子에서 출발하여 십이진十二辰의 해亥까지 이르며 만물을 화생하는 원리를 수리로써 설명하고 이것은 음양이 덕으로 합하여 만물을 화생시킨다고 했다.[144] 한대의 동중서는 우주와 인간의 관계를 대우주와 소우주로 보아 천인감응설을 밝혔는데, 이를 유추해 보면 우주와 인간의 생명활동이 근원적인 에너지로서 원기를 언급했으리라 본다. 여기에서 태극을 원기로 보았던 『한서』의 내용을 소개해

---

143) 전용주, 「주돈이의 태극도설 연구」, 성균관대학교 박사학위논문, 2014, p.43.
144) 박종도, 「태극기에 내재된 태극사상에 관한 연구」, 성균관대학교 석사학위논문, 2017, p.18.

보고자 한다.

　　태극원기太極元氣는 셋을 함유하고 있으면서 하나가 된다. 극極은
　　가운데요, 원元은 시작이다. 십이진十二辰으로 행하되 자子에서 시
　　작된다. … 이것은 음양이 덕으로 합하여 기氣가 자子에서 시작하여
　　만물을 화생시킨다. 145)

　　태극은 중앙의 원기元氣이다. … 태극은 삼진三辰과 오성五星을
　　위에서 운행하고, 원기는 삼통三統과 오행五行을 아래서 운행한
　　다. 146)

　이처럼 태극이 원기인 이유를 밝히면서 극極과 원元의 개념을 같은
맥락에서 거론하여 만물이 화생化生되는 것을 드러내고 있다. 또한 이
원기는 태극의 중앙에 있는 것으로 만물생성의 근원적 에너지가 되고
있음을 밝히고 있다.
　이러한 맥락에서 볼 때, 송대 성리학자들은 태극을 원기라고 하는
한대 철학의 만물생성론에 영향을 받아서 태극을 근원 에너지라 했다.
곧 태극이 때에 따라 동動과 정靜이 있다고 보았고 이것이 음양이며,
이것이 저절로 천지의 뿌리가 된다고 보았는데, 이는 성리학자들이
태극론은 극본궁원론極本窮源論이라 한 것과 맥을 같이 한다.147) 우주

---

145) 『漢書』「律曆志」太極元氣 函三爲一 極中也 元始也 行於十二辰 始動於子
　　… 此陰陽化生萬物者也.
146) 『漢書』「律曆志」太極中央元氣…太極運三辰五星於上 元氣轉三統五行於下.
147) 곽신환, 「이색과 이이의 주돈이 이해와 추존」, 『율곡학연구』 36집, (사)율곡
　　학회, 2018, pp.15-16.

생성의 측면에서 태극은 그 근본이자 정점에 있다는 뜻이다. 송대 철학에 와서 태극의 개념이 고대의 공간 개념 중심으로 보았던 것에 보다 철학적 성격으로 접근되고 있음을 알 수 있으며 그것은 한대의 원기론과 관련된다.

한당漢唐의 태극 개념에 더하여 송대 주렴계의 「태극도설」에서 그 의미를 구체적으로 해석을 가함으로써 관심을 불러일으키면서 태극 개념을 체계화한 것은 주자의 공헌이라 본다. 그는 태극에 대하여 다음과 같이 말한다.

> 태극이 움직임과 고요함을 가지고 있는 것은 천명이 유행하는 것이다. 이른바 한 번 음이 되고 한 번 양이 되는 것을 도라고 하는 것이니, 성誠이란 성인의 본령이고 만물을 끝맺고 시작하게 하는 것이며 천명의 도이다. 그 움직임은 성誠의 형통함이고, 이어가는 것이 선이니, 만물이 바탕으로 취하여 시작하는 것이다. 그 고요함은 성誠의 회복됨이고, 이룬 것이 성性이니, 만물이 각 그 성性과 명命을 바르게 하는 것이다. 움직임이 극단에 이르면 고요하고, 고요함이 극단에 이르면 다시 움직여, 한 번 움직이고 한 번 고요함이 서로 뿌리가 된다는 것은 천명이 유행하여 그치지 않는다는 것이다. 움직여 양을 낳고 고요하여 음을 낳아, 음으로 나뉘고 양으로 나뉘어 양의가 정립된다는 것은 분수가 한 번 정해지면 바뀌지 않는다는 것이다.[148]

---

148) 朱子,『太極解義』,「太極圖說解」, 太極之有動靜, 是天命之流行也. 所謂一陰一陽之謂道 誠者聖人之本 物之終始, 而命之道也. 其動也, 誠之通也, 繼之者善, 萬物之所資以始也. 其靜也, 誠之復也, 成之者性, 萬物各正其性命也. 動極而靜, 靜極復動, 一動一靜, 互爲其根, 命之所以流行而不已也. 動而生陽, 靜而生陰, 分陰分陽, 兩儀立焉, 分之所以一定而不移也.

이처럼 주렴계는 「태극도설」에서 말하는 "태극동이생양 양의입언(太極動而生陽 … 兩儀立焉.)"을 설명하면서 그 의미를 구체적으로 도道, 성誠 그리고 성명性命과 관련지으며 천명의 유행에 의함이라고 했다.

태극이 성리학의 이론 정립에 있어서 주자의 공헌을 거론할 수 있으며, 존재론에 대한 해석의 다양성을 부여했다. 그것은 태극이 궁극적 존재의 근거에서 접근한다면 존재론에 등장하는 이기론의 이理로 접근할 수 있다는 길을 열어준 셈이다. 즉 궁극의 이理를 태극 또는 성誠이라 보는 시각은 주렴계의 「태극도설」을 해석한 주자의 견해이다. 주자는 이에 말하기를 "태극은 단지 하나의 이理라는 글자일 뿐이다."라든가 "태극은 당연히 이理라고 한다."149)라고 했다. 이처럼 태극은 우주 만물이 존재하는 이理이며, 그것은 주자 이후의 유교에서 강조하는 존재론으로 이해할 수 있게 해준다.

이처럼 태극의 실체 파악에 있어서 이기론으로 접근을 시도한 주자의 학문적 객관성이 돋보인다. 그는 신유학의 집대성자로서 태극을 보다 소이연과 소당연의 시각에서 이기의 존재론을 거론했기 때문이다. 주자는 우주의 궁극적 원리를 이理로 보았다. 그리고 그는 천天이 곧 이理이며, 이理가 태극이라고 했으며 이로써 이理는 만물의 궁극적 원인으로서의 소이연이며, 천도와 인도를 포괄하는 도덕의 원리와 법칙으로서의 소당연150)을 말했다.

---

149) 『朱子語類』 卷一 「理氣上」, 太極只是一箇理字; 『朱子語類』 卷九十四, 若太極只當說理.

150) 『朱子語類』, 「理氣 上」, 太極天地 上, "太極只是天地萬物之理 在天地言則天地中有太極 … 未有天地之先 畢竟是先有此理.(차남희, 天 개념의 변화와 17세기 주자학적 질서의 균열, 『사회와 역사』 70호, 한국사회사학회, 2006, pp.212-213.)

주자가 태극의 개념을 철학적으로 접근한 것은 고대 유교에서 말하는 주재적 천天의 개념을 절대적이고 주술적인 성향이 탈각화한 점에서 잘 나타난다. 그것은 천天을 이理로 해석한 합리성에 바탕한 주자철학의 신유학적 이론을 높이 평가하는 것이다. 이와 같은 주재성과 주술성을 벗어나 철저히 합리화의 과정을 거치게 된 송대 철학은 성즉리性卽理 사상의 전개를 통해서 인성론을 구체화하는데 그 영향이 적지 않았다.

또한 주자의 이기론은 이일理一이며 만수萬殊라는 사상으로 연결된다. 즉 태극인 이理는 총체적, 존재론적 원리로서 이일이면서도 동시에 무한한 구체적 만물 속에 각기 다른 모습으로 내재함으로써 만수인 것으로, 이것이 주자의 이일분수론理一分殊論이다.151) 이일분수론은 송대 철학에서 존재론을 밝힘에 있어서 이기 논쟁을 촉발시킨 결과이며, 이것은 조선조 성리학에 영향을 주어서 퇴계와 율곡의 이기론 논쟁의 계기를 가져다주었다. 그것은 주자의 이기이원론의 영향에 따라 퇴계와 율곡의 이理 중시적, 혹은 기氣 중시적 논쟁을 촉발시킨다.

결과적으로 태극을 이일理一로 보느냐, 분수分殊로 보느냐는 논쟁은 학파와 학자에 따라 철학적 담론을 다양하게 해주었다는 점에서 이론 체계화의 계기가 되었다. 다만 태극은 우주 만물에 존재하는 궁극적 존재인 점에서 공통적이지만, 학자들에게 다양한 철학적 쟁점을 야기한 것은 사실이다. 태극을 궁극적 존재근거라고 하는 것은 송대 철학의 시각이다. 이것을 어떻게 규정하는가라는 문제는 결국 모든 존재근거를 무엇으로 파악하느냐는 문제로 귀결되는데, 이 문제에 대한 접근

---

151) 송영배, 「세계화 시대의 유교적 윤리관의 의미」, 『새로운 21세기와 유교의 禮』, 전남대 인문과학연구소, 1999, p.96.

은 학파와 학자에 따라 다른 방향에서 시도되고 있으며 태극을 이理로 보는 시각과 태극을 원기元氣로 보는 시각을 가져다주었다.[152] 이기론에서 태극을 보는 시각은 주렴계의 「태극도설」이 장횡거의 기철학과 이정의 성즉리의 사상에서 보면 얼마든지 다채롭게 접근이 가능하다고 본다.

태극의 개념에 다채롭게 접근하면서도, 태극의 경지를 종합적으로 파악할 필요가 있다. 주자의 제자 진북계는 이에 대하여 다음과 같이 말한다.

태극太極이 극한이 되는 까닭은 이 이理가 지극히 중中하며, 지극히 밝고, 지극히 정미하고, 지극히 순수하고, 지극히 신령하고, 지극히 오묘하기 때문이다. 지극하고 극진하여 다시 보탤 것이 없다. 그래서 부득이하게 극極이라고 이름 지었을 뿐이다.[153]

위의 언급처럼 태극의 경지는 지중至中, 지명至明, 지정至精, 지수至粹, 지신至神, 지묘至妙라는 것으로 거론된다. 우주 존재의 근원이 되는 작용으로서 '지至'와 관련한 용어가 여섯 가지 항목으로 등장하고 있다. 이제 중국 철학에서 말하는 태극과 주렴계의 「태극도설」에 등장한 태극의 개념을 다음 몇 가지로 정리해 보고자 한다.

첫째, 태극은 우주의 극한이다. 이는 시·공간적인 측면에서 말하는 것으로 극점의 공간을 태극이라고 한다. 곧 태극은 우주의 극한에 있

---

152) 최영진, 『易學 사상의 철학적 연구-주역의 음양대대적 구조와 중정사상을 중심으로』, 성균관대학교 박사학위논문, 1989, p.59.

153) 北溪陳淳, 『北溪字義』 「太極」, 太極之所以爲極至者, 言此理之至中至明至精至粹至神至妙. 至矣盡矣不可復加矣. 故强名之曰極耳.

는 것, 그 근원이 되는 존재라는 뜻이고, 이것은 오경五經의 하나인
『역경』에서 보이는 말이다.[154) 존재의 근거이자 길흉을 거론하는 「계
사전」에서 태극의 존재를 정의하고 있다. 우주의 시공 영역에 있어서
한계가 있다면 그것은 존재 근거가 되지 못한다. 우주 무한의 시점에
서 만물의 존재 근거가 되는 것이 태극이라는 뜻이다.

둘째, 태극은 항상 무상無上의 근원성을 의미한다. 무상無上이란 달
리 말해서 무상無上과 무하無下를 통틀어서 언급하는 것으로 태극이란
상하上下 만방의 근원을 뜻한다. 이것은 특히 역학의 변화 원리에서
거론하는 것이다. 역易은 변화이며 태극은 무상의 근원성을 의미하는
용어로서 이 명제는 현상계의 변화에 내재한 항상성을 말한다.[155) 현
상계에서 살아가는 모든 생명체는 변화하기 마련이다. 이러한 변화
과정에서 생명체의 근거가 되는 것이 태극으로, 공간의 영역과 그 속
에서 변화하는 생명체에 시간의 한계성이 있다면 존재의 지속성이 담
보되지 못한다는 점에서 태극은 영원불멸의 무상無上으로 자리한다.

셋째, 태극은 천지의 시원이다. 이것은 태극의 개념을 생성론적으로
해석할 경우를 말한다. 특히 주자는 이와 관련하여 언급하고 있다. "만
약 태극이 없었다면 천지는 생겨나지 못했을 것이다."[156) 천지의 시원
이 된다는 것은 우주 만물이 생장하는 시공의 장소가 천지이며, 이
천지에서 생로병사를 전개하는 모든 생명체의 출발이 태극이라는 것
으로 주자는 태극을 천지 생성의 시원으로 파악하고 있다.

---

154) 森三樹三郎(임병덕 譯), 『중국사상사』, 온누리, 1994, p.202.

155) 최영진, 「易學 사상의 철학적 연구-주역의 음양대대적 구조와 중정사상을
　　　중심으로」, 성균관대학교 박사학위논문, 1989, pp.56-56.

156) 『朱子語類』 卷一 「理氣上」, 若無太極, 便不翻了天地.

넷째, 우주 만물의 변화 기점을 말한다. 태극은 모든 만물을 창시하는 근원으로, 우주의 생멸 변화가 태극을 기점으로 하고 있음이 명백하다는 것이다. 역易이 태극을 가지고 있다 함은 역이 우주 만물의 변화를 통어하는 최고 원리를 지니고 있다는 뜻이다.157) 태극을 기점으로 하여 우주 만물이 변화한다는 것은 우주 만물이 생성하는 출발이자 사멸하는 기한이 된다는 것으로, 이것은 존재가 생멸 변화하는 기점을 의미한다.

다섯째, 태극은 조화의 중심이다. 생명체가 탄생하고 소멸하는 것에 머무르지 않고 이들 양자 가운데에서 조화 작용을 하는 중심축이라는 것이다. 곧 태극이란『역경』에 나온 용어로서 주렴계의 「태극도설」 이후 주자는 태극을 조화의 중심축이요 만물의 생성 근원이라고 하여 궁극적 실재성을 확인했다.158) 조화의 중심이라는 것은 만물의 생성 근원이자 실재성을 관장하는 중심축이 태극이라는 뜻이다.

그 외에도 태극은 도가적 개념을 빌리면 '허무虛極'라 풀이할 수 있다. 그것은 유가의 생성적 틀에 갇히는 것을 극복하게 해준다. 노자는 왜 태극이라고 하지 않고 굳이 허극虛極이라고 했느냐 하면, 모든 물질적 형상을 초월한 존재이기 때문이며, 이성적 추리에 의한 언어 개념도 넘어선 것이므로, 이를 허극이라고 한 것이다.159) 노자의 철학적 사유에 의하면 태극을 시간과 공간이라는 범주의 극점마저 넘어서려는 무위無爲의 순수 존재를 표현한 말이라 볼 수 있다. 유가 철학에서

---

157) 김학권, 「역경의 우주론」,『철학연구』제10권 1호, 고려대학교 철학연구소, 1986, p.64.

158) 금장태,『유교사상의 문제들』, 여강출판사, 1990, p.2.

159) 金恒培, 「老子 道思想의 特性과 構造」,『道家哲學』창간호, 韓國道家哲學會, 1999, p.40.

말하는 언어 표현마저 넘어서는 노자의 사유는 허극 외에 다른 표현이 없었을 것이며, 그것이 무극이라는 용어로 대신했으리라 추단한다.

태극의 개념을 종합적으로 판단한다면 궁극적 실체로서 본래 이름이 없는 표덕表德이다. 주자는 이에 "천지 만물의 이치를 총괄하는 것이 바로 태극이다. 태극은 본래 이름이 없고 단지 하나의 표덕일 뿐이다."160)라고 했다. 이름이 없으니 그것은 개념적 유사성을 담보하는 용어라면 여러 가지로 불릴 수 있는 근거가 된다. 그것은 궁극적 실재로서 진리, 도, 법성, 하느님, 무극, 태극, 공空, 무無로서 그 실재는 개인이나 특정 공동체가 완전히 이해할 수 없는 무제약자이며 텅 빈 충만161)이라고 표현해야 할 것이다.

아무리 다양한 용어를 통해 태극의 개념을 설명하려고 하더라도 태극 개념에서 무엇보다 중요한 것은 존재의 근원이자 우주 만유 생성의 균형을 유지하는 힘이다. 태극은 언제나 최적과 균형의 정신을 가까이 하고 있는 것으로 보인다162)는 것은 태극을 더 이상 언어로 표현할 수 없는 지고의 조화, 우주 존재의 근거로서 최적의 균형 정신이라 표현해야 할 것이다. 주렴계의「태극도설」은 태극 이전에 무극을 설정함으로써 언어로 표현할 수 없지만 음양이 출현하는 존재 근거로서 최적의 균형 상태로 보았다.

(3) 무극과 태극의 관계

동양 진리관의 인식 구조는 '일이이一而二'로서 그것은 진리 규명을

---

160)『朱子語類』卷94, "總天地萬物之理, 便是太極, 太極本無此名, 只是箇表德."
161) 김경재,「기조발표-동서종교사상의 화합과 회통」, <<춘계학술대회 요지-동서종교사상의 화합과 회통>>, 한국동서철학회, 2010, p.15.
162) 김형효,『한국정신사의 현대적 인식』, 고려원, 1985, p.18.

동이이同而異로 보는 성향이다. 즉 동양 철학의 논리에서 동이이同而異는 같으면서 다르다는 것이다. 다른 표현으로 접근하면 '불일이불이不一而不二' 곧 하나가 아니면서 둘도 아니라는 뜻이다. 여기에서 '이而'의 개념이 지닌 논리는 바로 생명의 본질적 진리를 알리는 관계사로 같으면서 다르고, 하나가 아니면서 둘이 아니라는 것과 같은 이율배반적 통일인 태극은 곧 유기체적 생명의 원리와 같다.163) 무극과 태극의 관계는 이처럼 상관성의 긴밀함을 가져다주는 관계사로서 '이而'라는 상황 속에 있다. '이而'의 이율배반적 논란성은 무극과 태극의 관계에 있어서 철학적 해석을 더욱 어렵게 만든다.

그러나 그것은 만물 생성의 근원으로서 무극과 태극의 관계를 더욱 밀접하게 연결시켜준다는 점에서 해석의 실마리를 풀어간다면 유의미한 상관성을 지니게 해준다. '무극이태극無極而太極'에서 '이而'가 가진 뜻의 명확한 해석이 없어 이후 많은 논변을 낳았으나 「태극도설」의 핵심어 '무극'과 '태극'은 만물의 생성 근원으로 우주론과 인생론으로 연결되어 인간 도덕적 가치 표준으로 제시됨으로서 성리학의 단초가 되었다.164) 주렴계는 우주의 존재 근거로서 무극과 인간 생명체의 탄생 근거로서의 태극을 매우 기교적 표현으로 '이而'라는 관계사를 동원한 것이다. 그러므로 '무극이태극無極而太極'에 대한 이해가 쉽지 않다면 양자의 상호 관련성에 대한 이전의 표현이 없었다는 것이고, 송대에서 이를 쟁점화했다는 점에서 무無에서 유有로의 관계 접근에 있어서 이해의 실마리를 제공하곤 했다.

---

163) 박재주, 『주역의 생성논리와 과정철학』, 청계, 1999, pp.18-19.
164) 박종도, 「태극기에 내재된 태극사상에 관한 연구」, 성균관대학교 석사학위 논문, 2017, pp.80-81.

우주와 만물의 본원 그리고 그것의 생성과 변화에 대한 철학적 관심은 실로 오래된 것이지만, '무극이 태극'에 대한 관심은 그리 크지 않았으며, 이것은 무[無極]에서 유[太極]로의 존재론적 간극을 어떻게 논리적으로 설명할 것인가의 문제였다.[165] 무극과 태극의 관계를 어떻게 합리적으로 규명할 것인가는 연결고리의 논리 문제를 제시한 것이다. 이들의 관계를 규명하는 것은 무극과 태극을 어떻게 합리적으로 이해할 것인가의 방향을 열어준다. 이를테면 양자의 상호 관계는 송대 철학의 시각에서 보면 서로 별리別離된 것이 아니라 상호 '연속성'의 관계라는 것이다.

　「태극도설」에서의 무극은 우주의 '생생불식生生不息'하는 법칙이면서 모든 존재자의 가치 지향이 되며, 반면 태극은 시공간 내재적인 최초 질료성의 출발점, 즉 원기元氣이다.[166] 「태극도설」의 첫 구절이 '무극이태극'이라는 상관성을 제시함으로써 주렴계는 합리적 이해의 방향을 무극과 태극의 불가불리不可不離 상관관계로서 연속성이라 했다. 무극과 태극의 관계를 상호 연속선상에서 본다면 무극과 태극을 해석하는 방법은 여러 가지로 접근할 수 있다.

　『주역』「계사전」상 11장에 '역유태극易有太極'이라 했는데, 이 해석은 다음 몇 가지로 설명되고 있다. 첫째, 위의 구절을 서법筮法의 전개로 보아 태극은 서죽筮竹 50책策에서 일책一策을 뽑아 태극으로 삼는 천天의 수 일一을 의미한다. 둘째, 태극을 기氣로 보아 아직 세계가 전개되기 전의 혼연한 원기 혹은 무극으로 보는 입장이다. 셋째, 태극을

---

165) 소현성, 「주자의 太極解義 일고-그 세계관을 중심으로」, 『유학연구』 39집, 충남대 유학연구소, 2017, p.251.
166) 주광호, 「주돈이 태극도설의 존재론적 가치론적 함의」, 『한국철학논집』 20집, 한국철학사연구회, 2007, p.30.

이理로 보아 세계의 전개에 내재된 소이연 혹은 지도리로 해석하는 경우이다.167) 『주역』에서의 태극은 일一, 기氣, 이理이며, 여기에서 태극을 기氣로 볼 때의 무극은 혼연한 것으로 보고 태극은 원기로 본다는 점이 관철된다. 이에 대해 후대 도교 학자들은 무극과 태극의 관계에 있어서 도와 연결시키고 있다. 즉 무극을 도로 본다면 태극은 일기一氣로 보는 등 상호관계의 측면을 다양한 시각으로 열어주고 있다.

진단陳摶 이후 도교에서 무극·태극과 도의 관계에 관한 논의가 활발하게 벌어졌다. 이에 대한 이해에 있어서 다음 세 갈래의 해석이 있다. 첫째, 진단과 같이 무극을 만물의 시원인 도道로 보고 무극에서 나온 최초의 일기를 태극으로 보는 관점으로서 가장 널리 받아들여진 입장이다. 둘째, 무극을 이理로 삼고 태극을 이기理氣의 혼합체로 삼는 관점이다. 셋째, 태극이 바로 무극이라고 보는 입장이다.168) 이와 같은 해석 가운데 무극과 태극의 관계를 이기理氣로 보는 시각이 정립된다.

덧붙여 무극과 태극의 관계 조명에 있어서, 우주 생성론에 거론되는 말로써 진단에 의하면 무극의 근원성을 언급하면서 태극을 조망해보는 관점이다. 곧 진단의 우주 생성론은 「무극도」, 「선천태극도」 등의 그림에 나타나 있다. 그는 무극에 관해서는 "무극은 태극이 아직 나타나기 이전 한 점의 텅 비고 신령스러운 기운으로서 이른바 보아도 보이지 않고 들어도 들리지 않는다는 것이 그것이다."169)라고 했다. 그가 말하는 무극의 근원성이란 태극이 등장하기 이전의 신비의 기운으

---

167) 강임숙, 「주역의 生生윤리 연구」, 경상대 박사학위논문, 2005, pp.61-63.
168) 김낙필, 「도교의 圓상징과 無極·太極」, 『圓佛敎學』 창간호, 韓國圓佛敎學會, 1996, pp.71-72.
169) 『玉詮』 권5, 『道藏輯要』 「鬼集 5」, "無極者 太極未判之時 一點太極靈氣 所謂視之不見 聽之不聞也."

로서 눈으로 볼 수도 없고 귀로 들을 수도 없다는 것이다.

이러한 맥락에서 볼 때 무극과 태극의 관계를 선·후천의 세계로 볼 수 있다는 견해도 있다. 곧 선천은 무극의 세계이며, 후천은 태극의 세계로서 무극과 태극은 체용의 관계로 무극을 본체로 하여 태극이 기본이 되어 도역倒逆의 생성작용이 이루어진다[170]는 것이다. 무극이라는 본체 원리를 중심으로 역수曆數 원리를 나타내면 도역倒逆 생성 원리가 된다는 것으로, 태극이 무극으로 역逆 회귀하는 도역의 관계가 형성된다는 뜻이다. 선·후천의 관계로서 도역의 원리로 양자의 관계를 바라보는 시각은 철리의 다채로움을 더해주는 점에서 흥미롭다. 여기에서 선·후천의 관계로 바라보는 무극과 태극의 상호관계가 발생적인가 아니면 동일적인가의 문제 제기가 가능하다. 이것이 주렴계의 본체론 전반에 관한 이해의 관건이 된다.

태극과 무극이 두 개념의 연용連用으로 이루어진 일구一句는 그 자구의 구성에서부터 혼동이 야기되고 있어서 이것은 바로 태극과 무극의 관계를 파악하는데 큰 걸림돌로 작용하고 있다.[171] 곧 태극과 무극의 발생적·동일적 관계에 있어서 「태극도설」을 주창한 주렴계는 '자무극이위태극自無極而爲太極'이라는 동일론적 입장이다. 또한 1186년 한림학사 홍매洪邁는 사조국사四朝國史를 진상하는데, 여기서 '자무극이위태극'이라고 기술했다. 주자는 이에 항의했지만, 홍매는 별도의 근거 제시 없이 자신의 기술을 바꾸지 않았다. 「태극도설」을 해석한 주자는 '무극이생태극無極而生太極'이라는 존재론적 시각을 가져다준

---

170) 이현중, 「역경의 학문 원리」, 『범한철학』 제33집, 범한철학회, 2004, p.233.
171) 박응열, 「주렴계 태극론에 관한 연구」, 성균관대학교 박사학위논문, 1996, p.57.

다. 이와 같은 주렴계와 주자의 시각을 염두에 두면서, 이제 무극과 태극의 상관성을 다음 몇 가지로 접근해 보고자 한다.

첫째, 무극은 초월, 태극은 창조라는 면에서 접근이 가능하다. 무극은 초월 의미(즉 본체가 현상계를 초월함)를 나타내고, 태극은 창조 의미(즉 본체는 또 현상계를 창조함)를 표시한 것이다. 이와 같다면 무극이면서 태극이라는 말은 사실 초월성과 창조성을 아울러 거론한 것이다.[172] 생명의 존재 근거를 무극이라 보며 창조 원리를 태극으로 보는 것은 무극과 태극의 상호 밀접성을 증명하는 셈이다.

둘째, 태극을 개체 차원으로 본다면 무극을 생명 근원의 뿌리로 본다. 여기서의 태극은 만물 차원의 태극이 아니라 개체 차원의 태극이 므로 이 문장은 개체 차원의 태극이 생명의 근원인 무극을 뿌리로 삼는다고 해석하는 것이 문맥에 보다 부합한다.[173] 태극이 동하여 음양의 기氣를 낳게 되므로 결국 우주 만유의 개체 차원에서 바라본 것이 태극인 것이며, 그 이전의 근원으로서 무극을 상정하고 있다. 즉 생명체 개체의 상징성이 태극이라면, 이러한 개체는 생명 출발의 뿌리를 무극으로 본다는 것이다.

셋째, 무극은 무성무취無聲無臭이며, 태극은 조화造化의 추뉴樞紐이다. 소리도 없고 냄새도 없는 근원적 속성을 지닌 무극이라면, 생명체가 만들어지는 추뉴, 곧 지도리가 태극이라는 것이다. 태극(太極-理)은 물질적 속성으로서의 구체적 형상을 갖지 않으면서 천지만물을 형성하는 우주의 근원으로 본 주자는 '무극이태극無極而太極'을 설명하면서

---

172) 勞思光(정인재 譯), 『중국철학사』송명편, 탐구당, 1987, p.113.
173) 전용주, 「주돈이의 태극도설 연구」, 성균관대학교 박사학위논문, 2014, pp.58-59.

상천上天의 일은 무성무취無聲無臭하나 실로 모든 조화造化의 추뉴樞紐이자 품휘品彙(만물)의 근저根底174)이므로 무극이면서 태극175)이라고 했다. 주자는 이들의 관계를 무극의 근원, 태극의 조화造化라 언급하고 있다.

넷째, 형상으로 볼 때 무극은 ○, 태극은 ☯形으로 나타나며, 이는 형태상으로 무극과 태극을 상징하는 것이다. 태극의 도형圖形은 어떻게 이루어져 있는가를 보면, 태극의 중핵을 차지하고 있는 무극은 ○형으로 나타내고, 양의兩儀(음극陰極과 양극陽極)의 도형을 ☯형으로 나타낸 태극 도형은 내외로 결합된 것이다.176) 외형적으로 보면 ○과 ☯으로 변별할 수 있는데, 무극은 그 내용에 있어서는 텅 빈 ○의 형상으로, 태극은 음양의 기氣를 잉태하고 있는 ☯의 형상으로 되어 있다.

다섯째, 도교적 사유에 의하면 도는 무극이며, 일기一氣가 태극이다. 여기에서 말하는 일기란 생명체가 태어나기 이전의 원기元氣를 말한다. 기氣의 가장 원초적 상태로서 도를 무극이라 한다면, 태극은 "일기一氣가 서로 섞이고 융합하여 일만 기가 갖추어져 있으므로 태극이라 부른다. 이는 바로 내 몸이 태어나기 이전의 모습이다"177)라고 진단은 언급하고 있다. 진단의 사상을 참조하면 무극은 도를 의미하며 태극은 도에서 나온 일기와 같은 것이다.

---

174) 김학권, 「朱熹와 李滉의 易哲學 비교연구」, 『汎韓哲學』 제17집, 汎韓哲學會, 1998, p.137.

175) 『性理精義』(臺北, 中華書局, 民國68) 卷一, 「太極圖說」, 上天之載無聲無臭, 而實造化之樞紐品彙之根底也, 故曰無極而太極, 非太極之外復有無極也.

176) 김계완, 「태극과 형태변형에 관한 연구」, 이화여대 석사논문, 1987, p.6.

177) 『玉詮』券5, 『道藏輯要』「鬼集 5」, "一氣交融 萬氣全具 故名太極 卽吾身未生之前之面目."

이를 종합하면 무극과 태극은 모두 실체적인 것으로서 접근이 가능하다. 분별적으로 본다면 태극은 생명 탄생의 실체 쪽에 더 가깝다고 볼 수 있다. 전문군田文軍은 무극과 태극이 모두 실체 개념이되, 태극이 원초적인 물질적 실체로서 그것이 무극과 구별됨을 말하고 있다.[178] 근원의 무극보다 물질적인 측면을 내포하고 있는 것이 태극이라는 것이다. 무극은 이러한 태극의 근원이라는 면에서 물질적인 측면보다 본체적인 측면으로 보자는 의미이다.

위에서 언급한 무극과 태극 관계의 의미 부여는 무극과 태극을 별리別離의 관계로 접근하는 것이지만, 주렴계는 태극 이외에 무극이 따로 존재하는 것이 아니라고 했다. 주자 역시 「태극도」의 '무극이태극無極而太極'에 대한 해석에서 '무형이유리無形而有理'라는 관점을 견지하면서도 태극 이외에 무극이란 것이 따로 존재하는 것은 아니라고 보았다.[179] 주렴계가 「태극도설」에서 이를 분별하여 독립적으로 언급했다면 '무극이태극無極而太極'이라 하지 않고 '무극여태극無極與太極'이라 언급했을 것이다. '이而'와 '여與'는 상관 접속사로서 같은 맥락에서 보는 것을 전자라 한다면, 다른 개체의 맥락에서 대등 관계로 보면 후자라고 하는 것이 한자의 문법상 일반적이기 때문이다.

무극과 태극의 관계를 설명함에 있어 '이而'의 중요성을 드러내며 주자의 제자인 진북계는 스승인 주자의 무극과 태극 관계를 분명하게 설명하고 있다면서 다음과 같이 말한다.

---

178) 田文軍,『周敦頤哲學的辨證思惟及其局限』, 中南民族學院學報, 1980, p.50.
179) 曹玟煥,「朱熹의 老莊觀」, 한국도교사상연구회 編,『老莊思想과 東洋文化』, 亞細亞文化社, 1995, p.281.

태극의 글자 뜻이 분명치 않다가, 주렴계가 「태극도」를 만들자 비로소 말하는 내용이 명백해졌다. 이른바 '무극이태극無極而太極'이라는 구절에서 '이而'자는 단지 가볍게 이어 주는 역할을 할 뿐으로, 이것이 이 구절을 중간에서 두 부분으로 나눈다고 보아서는 안 된다. 무극이란 궁극이 없는 것으로, 이理가 형태와 공간적 꼴을 가지고 있지 않음을 말한 것일 뿐이다. 그것은 소리도 없고 냄새도 없다는 표현과 꼭 같은 것이다. 태太라는 말은 정도가 심하다는 뜻이다. 태극은 극한의 정도가 심하다는 말이다. 형용할 수가 없어서 태太라고 이름 붙인 것이다. 이것은 이理가 비록 공간적 형태를 가지고 있지 않지만 모든 변화의 바탕과 축이 됨을 말한데 지나지 않는다. 그것의 미분화됨과 극한됨이 심하므로 태극이라고 부르는 것이다. 주자는 이 구절과 관련해서 이른바 '하늘의 일'이란 이理의 측면에서 말한 것이고, '무성무취無聲無臭'란 무극이라는 두 글자를 풀이한 것이며, '온갖 변화의 축이자 모든 다양한 부류들의 근본'이란 태극이라는 두 글자를 풀이한 것이라고 해석했다. 또 그는 "태극 이외에 다시 무극이 있는 것이 아니다."고 결론지었다. 이 얼마나 분명한가!180)

진북계의 언급처럼 무극과 태극은 둘로 나뉘지 않는다는 것으로 '이而'를 이해해야 한다고 했다. 그리하여 무극과 태극의 뜻을 주렴계가

---

180) 北溪陳淳, 『北溪字義』 上卷, 「太極」 太極字義不明, 直至濂溪作太極圖, 方始說得明白. 所謂無極而太極, 而字只輕接過, 不可就此句中間截作兩截看, 無極是無窮極, 只是說理之無形狀方體. 正猶言無聲無臭之類. 太之爲言, 甚也. 太極是極至之甚. 無可得而形容, 故以太名之. 此只是說理雖無方體, 而萬化無不以之爲根柢樞紐. 以其渾淪極至之甚, 故謂之太極. 文公解此句, 所謂上天之載, 是以理言, 所謂無聲無臭, 是解無極二字, 所謂萬化之樞紐品彙之根柢, 是解太極二字. 又結以非太極之外, 復有無極也. 多少是分明.

분명하게 했다고 했다. 곧 무극은 무성무취無聲無臭의 뜻을 드러낸다면, 태극은 극한을 넘어서 있는 것으로 미분화된 것이라 했다. 하지만 그는 태극 외에 무극이 있거나 무극 외에 태극이 따로 있는 것이 아닌 본체적 근원성을 지닌다고 보았다. 무극과 태극의 관계성에 더하여 여기에서 주목해야 할 것으로, 무극과 태극의 상호관계에 있어서 주렴계와 주자의 사상에 괴리감이 없지 않은 점은 그들이 받은 연원의 문제가 발생하기 때문이다.

「태극도설」의 수구首句를 주렴계가 '자무극이위태극自無極而爲太極'으로 서술한 부분에 대해서 또한 '무극이생태극無極而生太極'이라는 표현을 접하고도 주자는 그것을 '무극이태극無極而太極'으로 파악했다. 이러한 차이는 무극 개념에 대한 이해에 있어서 주렴계가 그것을 도가에서의 무극 개념으로 파악하고 있는 것에 따르고, 주자가 그것을 자신의 이理 철학적 관점에서 파악하고 있는 것에 따른다.[181] 도교 계통의 진단으로부터 「태극도설」을 전수했던 주렴계의 성리학적 효시와 이정을 스승으로 삼아 정통 유학을 체계화하고자 했던 주자의 역할에서 이를 바라보자는 것이다. 이들 양자의 무극과 태극의 연원을 고려한다면 상호관계의 이해에 있어서 노장사상과 『주역』을 거론할 수 있다는 점을 참고하지 않을 수 없다.

무극과 태극의 관계는 유교적 시각이나 도가적 시각 어느 하나로써 개념 규정을 할 수 없는 상관성을 지니기 때문이다. 유·도 양가의 시각에서 이들의 관계를 조망하는 지혜가 필요하다. 이에 일체를 존재하게 하고 움직이게 하는 궁극적 실재는 천지만물의 최고 표준이라는

---

181) 박응열, 「주렴계 태극론에 관한 연구」, 성균관대학교 박사학위논문, 1996, p.63.

측면에서 보면 태극이지만, 아무런 작위도 없다는 측면에서 보면 무극이라[182]는 함의含意는 중국 철학의 큰 테두리인 유·도 양가의 입장에서 이를 정의하는 것이라고 본다.

---

182) 이강수, 『노자와 장자』, 길, 1997, p.77.

3

「태극도설」의 이론 체계

1) 본체로서의 무극·태극

유가·도가에서 말하는 진리 혹은 도의 인식 방법은 이를 바라보는 구조가 있다. 그것은 체體·용用이라든가 체·상相·용의 경우이다. 전자가 주로 중국 철학에서 거론하는 인식 구조라면 후자는 불교에서 접근하는 인식 구조이다. 중국 철학에서 말하는 '체용體用'은 일반적으로 실체와 작용을 가리키고, 또 다른 차원에서 말하면 원리와 사물을 가리킨다. 체용이 갖고 있는 첫 번째 의미를 당대의 경학자 최경은, 무릇 천지만물은 모두 형질을 갖고 있는데, 형질에는 체가 있고 용이 있으며, 체라는 것은 형질이며 용이라는 것 역시 형질 위에 있는 묘한 용이라[1]고 했다.

중국 철학에서 체용의 인식 문제는 학문을 어떻게 할 것인가 하는 방법 문제이기도 하다. 『대학』에서 체용의 문제가 거론된다. 그것은 '전체대용全體大用'을 의미하는 것이다. 주자는 『대학』 5장을 주석하면서 이들의 관계를 활연관통豁然貫通의 측면에서 바라보았으며 또한 격물치지格物致知의 경지에 이르는 마음의 상태를 전체대용全體大用으로 바라보았다.[2] 이것은 인식 문제에 있어서 본질의 측면으로서 체와 현상 작용의 측면으로서 용用의 구조로 접근하되 상호관계가 밀접하게 연결되어 있다는 뜻이다. 본체와 현상의 관계가 체용으로 접근되는

---

1) 張岱年·方立天(중국민중사사연구회 옮김),『中華의 智慧』, 민족사, 1991, p.22.
2) 朱子,『四書集註諺解』「大學章句」참조(所謂致知在 格物者 … 而吾心之全體 大用 無不明矣. 所謂格物 所謂知之至也).

것이 유학의 인식론적 구조라면, 무극과 태극의 관계를 우선 본체론적 측면에서 보자는 것이 본 장의 핵심이다.

유교에서 궁극 존재로서 무극과 태극은 자연의 변화 원리와 사물 생성의 근거가 된다. 곧 유교에서의 조화造化 작용이 지닌 특징으로서, 무無에서부터 개체를 직접적으로 창조하는 것이 아니라 변화과정 속에서 원리와 법칙을 제공하며 사물 생성의 근원과 기준이 되는 것이라 할 수 있다.[3] 개체의 창조는 현상계에서 전개되는 것이므로 본체적 측면에서는 이것이 배제된다. 그러므로 본체의 속성은 현상의 창조 작용을 불러일으키는 원초적 근거가 된다. 이를 사물 생성의 근원이라 하며 기준이라고도 한다.

중국 철학에 있어서 생성론적 철학의 주요 과제는 창조의 근원과 현상의 관계를 조망하는 것으로서 체용의 문제를 거론하는 것이다. 여기에 근거하여 우주론과 본체론 등을 정립한다. 이것은 인생론을 거론하면서 수양의 측면으로까지 연결되는 근거이다. 중국 철학에서 고루 나타나는 특징 가운데 하나는 철학의 주된 과제가 인생 문제에 집중되었다는 것이다. 우주론이니 본체론이니 하는 초월적이고 근원적인 문제도 알고 보면 인생 문제를 더욱 깊이, 더욱 더 근본적으로 파악하기 위한 하나의 방편에서 나온 것들이다.[4] 본체론과 우주 생성의 문제에 더하여 인성의 문제를 거론하는 것은 크게 두 가지로 보면 체와 용의 두 측면에서 접근이 가능하다는 뜻이다.

이에 바탕하여 주렴계가 밝힌 무극과 태극의 관계를 본체론적 입장에서 풀어보자는 것이며, 체용에서 말하는 '체'의 인식구조를 통해 양

---

3) 금장태, 『유교사상의 문제들』, 여강출판사, 1990, p.4.
4) 김충열, 『노장철학강의』, 예문서원, 1995, p.36.

자의 관계를 조망해보자는 것이다. 이러한 입장에서 볼 때 무극과 태극의 이해는 문제의 소지가 없는 것은 아니다. 무극과 태극이 노자와 장자에서 비롯되었다는 점 때문에 일부 유학자들은 유학에서 무극을 사용하는 것이 합당하지 않으며, 이에 대해 주자는 태극이 공간적인 제약을 지니지 않고 물리적인 형태를 지니지도 않으며 특정한 장소를 차지하는 사물이 아님을 나타내기 위해, 주렴계가 무극이라는 표현을 사용했다[5])고 했다. 즉 태극을 마치 어떤 구체적인 사물, 즉 일물一物로 간주하게 될 것을 염려한 관계로 무극을 언급함으로써 이를 차단한 것이다.

그러므로 주렴계는 본체의 측면을 강조하기 위해 무극이라는 용어를 동원했다. 무극을 포함한 태극의 개념을 본체로 보면서도 여기에 한정짓고자 하지는 않을 것이다. 태극을 어떤 본체로 간주하지 않는 입장과 태극을 우주와 천체를 구성하는 최고 혹은 최초의 본체로 보는 견해가 있다. 태극은 태초, 태일, 북극성, 혹은 기氣, 이理 등의 기본적 합의로 해석되고, 우주 천체의 통일성을 대표하는 철학적 개념으로 자리잡고 있다.[6]) 즉 우주의 근본, 기본, 표준 등 '으뜸'의 의미를 갖고 있다. 태극은 본체의 측면에서 접근하는 것이 본 연구의 기반이면서 생성론과 동떨어져 있지 않다.

본체의 의미 규정에서 참조할 것으로 주자도 태극을 본체가 된다고 하며 다음과 같이 말한다. "도의 본래 있는 '본체'는 드러날 수 없고,

---

5) 김수정, 「송대 신유학의 수양론 속에 내재된 도교적 요소에 대한 심층분석-도교의 눈으로」, 『동아시아 불교문화』 42집, 동아시아 불교문화학회, 2020, p.296.
6) 한훈, 「태극도의 도상학적 세계관과 그 매체성」, 공주대학교 박사학위 논문, 2013, pp.46-47.

이를 보려면 (그러한) 본체가 없는 '본체'로 드러낼 수 있다. 예를 들면, 음양과 오행이 태극의 '본체'가 된다."7) 여기서 말하는 '본체'는 음양과 오행을 포함하고 있는 것이다. 이것은 본체가 드러나는 것이 음양이 드러나는 것이고, 음양이 드러나는 것이 곧 본체이므로 본체가 따로 있는 것이 아니라 음양과 오행을 포함하고 있는 그것이 본체고 그것이 곧 태극이라8)는 뜻이다. 이것은 태극을 본체로 보면서 현상 세계와 상즉相卽으로서의 교각橋脚 역할이 된다는 것이다.

일반적으로 「태극도설」을 이에 응용할 경우 본체의 측면으로서 무극을 거론하고, 현상의 촉발 측면에서의 태극 동정을 언급할 수 있는데 여기에는 도가적 사유가 관련되어 있다. 주렴계는 '무극' 개념을 인용하여 우주 본체를 원기元氣의 개념으로 이해한 것은 도가적 사유가 작용한 것이며 또한 태극과 양의兩儀를 음양과 동정으로 해석하여 태극의 동정을 논했다.9) 그가 인식한 무극은 근원으로서의 본체, 태극은 음양 동정 작용과 직결된 단초로 이해되고 있는 것이다.

그렇다고 태극이 본체가 아니고 현상이라는 뜻은 아니다. 무극과 태극은 다 같이 본체적 성향이면서도 상호 관계에 있어서 본체적 제일 특성은 무극이다. 다만 무극이 만약에 태극의 근본이라면 이 둘은 선후로 각각 나누어진다. 그렇다면 결국 주렴계의 본뜻은 본체의 제일 특성이 무극이라고 강조한 것이다.10) 무극과 태극 모두가 본체에 해당

---

7) 『朱子語類』 卷36, 道之本然之體不可見. 觀此則可見無體之體, 如陰陽五行爲 太極之體.

8) 한훈, 앞의 논문, p.47.

9) 황영오, 「조선시대의 태극론에 관한 연구」, 원광대학교 박사학위논문, 2015. p.52.

10) 勞思光(정인재 譯), 『중국철학사』 송명편, 탐구당, 1987, p.114.

되지만, 그 가운데 무극이 제일 특성이고 태극이 그 뒤를 잇는다. 무극과 태극이 본체로 그 위상을 차지하며 태극의 동정 작용을 통해 나타나는 음양의 이기二氣는 바로 생성 현상으로서의 작용을 나타낸다고 본다.

동정動靜 작용 이전의 태극은 본래 무극이므로 '태극본무극야太極本無極也'라는 말은 우주의 현상계가 규율·질서로부터 지배받는다는 의미이다. '무극이태극無極而太極'이면서 '태극본무극야太極本無極也'라는 언급은 주렴계의 본체론을 말한다. 이러한 방식의 언급은 일찍이 『도덕경』에서 '도생일道生一'을 말하고 왕필(王弼, 226~249)이 이를 발전시켜 '유생어무有生於無'를 주장하면서부터 줄곧 있어온 도식과 같은 맥락이다.11) '도생일道生一'이라는 언급이나 '무극이태극無極而太極'이라는 언급은 노자와 주렴계의 본체론적 언급에서 자주 거론될 수 있는 내용이다.

그렇다면 주렴계의 본체론적 언급으로서 무극·태극은 어떠한 것을 의미하는가? 여기에서 몇 가지로 접근해보고자 한다.

첫째, 무극과 태극의 관계에 있어서 무극은 태극의 본원이면서 태극은 현상의 단초가 된다. 「태극도설」에 있어서 무극은 태극의 본원을 나타내므로 이 경우 무극이 본체라면, 태극은 그 무극의 현상 발현으로서 최초의 양태를 나타내고 있다고 할 수 있다.12) 왜냐하면 태극이 동하고 정하여 음양의 두 기氣를 낳기 때문이다. 음양의 작용을 하면 그것이 생성 작용의 출발이 되며, 이에 따라 태극은 현상계와 즉입卽入

---

11) 주광호, 「주돈이 태극도설의 존재론적 가치론적 함의」, 『한국철학논집』 20집, 한국철학사연구회, 2007, p.30 참조.
12) 박응열, 「주렴계 태극론에 관한 연구」, 성균관대학교 박사학위논문, 1996, p.66.

의 단초가 된다.

둘째, 무극과 태극은 우주 만물의 근원이면서 윤리 규범의 근원이라는 것이다. 주렴계는 「태극도설」에서 '무극이태극無極而太極'은 「무극도」의 무극을 유교식으로 표현한 것으로서 우주 만물의 근원적 위치에 있으면서 존재의 근원자로서 지위를 갖게 된다.[13] 또한 이 표현은 존재의 근원이면서, 인간으로서 따라야 할 윤리 규범의 근원이기도 하다. 그것은 무극과 태극이 우주만물의 존재 근거가 된다는 것이며, 이에 따라 인륜 규범의 근원으로서 당연히 따라야 할 것이다.

셋째, 무극과 태극의 관계는 무형無形이면서 유리有理의 관계이다. 주렴계의 「태극도설」을 주해한 주자에 의하면 아무런 형상도 갖지 않는 가운데 스스로 존재無中自有此理하는 음양의 이理인 태극이 동하여 양을 낳고, 정하여 음을 낳음으로써 음양 이기二氣가 생성되고, 이 음양 이기의 상호작용을 통해 우주 만물이 생성된다고 했다.[14] 무극과 태극은 무형無形이면서 유리有理라는 주자의 표현은 존재론으로서 무극無極의 무형無形과 태극太極의 이理를 말하여 상호 현상계와 상즉적으로 연결되어 있음을 언급하는 것이다.

넷째, 본체로서 무극과 태극은 현상으로 나타나지 않은 것으로 체·용이 하나의 근원이다. 이것은 무극이 체, 태극이 용이라고 쉽게 단정할 수 있는 우를 벗어나야 한다는 것을 말한다. 주자에 있어 '무극이태극無極而太極'은 체와 용이 하나의 근원임을 나타내는 말이다. '태극본

---

13) 김수정, 「송대 신유학의 수양론 속에 내재된 도교적 요소에 대한 심층분석-도교의 눈으로」, 『동아시아 불교문화』 42집, 동아시아 불교문화학회, 2020, p.297.
14) 김학권, 「朱熹와 李滉의 易哲學 비교연구」, 『汎韓哲學』 제17집, 汎韓哲學會, 1998, p.136.

제3편 「태극도설」의 이론체계 **129**

무극太極本無極'은 현상으로 드러남과 드러나지 않음 즉 형상이 있음과 없음에서 무극과 태극은 언제나 함께 같은 장소에 있다는 말이다.15) 같은 장소란 양자가 본체로서 체용을 하나로 품고 있다는 뜻이다.

　종합적으로 언급할 때 외형상 무극과 태극은 두 가지 개념으로 다가서는 성향이지만 본체의 양면인 관계로 그 내면에 있어서 무극과 태극을 공히 존재근거로 표현한 것으로 볼 수 있다. 엄밀히 말해서 무극은 상대적으로 초월적 의미를 나타내고, 그리고 태극은 상대적으로 만물을 생성하는 창조의 역할을 한다고 보아야 한다. 다만 무극이면서 태극이라는 것은 초월성과 창조성을 아울러 이러한 맥락에서 주렴계가 「태극도설」에서 언급한 무극과 태극은 만유의 궁극적 실체 내지 본체를 상징하는 것으로 이해되는 것이다.

　여기에서 본체란 태극과 무극에서 말하는 '극極'의 개념에서 더욱 이해하기 쉽게 접근할 수 있다. 즉 도설에서의 태극은 우주의 본체를 표현하는 개념으로 사용했으므로 '극'을 근본 또는 근원으로 해석하는 것이 마땅할 것이다. 그러므로 태극은 만물이 시작되는 근원이라고 해석할 수 있다.16) 일반적으로 극은 지극至極이라는 뜻이나, 궁극窮極이라는 뜻으로 사용된다. 지구상으로 이를 언급할 때 극점極點이라 표현할 수가 있는데, 이는 더 이상 무엇이라 규정할 수 없는 상태를 말한다.

　우주 만유를 기본으로 거론할 때 본체란 바로 이러한 극단極端으로서 근본을 지향한다고 본다. 극단의 근본을 지향한다는 것은 자의적으

로 무궁無窮·허무虛無를 의미하면서도 이를 정신세계에 비유할 때 우리가 사유할 수 있는 지극한 상태를 말한다. 그러므로 무극은 단순히 무궁만을 가리키지 않는다. 이 무극 개념은 허무 사상에 근본하며, 이것은 무형無形, 무상無象의 최고 정신 실체를 가리킨다.[17] 태극 역시 이러한 무극과 같이 최고의 정신 실체에서 동격으로 접근된다는 것을 알 수 있다. 최고의 정신 실체를 지향하는 무극과 태극의 이론은 주렴계의 「태극도설」에서 쟁점화된 것으로 후대 주자와 육상산의 논쟁을 유발했다.

곧 「태극도설」 가운데에서 첫 구절 '무극이태극無極而太極'의 이해에 있어서 주자와 육상산 간의 격론을 일으켰지만, 그것은 단지 도가적인 사상을 응용하여 일종 무에서 유에 이르는 우주 생성의 상태를 묘사한 것뿐이지 결코 특별한 점은 없다.[18] 무에서 유로 접근하는 것처럼 무극에서 태극으로 이어진다는 상관적 관계는 주렴계가 도가의 사유방식을 수렴한 것으로 보인다. 이것이 후대 성리학자들 사이에 쟁점을 유발할 수 있는 근거가 되었다.

주렴계 이후 주자는 「태극도설」에 관심을 갖고 깊이 있게 설명하는데 무극이면서 태극이라 했는데, 동정 작용 이전의 태극을 본체라고 한다. 주자는 이에 이기理氣를 설명하며 태극의 동정 작용 이전의 본체적 설명을 다음과 같이 말한다.

> 이理와 기氣에 대하여 물었다. (주자) 말했다. 리가 있으면 곧 기도 있다. 그러나 리가 근본이니, 우선 리로부터 기를 설명하겠

17) 石訓 外, 『中國宋代哲學』, 河南人民出版社, 1992, p.562.
18) 장기균·오태 (송하경외 1인 역), 『중국철학사』, 일지사, 1984, p.352.

다. 가령 '태극이 움직여서 양의 기운을 낳고 움직임이 극에 이르면 고요해지며, 고요해져서 음의 기운을 낳는다.'고 하더라도, 동 이 전에는 정하지 않았다는 것이 아니다. 이천 선생은 '동과 정은 끝이 없다.'고 말했는데, 아마도 이것 역시 우선 동으로부터 말한 것이 다. 만약 동 이전에도 또한 정이 있었으며, 정 이전에도 또 동이 있었다고 주장한다면, 가령 '일음일양지위도一陰一陽之謂道'라고 한 다. 그리고 계지자선繼之者善이다.'라고 말하는 것과 같다. 여기서 '계繼'라는 글자는 곧 동의 실마리를 가리킨다. 만약 단지 일개일합 一開一闔(한번 열렸다 한 번 닫힘) 이후에 계속 이어지지[繼] 않는다 면 곧 멈추게 된다.[19]

위의 언급은 이기를 거론하면서 태극이 동정 작용 이전의 상태로서 본체적 위상으로 거론되고 있으며, 태극이 동정을 통해서 현상으로 나타나는 것이 음양으로, 이 음양을 통해 생성작용이 이루어지는 것임 을 알게 해준다. 그러나 주렴계는 주자가 이기 개념으로 이해한 무극 과 태극의 관계를 다르게 접근했다.

주자가 말한 이기의 원리로 무극과 태극에 대하여 주렴계는 무극과 태극을 이물二物로 보고 태극의 본체를 무극으로 보았고, 역차서逆次序 의 경우에 있어서도 무극과 태극을 결시이물화決是二物化하여 그것을 또한 이理의 원리로 규정하지는 않았다.[20] 태극과 음양을 불가분개不

---

19) 『朱子語類』卷一「理氣上」, 問理與氣, 曰, 有是理便有是氣, 但理是本, 而今且 從理上說氣, 如云太極動而生陽, 動極而靜, 靜而生陰, 不成動已前便無靜, 子 曰動靜無端, 蓋此亦是且自那動處說起, 若論着動以前又有靜, 靜以前又有動, 云一陰一陽之謂道, 繼之者善也, 這繼字, 便是動之端, 若只一開一闔而無繼, 便是闔殺了.

20) 박응열, 「주렴계 태극론에 관한 연구」, 성균관대학교 박사학위논문, 1996,

可分開이면서도 결시이물決是二物이라 하여 그것을 각각 이기의 관계로 파악한 주자는 결국 이기의 이론으로 무극과 태극을 해석하려 했다는 점에서 성리학의 이론을 체계화하는 과정을 밟았다고 볼 수 있다.

2) 우주 생성 원리로서의 무극·태극

고대 철인의 공간적 세계는 동서를 막론하고 밤하늘을 바라보며 별들의 세계에 관심을 갖고 수많은 시상을 떠올리는 매체가 되었다. 우주에 대한 사색이 철학적 탐구로 이어졌으며, 우주의 근본원리에 대한 관심이 집중되었다는 것이다. 지금으로부터 2500년 전쯤 중국, 인도, 그리스에서는 우주에 관해서 사색을 하기 시작했다. 우주를 이루는 근본적인 물질은 무엇이며, 우주는 어떻게 해서 생겨났으며, 우주는 어떤 모양을 하고 있는가? 등에 의문을 품고 골똘히 생각했다.[21] 그것은 인간이 사색하는 존재이며 또한 광활한 하늘을 바라보며 지구상에 살고 있는 인간의 존재를 상호 관련지으면서 생활해온 습관 탓이다.

이처럼 동양의 고대 철학자들 역시 우주에 대한 관심이 지대했다. 동양인들은 하늘과 인간의 관계를 매우 밀접하게 생각하는 습성이 있다. 그것은 인간이 소우주이고 천지는 대우주라는 시각이다. 즉 인간은 대우주의 영향을 받으며 살아오면서 우주 원리에 대한 관심이 크지 않을 수 없었기 때문이다. 고대 중국 철인들은 우주를 영원한 변화의 세계로 인식했고, 인간은 거대한 우주의 한 부분으로 그 변화 가운데에서 우주와 함께 존재하는 것으로 인식했다.[22] 즉 우주와 떨어진 상

---

p.66.

21) 權寧大 外 4人, 『宇宙·物質·生命』, 電波科學社, 1979, p.11.

태로 인간을 바라본 것이 아니었으므로 천인합일의 정신에서 이러한 사유는 당연한 일상이었다. 인간은 이 우주와 공존하면서 그 질서를 벗어나지 않고 숭경의 대상으로 모시며 살아온 것이다.

이미 원시 유교에서 주요 경전으로서 우주 생성의 문제를 제시한 『주역』은 우주 형상을 천지일월天地日月과 같은 팔괘八卦로 제시한다. 우주에 있는 것 중에 최대의 것은 천지이고, 하늘에서 가장 주목을 끄는 것은 일월풍뢰日月風雷이며 지상에서 가장 관심을 끄는 것은 산택山澤이고 인생에 있어서 가장 절실한 것은 수화水火인데, 옛사람은 이 여덟 가지로 우주의 근원을 삼았다.[23) 여기에서 말하는 우주의 근원 여덟 가지란 『주역』의 팔괘를 말한다. 팔괘를 통해 우주만유를 형상화하고, 이에 근거해 태극이 동정의 작용을 하여 음양의 이기二氣가 만물을 생성한다. 이처럼 『주역』에서 우주 생성의 원리로서 태극을 거론하고 있음은 직시할 만한 일이다.

또한 태극을 생명력으로 언급하고 있는 것이 『주역』「계사전」이다. 여기에서 『주역』이 우주론의 출발점이 된다. 그것은 태극이 본원적 성질로서 우주란 생명력의 근원이 된다는 시각에서 비롯된 것이다. 『주역』은 우주를 영원히 살아서 움직이는 생명체로 인식한다. 그 생명력은 형이상학적 본체에 주어지는 것이 아니라 우주와 그것을 구성하는 물질 자체의 본원적인 성질이라고 파악한다.[24) 중국 철학에서 우주는 유기체적 연관성 속에서 만물을 생성시키는 역동적 에너지 자체로

22) 김학권, 「朱熹와 李滉의 易哲學 비교연구」, 『汎韓哲學』 제17집, 汎韓哲學會, 1998, p.133.
23) 馮友蘭, 『中國哲學史』 上, 臺灣中新書局, 1977, p.462.
24) 박재주, 『주역의 생성논리와 과정철학』, 청계, 1999, pp.17-18.

본다. 『주역』에서 말하는 우주의 유기체적 생성원리는 타의적으로 전개되는 것이 아니라 자발적인 생성의 생명 전개와 같은 것으로 이해된다.

여기에 대해 고대 중국 철학의 큰 줄기인 도가 사상은 우주 생성의 원리를 도道라 보면서, 도의 실현 원리인 무위자연의 삶을 실현하고자 했다. 중국 고전에서의 자연自然은 글자 그대로 '스스로 그러함'으로서 도를 형용했고, 오늘날에 와서는 무한한 시공을 우주라 하는데 이것은 천지, 만물 등을 가리킨다.[25] 이 우주는 천지 만물의 생성작용을 하는데, 도가에서는 이를 도라고 했다.

무위자연으로 도를 중시하는 도가에서 우주론에 관심이 적지 않았던 것은 모든 생명체의 생명 활동 근원을 도에 두었기 때문이다. 그리고 도가의 우주론은 도가의 인성론과 직결되는데 왜냐하면 노자는 인간이 인간답다는 까닭의 본질을 우주 근원지에 두고서 그것과 일치를 요구하기 때문이다.[26] 우주와 인간의 관계를 중시하면서 우주에 소속한 인간으로서 이상적 삶의 방향에 대해 노자는 지대한 관심을 가졌다. 장자는 이를 광활한 우주 대자연에서 자유롭게 소요유逍遙遊하고자 했다. 그들이 말하는 도는 우주 생성의 원리가 되며, 도의 다른 표현으로 무극과 태극을 거론한 장본인들이기도 하다.

역사적으로 중국 철학에서 태극이라든가 무극 등이 우주론적 의미를 지닌 것은 한대부터 비롯된다. 그것은 『주역』 사상과 관련되어 있다. 한대 『역위易緯』의 「건착도乾鑿度」로부터 태극이 우주론적 의미를 지니게 된 것으로, 주백곤은 선진 시기 우주생성론은 크게 유가와 도

---

25) 곽신환, 「주역의 자연과 인간에 관한 연구」, 성균관대학교 박사학위논문, 1987, p.25 참조.

26) 徐復觀(유일환 譯), 『中國人性論史』, 을유문화사, 1995, p.42.

가의 사상계통으로 나눌 수 있다. 유가 계통은 『주역』의 '역유태극 시생양의 양의생사상 사상생팔괘(易有太極, 是生兩儀, 兩儀生四象, 四象生八卦)'의 생성 관점이다. 도가 계통은 『노자』의 '도생일 일생이 이생삼 삼생만물(道生一, 一生二, 二生三, 三生萬物)'의 생성 관점임을 밝혔다.27) 이처럼 태극은 한대에 이르러 유·도 양가 가운데 특히 유교에 있어서 우주생성론의 핵심 개념이 되었다는 것을 알 수 있다.

유교 우주생성론의 출발은 태극 용어가 등장한 『주역』과 관련되어 있다. 송대 성리학에서는 주렴계가 등장하여 무극·태극을 거론하면서 생성원리로 인식하기 시작했다. 곧 유교의 우주론은 '『주역』의 변역과 음양'이며, '성리학의 태극과 이기'이며, 이를 합하여 말하면 태극, 음양, 오행과 같은 심오한 보편 진리이다.28) 송대의 철학에서는 주렴계에 의해 무극과 태극의 문제로 집중 조명하는 계기가 되면서 그것이 신유학의 이론 체계화 과정에서 우주 생성의 근원으로 자리매김했다.

아울러 신유학의 이론체계화에 전거典據가 된 『주역』은 자연 생성의 근거가 되는 우주 자체를 송대 철학자들에게 깊은 관심의 대상이 되었다. 주렴계, 소강절, 장횡거 등이 주로 우주론에 깊은 관심을 지녔던 사람들이다. 이들은 한결같이 『주역』 「계사전」의 "역에는 태극이 있으니 이것이 양의兩儀를 낳고, 양의는 사상四象을 낳고, 사상은 팔괘八卦를 낳는다."는 구절의 해석을 통하여 나름의 우주론을 전개하고 있다.29) 이러한 『주역』은 태극과 더불어 주렴계의 무극·태극 사상이

---

27) 朱伯崑, 『易學哲學史』 第1卷, 北京, 昆侖, 2005, p.74.

28) 서정기, 『민중유교사상』, 圖書出版 朝鮮文化, 1990, pp.47-79 참조.

29) 곽신환, 「주역의 자연과 인간에 관한 연구」, 성균관대학교 박사학위논문, 1987, p.24.

상호 교감하면서 이들 철학자들에게 우주 생성론의 심화를 가져다주었던 것이다.

고대로부터 송대에 이르기까지 우주에 대한 깊은 사색과 더불어 유기체적 생성의 원리로 인지한 무극이나 태극은 우주의 구성문제나 생성문제에 대한 해석에 있어서 다채롭게 전개되었다. 특히 태극은 우주의 존재원리를 일컫는 가장 핵심적인 말로써 동양 철학의 근본이 되어 왔던 관계로 인해, 태극은 우주가 어떻게 구성되고 전개되는지를 논함에 있어 많은 철학가들이 중점적으로 언급하고 논의해 왔던 핵심적 주제였다.[30] 심도 있는 논의가 전개되었던 것은 우주 생성의 원리에 있어서 무극과 태극이 정점에 있었던 탓이기도 하다.

그런 연유로 송대 철학에서 무극과 태극이 우주 생성의 원리가 된 사상적 배경은 무엇인지가에 대하여 다음 몇 가지로 접근해 보고자 한다.

첫째, 원래 무극과 태극은 도가에서 영향을 받은 점에서 유교철학의 우주론적 확장을 위해 이를 수용했다는 것이다. 공맹의 인성론적 철학으로 지속되어온 경학이나 훈고학적 성향을 벗어나 후대의 철학은 철학적 이론의 심화과정을 겪으면서 우주론의 확대가 필요했는데 여기에 도가 철학이 등장한다. 장자가 정호나 주자에게 가장 칭찬받은 부분은 우주론인데 그 이유의 잠정적인 결론은 장자 사상에는 유가의 세계관과 매우 비슷한 내용이 있기 때문이라고 했다.[31] 신유학으로서 공맹 사상의 인성론에서 노장 철학의 우주론으로 철학적 범주 확대가

---

30) 황영오, 「조선시대의 태극론에 관한 연구」, 원광대학교 박사학위논문, 2015, p.12.
31) 曹玟煥, 「朱熹의 老莊觀」, 한국도교사상연구회 編, 『老莊思想과 東洋文化』, 亞細亞文化社, 1995, pp.291-292.

제3편 「태극도설」의 이론체계 **137**

이루어졌다는 뜻이다. 춘추전국시대의 인성론적 전기에서 우주론적 범주 확대를 꾀하는데 있어서 도가사상을 수렴하면서 여기에서 우주 생성의 근원으로서 무극과 태극을 활용한 것으로 본다.

둘째, 무극과 태극의 개념 접근에 있어 도가 철학과 유가 철학은 중국 철학이라는 같은 시공적 범주에 있기 때문에 유가의 우주론에서 이를 접근한다면 무한과 유한으로 그 접점을 찾을 수 있다. 곧 중국의 우주론은 무극과 태극이 근간으로 되어 있다. 이를 견주어 본다면 우주의 원리가 될 수 있는 것은 유한과 무한이라는 양면성에서 비롯된다. 중국의 우주론은 유한과 무한의 종합이며[32] 이처럼 무한과 유한의 관계가 한대에 이르러 자연의 대우주(무한)와 인간 개체의 소우주(유한)가 분리되면서 동중서는 이를 천인상감天人相感의 시각에서 천인합일적 세계관을 그렸다. 이에 유가 철학에서 우주론의 전개는 무한과 유한의 범주로서 무극과 태극이 우주 생성의 원리가 되는 길을 겪었다고 보면 좋을 것이다.

셋째, 우주 생성의 원리가 구체적으로 무극과 태극이 되기 위해서는 특히 도가 철학의 수련이라든가 원기元氣의 기반이 필요했다. 도가와 도교사상이 이와 직결되어 있다는 점이 그 배경으로 등장한다. 중국 철학 가운데 도가에서 무극과 태극은 기론적氣論的 우주 생성의 원리가 되었다는 점은 잘 아는 사실이다. 무극은 『도덕경』제28장에서 "상덕은 어긋남이 없어 무극에 돌아간다(常德不忒 復歸於無極)"라고 하는데 최초로 무극이 나타난다. 여기서의 무극은 만물이 그곳으로 돌아가야 하는 근본적 도라는 의미로 사용되고 있다[33]는 점을 유념할 일이다.

---

32) 김용옥, 『老子哲學 이것이다』上, 통나무, 1989, p.110.

33) 김낙필, 「도교의 圓상징과 無極·太極」, 『圓佛敎學』창간호, 韓國圓佛敎學會,

결과적으로 무극과 태극이 우주 생성의 원리가 되는 보다 근본적 이유는 중국 철학의 양대 산맥인 유가와 도가적 사유를 벗어날 수 없기 때문이라는 점을 인지할 필요가 있다. 『도덕경』에 관한 주석의 하나인 『하상공장구』에서는 이에 대해 "사람이 능히 천하의 본보기가 될 수 있으면 참된 덕이 자기에게 간직되어 어긋남이 없을 것이다. 이와 같으면 장생하여 몸을 무한한 세계에 귀의시킬 수 있다."34)라고 했는데, 도교 수련법에 있어서 우주 생성의 근거와 수련의 구경究竟으로서 무극을 제시하고 있다. 무극과 태극이 송대 철학에서 주목받은 이유가 도교의 기론적氣論的 우주생성론과 깊은 관련이 있음을 시사하는 것이다.

더욱이 도교·불교를 이단으로 본 신유학이 그들로부터 우주론에 깊은 영향을 받은 것은 이율배반으로 보이지만, 철학적 이론 무장이라는 고뇌에 의한 유학의 우주론을 재정립하려는 의도가 있었을 것이다. 물론 도·불을 극복하면서 자신의 사상 체계를 확립한 송대 유학이었지만, 도·불에서 과거 원시 유학의 미비점이라고 할 수 있는 우주론적 체계를 확립하는데 도·불 사상의 영향을 받았다.35) 이단적 성향의 철학이라 해도 이론을 체계화하는 과정에서 학제간·학파간 영향을 주고받는 것은 철학사에서 당연한 일이라 본다. 철학의 발전이 정반합의 원리와도 같이 학파간 영향을 주고받으면서 발전하기 때문이다.

여기에서 하나 더 고려해야 할 것으로 무극 내지 태극이 유교 철학

1996, pp.68-69.

34) 『道德經 河上公章句』, "人能爲天下法式 則常德常在于己 如此長生久壽 歸身于窮極也"(김낙필, 「도교의 圓상징과 無極·太極」, 『圓佛教學』 창간호, 韓國圓佛教學會, 1996, pp.68-69.

35) 曹玟煥, 「朱熹의 老莊觀」, 한국도교사상연구회 編, 『老莊思想과 東洋文化』, 亞細亞文化社, 1995, pp.295-296.

에서 우주 생성의 근거가 되는 배경은 도교 사상 외에도 중국 철학의 고전으로 널리 읽히는『주역』이다.「태극도설」은『주역』의 사상과 도교의 설명을 종합하여 우주의 원리를 무극이며 태극이라고 했다. 주렴계는「태극도설」에서 만물의 근원은 태극이며, 태극이 실제로 만물을 생성한다는 사상에 근거한 새로운 유학의 형이상학을 세웠는데, 우주에 대한 도교의 설명을 인용하여 창조물의 진화적 과정을 설명한『주역』사상과 결합시켰던 것이다.[36]『주역』「계사전」에서 말하는 우주 생성의 근원은 태극이며 여기에 무극도 포함되어 있다는 논리가 주렴계 사상이다.

송대 철학에서 우주 생성의 원리가 되는 무극과 태극은 노장 철학에서 언급하는 자연의 시공 개념을 뛰어넘어 신유학의 철학적 공로로서 본체론의 형이상학으로 발전시켰다. 이것은 신유학의 철학적 이론 작업의 결과이기도 하다. 이를테면 태극의 개념은 북송 시기 주렴계에 의하여 형이상학으로 발전했는데 그 내역은 심오하다. 곧 그가 말하는 형이상학은 본체론으로서 단순히 물질적 근원이 무엇인가를 찾는 자연철학과 달리 인류와 만물, 우주를 포괄하는 통체統體의 관점에서 우주의 기원·생성·변화·구조를 정합적 논리로 설명하는 이론이다.[37] 신유학이 철학 이론으로서 기여한 것이 무극과 태극을 통한 우주 생성의 원리적 체계를 이론화했다.

그렇다면 무극과 태극이 우주 생성의 원리가 되는 보다 구체적인

---

36) 김수정,「송대 신유학의 수양론 속에 내재된 도교적 요소에 대한 심층분석-도교의 눈으로」,『동아시아 불교문화』 42집, 동아시아 불교문화학회, 2020, p.295.

37) 손흥철,「주돈이의 태극과 이기개념의 관계분석」,『퇴계학논총』 제29집, 사단법인 퇴계학부산연구원, 2017, p.41.

내역은 무엇인가? 그것은 성리학적 시각에서 본다면 태극의 동정 문제와 천명의 유행이라는 점에서 나타난다. 성리학에서 우주 생성은 태극 동정과 천명 유행으로 이루어진다[38]는 점을 눈여겨 볼 필요가 있다. 태극의 동정으로 인해 나타나는 것은 음양이며, 이 음양의 이기 二氣가 우주만물의 생성 작용에 의한다는 것은 달리 말해서 천명의 유행이라 볼 수 있다.

구체적으로 천명의 유행에 따른 음양 작용에 의해서 생명의 생성 작용이 일어나는 근거는 곧 무극과 태극에 기인한다. 여기에서 한걸음 나아가 우주 생성의 원리로서 무극과 태극은 송대 성리학에서 인성론으로 이어지는 계기를 맞이했다. 곧 우주론에서 무극이라든가 태극은 우주의 원리로 작용하는 것이지만, 주렴계는 이에 근거하여 인성의 문제를 거론했다. 성리학은 태극과 이기의 우주의 원리에서 인간의 사회적 도덕성을 찾아내고자 했다. 이것은 공리주의적 효용을 넘어 모든 것의 근원인 우주적 보편성에 대한 지향인 것이다.[39] 무극과 태극의 이론이 우주론에 그쳐 있다면 주렴계의 「태극도설」에서 말하는 태극 외에 따로 인성론의 출발점인 인극人極을 언급하지 않았을 것이다.

종합적으로 무극과 태극이 우주 생성의 원리가 된 이론적 기반은 『주역』, 노장 철학, 도교, 성리학으로 이어지는 전승적 학풍과 직결되었다고 본다. 고금을 통하여 전래되는 학풍은 그 시대의 문화로 정착되어 왔던 것에서 이를 짐작할 수 있다. 중국의 우주관은 인생관의

---

38) 윤사순, 『한국유학사상론』, 열음사, 1986, p.91.
39) 최석만, 「민본주의와 민주주의의 公과 私」, 2000년 국내학술대회 자료집 『朝鮮時代의 儒敎文化와 民本主義』, 동양사회사상학회, 2000, p.73.

근저가 되어 중국 문화 형성의 준거가 되었다[40]는 견해가 설득력을 얻는 이유이다. 그것은 우주관에 머무르지 않고 인성론에 연결되어, 신유학의 학문적 창의성에 의해 인간의 성품을 고양하지 않으면 안 되는 인륜적 유교 전통 문화에 편승한 결과이다.

3) 회귀처로서의 무극·태극

유가 철학에서 주로 거론되는 문제로서 극한에 부딪쳤을 때 새로운 도약을 위해 본래 출발했던 곳으로 회귀하려는 세계관이 있다. 그것은 연어가 알을 낳기 위해 자신이 태어난 고향으로 되돌아오는 논리와 같은 것이다. 그러므로 하나의 지배적인 사상 체계나 세계관이 그 역사적 사명을 완료했거나 스스로 한계점에 도달함으로써 저절로 자체의 벽에 부딪히거나 할 때, 그 돌파구를 뚫는 가운데, 퇴조된 현재보다는 월등하게 고조되었을 '초기'의 상황으로 환원, 곧 그러한 실實과 허虛가 뒤범벅이 된 과거로 복귀를 시도하는 수가 있다.[41] 인륜이 땅에 떨어졌다면 공맹의 도덕 사상을 부르짖는 것과도 같은 심리가 이것이다.

인간의 일상사에서 성패를 판단하여 길흉을 알려주는 『주역』에서도 길吉을 언급하며 회귀를 의미하는 괘효가 있다. 「복괘復卦」 초구初九를 보면, 멀리 가지 않고 돌아온다고 했고 후회함에 이르지 않고 크게 길하다(不遠復, 无祗悔, 元吉)고 했다. 또한 「소축小畜」 초구를 보면 돌아옴이 도로부터 말미암는 것이니 어찌 허물이 있겠는가, 길하

---

40) 金忠烈, 『中國哲學散稿』II, 온누리, 1990, p.230, p.232.

41) 정종, 「인간 공자와 事人主義」, 『공자사상과 현대』, 사사연, 1986, p.55.

다(復自道, 何其咎, 吉)고 했다. 길흉 순환이 뒤따르는 것이 인간사인 관계로 어떠한 일을 진행하다가 난관에 부딪쳤을 때 되돌아오는 것이 순리라는 것이다.

도가 사상에도 처음으로 되돌아오는 복귀 사상이 있다. 노자의 사상에 의하면 '반자 도지동反者道之動'(도덕경 40장)이라 하여 되돌아가는 것은 바로 도라고 함으로써 모든 것이 되돌아가는 회귀의 성향을 지니고 있다고 했다. 노자가 말하는 성인의 처세와 용병 및 정책, 군사전략 등은 단순히 일상인의 그것과는 다르게, 철저하게 되돌아오는 도의 움직임(反者道之動)과 유약한 도의 작용(弱者道之用)을 실천하여 무위하지만 하지 않음이 없는 행위를 이념으로 한다.[42] '낙엽귀근落葉歸根'이라는 말처럼 봄날의 푸른 나뭇잎이 겨울이 되면 떨어져 뿌리로 되돌아가 거름이 되는 것으로, 우주 대자연은 춘하추동 순환 반복하는 것이며 그것이 도의 작용이라는 것이다.

도의 작용으로서 되돌아오는 '복귀復歸' 사상은 보다 구체화되어 다음 몇 가지로 언급되고 있다. 『도덕경』에 등장하는 것으로 '복귀어무물復歸於無物'(14章), '복귀기근復歸其根'(16章), '복귀어영아復歸於嬰兒', '복귀어박復歸於樸'(28章), '복귀기명復歸其明'(52章) 등이 그것으로 무려 다섯 차례나 복귀사상을 거론하고 있어서 복귀론은 『도덕경』의 중심 사상 가운데 하나로 이해될 만하다. 이것은 자기의 생명이 허정한 무無의 경지를 회복하면 근원의 상태로 돌아가는데, 귀근歸根은 바로 그 원초의 상태로 돌아오는 것을 말하고, 복명復命은 그 원초적 상태의 때에 성명性命의 향상됨[常]으로 돌아온다.[43] 이는 노자가 자연의 변

---

42) 임현규, 「노자의 爲道論」, 『철학연구』 34집, 대한철학회, 2005, p.322.

43) 박승현, 「노자의 無-경계론적 입장에서」, 추계학술회의《도가철학의 쟁점들

화 현상을 직시하여 생로병사와 흥망성쇠로 순환하는 운동과 같이 결국은 처음으로 돌아간다는 것으로, 인성론도 순박한 성명性命을 회복하는 것과도 같다.

장자도 무극(소요유)과 태극(대종사)을 거론하며 회귀의 의미를 강조하는 뜻에서 "모든 생명체는 흙에서 생겨나서 흙으로 돌아간다."(百昌皆生於土而反於土)라고 「재유」에서 기술했다. 살아있는 모든 것은 본래 태어난 곳으로 복귀하는 것은 당연지사이다. 본래 회귀처인 죽음이 닥쳐오더라도 이에 슬퍼할 것이 없다며 그의 부인이 죽자 질그릇을 두드리며 초연히 했던 것도 이러한 복귀사상과 관련되어 있다. 흔히 장자 철학을 '영원 회귀의 철학'이라고도 한다. 이 문제는 유한건곤有限乾坤을 숙명적으로 받아들이면서도, 그 속에서 시간 변화의 영원성을 찾아낸 것44)으로 볼 수 있다.

이처럼 노장을 중심으로 한 중국의 도가 철학은 '복귀'라는 용어를 사용하여 근원으로 회귀하려는 열망을 '복귀'의 심리로 표출하고 있다. 도가사상의 일반적 특성중의 하나로써 근원적 도에 대한 복귀의 열망이 있으며, 노자의 사상에는 '복復·귀歸·복귀復歸'의 표현이 나타나는데 모두 이러한 근원으로 갈망을 표현하는 개념이다.45) 인간으로서 복귀의 대상을 영아嬰兒 곧 어린아이로 표현함으로써 순진무구한 마음의 상태 곧 무위자연의 인품을 간직하자는 것이 노자의 사상이다. 여기에는 어떠한 인위적 조작이 가미되지 않은 순진무구의 영아를 귀

Ⅱ》, 한국도가철학회, 2001, p.11.

44) 김충열, 『노장철학강의』, 예문서원, 1995, p.317.

45) 김낙필, 「장자의 정신 개념」, 『사회사상연구』 제1집, 원광대 사회사상연구소, 1984, p.178.

감으로 삼고 있는 것이다.

복귀의 사상이 노장에게 산견散見되는 것은 도가 철학의 도에 대한 '회귀'라는 것으로 특히 '무無'를 상정하면서 그것이 철학화되어 나타난 현상이다. 『도덕경』을 주석한 왕필(王弼, 226~249)은 이에 말하기를 "만물 만형이 돌아가는 곳은 하나이다. 무엇으로 말미암아 하나에 이르는가? 무에 말미암아서이다. 무로 말미암아 일一이 되니 일은 무라 할 수 있다."46)라고 했다. 노자가 무를 강조한 것은 철학의 심오한 것이며, 이것은 무극이라는 용어로 나타나고 허극虛極(『도덕경』16장)과 무궁無窮(『장자』「인간세」, 즉양) 등도 같은 맥락에서 거론되는 용어이다. 인위성을 벗어난 본래의 상태가 왕필의 언급처럼 도의 속성 곧 무'라는 개념에 실리어 여러 용어를 파생하고 있음을 알 수 있다.

이처럼 『도덕경』을 주석한 왕필은 또한 『주역』을 주석하여 앞에서 언급한 「복괘復卦」 단전象傳을 설명하고 있다. 그것은 근본으로 되돌아가는 이치를 언급하는 것이며, 근본에 회귀하고자 하는 심리는 무의 고요한 경지에 되돌아오는 것과도 같다.

> 복復이란 것은 본本으로 돌아감을 이름이다. 천지는 본으로 심心을 삼는다. 무릇 움직임이 그치면 고요해지나 고요함은 움직임에 상대적인 것이 아니요, 말이 그치면 침묵하나 침묵은 말에 상대적인 것이 아니다. 그런 즉 천지가 비록 크고 만물이 번다하고 우레가 치고 바람이 불고 온갖 변화가 일어나지만 고요히 무無에 이르니 이것이 그 근본이다. 그러므로 움직임이 땅속에서 그쳐야 천지의 마음을 볼 수 있으니 만약 유有로 심心을 삼는다면 다양한 종류를 포함할 수가 없다.47)

---

46) 『老子』42章 王弼 注, 萬物萬形, 其歸一也. 何由致一, 由於無也. 由無乃一.

위에 언급한 내용처럼 왕필은 노장 사상에서 무無의 개념을 빌리어 『주역』의 「복괘復卦」를 해석하고 있다. 곧 우주 대자연의 고요함은 침묵과 같은 것으로 천둥이 치고 비바람이 몰아친다고 해도 얼마 못가서 멈추어 본래 그대로의 상태로 회귀한다는 원리이다. 이러한 복귀사상에 영향을 받은 주렴계의 「태극도설」은 물론 『통서』 등에서 무극과 태극으로의 복귀라는 근원성을 밝힌 것은 노장 철학의 '무'에 영향을 받은 결과이다. 인간의 수양론으로서 회귀해야 할 것이 바로 이러한 무의 철학 내지 허정虛靜과 같은 것이다.

성인에 이르는 수양방법론으로 주렴계는 적(寂-寂然), 정(靜-主靜, 靜虛), 무(無-無事, 無爲, 無欲)를 포함시켰다. 이것은 「태극도설」에서 그가 인간의 존재 근원을 '태극'으로 설명하면서, 무극의 근원성을 버리지 못한 것과 일맥상통한다.[48] 우주 대자연의 고요함으로 회귀하는 것이야말로 인간의 격정을 가라앉히고 맑은 성품을 드러냄으로써 성인의 경지에 이르고자 함일 것이다.

주렴계의 회귀처인 무극과 회귀의 사상은 이처럼 『주역』 및 도가와 신선사상의 영향을 받았는데, 다만 도가에서 지향하는 지고의 회귀처는 상도이다. 주렴계는 이를 무극과 태극이라 했을 따름이다. 어떠하든 도가의 상도는 고요한 성품의 회복처로서 모든 것이 그곳으로 복귀하는 것이다. 곧 수양의 목표는 사실상 내재하는 고유의 성명性命으로

---

47) 王弼 注, 『周易』 復象, 復者 反本之謂也 天地以本爲心者也 凡動息則靜 靜非對動者也 語息則默 默非對語者也 然則天地雖大 富有萬物 雷動風行 運化萬變 寂然至無 是其本矣 故動息地中 乃天地之心見也 若其以有爲心 則異類未獲其存矣.

48) 이난숙, 「주돈이 철학의 天人合德과 時中사상」, 『퇴계학논총』 29집, 퇴계학부산연구원, 2017, p.63.

복귀를 의미한다. 이는 상도를 얻음을 의미하는 것으로서 노자는 사람들이 그 자신 안에 우주 만물의 항상성을 유지하는 근본원리인 도를 포함하고 있다.[49] 그러므로 수양론에서 회귀하려는 도, 즉 상도로서 무의 철학을 대변하는 노자 사상과 유사하게 주렴계에 와서 그 회귀처가 무극과 태극의 개념으로 수렴되었다.

실제 무극이 근원의 회귀처라는 말은 「태극도설」의 원문에 있다. "태극본무극야太極本無極也"라는 것이 이것이다. 태극마저도 무극으로 회귀하는 것 같은 언급이 이것으로 그 의미를 깊이 살펴보아야 한다. 이 구절을 "태극은 본래 무극이다."라고 해석할 수 있고, "태극은 무극에 근원한다."라고 해석할 수 있다.[50] 우주 만물은 무극과 태극으로 회귀하는데, 태극마저 무극에 근원한다는 것의 엄밀한 의미는 복귀의 뜻이다. 물론 태극은 본래 무극이라는 것에 더하여 무극에 근원한다는 의미가 더 정확한 표현이며, 이에 태극이 무극에 근원한다는 표현이 적절하다고 본다.

여기에서 태극이 무극에 근원한다는 말을 음미하면서 주렴계가 말하는 회귀의 단계는 어떻게 접근될 수 있는지가 살펴보면 다음과 같다. "오행은 하나의 음양이고, 음양은 하나의 태극이며, 태극은 무극에 근본한다. 오행이 생길 때 각각 그 성性을 하나로 한다."[51] 이를 풀어 말한다면 만물이 오행의 생성 작용으로 개체성을 얻는데, 이를 역逆으

---

49) 신진식, 「노자의 수양론 체계」, 『윤리교육연구』 25집, 한국윤리육학회, 2011, p.175.

50) 손흥철, 「주돈이의 태극과 이기개념의 관계분석」, 『퇴계학논총』 제29집, 사단법인 퇴계학부산연구원, 2017, p.48.

51) 「太極圖說」, "五行一陰陽也, 陰陽一太極也, 太極本無極也, 五行之生也 各一其性."

로 회귀하는 단계가 오행에서 음양으로, 음양에서 태극으로, 태극에서 무극으로 회귀하는 단계로 설정되어 있음을 알 수 있다. 이를 달리 말해서 순順으로 접근하면 주렴계의 「태극도설」의 경우 회귀처의 구경究竟이 되는 것은 무극이다. 이어서 무극이면서 태극인 관계로 역행이 아닌 순리로 생성하는 것은 태극이 동하여 한번 움직이고 정하는데 음양의 근본으로 한다는 것이다.

무극과 태극에서 양변음합陽變陰合으로 오행이 되어 만물의 발생 과정을 도표화하여 우주론이 형성된 것이다. 그리고 다시 오행이 음양이고 음양이 태극이며, 태극이 무극이라고 하는데 이것을 보면 역순으로 본체와 현상의 관계를 조망한 것이다. 회귀처의 시각에서 순·역으로 교대하여 이해한다면 무극과 태극에 이어서 음양과 만물로 이어진다는 것이다. 아울러 만물에서 음양으로, 음양에서 태극으로, 태극에서 무극으로, 근본으로 삼는 본체론적 순·역 작용이 이루어진다는 것이다.

결과적으로 우주 만유가 무극·태극을 회귀처로 삼는다는 것은 '역생逆生과 도역倒逆의 생성 작용'이다. 그러한 원리를 근거로 도교와 유교의 수양론이 서로 다르게 전개된다. 도역倒逆의 생성작용을 인간 주체적으로 이해하면 인도의 내용이 밝혀진다. 역생도성逆生倒成의 원리를 근거로 군자의 학문이 이루어진다는 점을 고려하면 학문은 군자가 자신의 본래성을 자각하는 동시에 자신의 존재 근거인 무극 원리를 자각하는 과정이다.[52] 유교의 『주역』 사상은 현실주의 철학의 성향을 지닌다는 면에서 '태극, 음양, 오행'이라는 순리의 수양론적 성향을 지니고 있다.

도교의 노장 사상은 무의 철학을 중시하는 관계로 결국 무극과 태

---

52) 이현중,「역경의 학문 원리」,『범한철학』제33집, 범한철학회, 2004, p.234.

극으로 회귀의 성향을 지닌다. 주렴계는 이처럼 「태극도설」에서 순順·역逆의 유·도 사상을 성리학적 입장에서 수렴한 관계로 인해 유교적 사유에 도교 수양론이 적극적으로 소개되는 계기가 되었다.

더불어 송명 철학이 유·불·도 3교 회통의 시각에서 학풍을 일으켰던 점을 고려할 필요가 있다. 주렴계가 수렴한 「태극도설」이 도교 계통의 진단에게서 전승되었다는 점을 참고하면, 도교의 수양론은 송대 철학에서 상당 부분 관심을 갖고 접근했으리라 본다. 도교 수양론에 있어서 회귀 사상, 곧 반본환원返本還元의 과정을 설명하면 ① 보정保精, ② 연정화기煉精化氣, ③ 연기화신煉氣化神, ④ 연신환허煉神還虛, 연허합도煉虛合道53)로 이루어짐을 알 수 있다. 반본환원返本還元의 회귀적 수양론은 색욕을 멀리하고 청정한 마음으로 회귀하는 단계이다. 정精을 기氣로 화하게 하여 인체의 전신 기경팔맥奇經八脈에 순환시키는 단계이다. 소·대주천을 거친 후 양신陽神의 묘용을 얻는 수련과 같이 심신의 순환과정에서 궁극적으로 본원本元에 회귀하는 반본환원返本還元의 단계가 심오한 수련법으로 발전되었다.

참고로 무극에 더하여 황극皇極이 거론되는 경우가 있다. 그것은 요순시대 이래로 전해오는 중정中正의 도를 말한다. 여기에서 도역倒逆의 회귀처가 무극인데, 도역 생성의 결과로 나타나는 무극과 태극의 중위에 황극이 거처하는 것으로, 그것은 바꾸어 말하면 황극을 중심으로 도역의 생성작용이 이루어짐을 뜻한다.54) 만물과 오행, 음양이 무극과 태극으로 회귀하는데 있어서 이와 같은 도역의 생성작용은 황극을 중

---

53) 김낙필, 「性命論과 精氣神論」, 『태동고전 연구』, 제3집, 태동고전연구소, 1987, pp.206-207.
54) 이현중, 앞의 논문, p.234.

심으로 이해할 필요가 있는 것이다. 이는 본체론적 회귀처로서 무극과 태극은 현상의 작용에 우주 만물의 생성작용인 황극이 있어서 중도의 수행을 지향하는 인간의 본래성을 유도하는 개념으로 이해되는 점을 참조할 필요가 있다.

그러므로 회귀처로서 무극이든 황극이든, 인간 윤리의 본래성을 유도한다면 인성론의 우주화가 「태극도설」의 본지라는 귀결이 가능하다. 무극과 태극에 한정하지 않고 '인극人極'을 설정한 주렴계의 본의에 충실할 필요가 있다는 것이다. 여기에서 「태극도설」의 주제는 우주 질서, 인문 질서로서 내면화라고 하겠으나 그 구조는 오히려 윤리의 우주화라고 해야 할 것이다.55) 인극에서 거론되는 인의중정仁義中正 등의 가치 개념은 무극이라는 우주 질서에서 연유했다고 해도, 주렴계의 「태극도설」은 인간의 본래성을 유도하는 차원에서 깊이 있게 접근해야 한다.

다시 주렴계 「태극도설」의 본의를 확인한다면 무극에서 음양오행과 만물로 화생되는 순리의 이법이 역행逆行의 회귀로 전개되는 것이 오행이 일음양一陰陽이며, 음양이 일태극一太極이며, 태극본무극太極本無極이라는 것이 또한 순리에서 다시 회귀의 본원처가 되는 것이다. 이것은 선가의 선천도와도 관련된다. 하지만 그의 「태극도설」이 무극(태극)에서 음양오행 및 만물로 화생되는 순차적 진행을 밝히는데 역점이 있는 반면, 선가의 「선천도」는 대부분 무극으로 복귀하는 역逆의 과정을 밝히는데 주안점이 있다56)는 점을 인지할 필요가 있다. 주렴계

---

55) 주광호, 「주돈이 태극도설의 존재론적 가치론적 함의」, 『한국철학논집』 20집, 한국철학사연구회, 2007, p.25.
56) 김낙필, 앞의 논문, p.201.

에게 도교수련이 부분적으로 수렴되었다는 점은 송대성학의 효시로서 그의 학문적 기여도가 적지 않은 결과이다.

▶▶▶ 2. 음양오행의 생성론

1) 태극과 음양

음양오행설은 각기 다른 시대와 다른 환경에서 형성된 음양과 오행의 개념이 통합된 패러다임을 구축하면서 형성된 학설이다. 음양이란 음과 양이라는 의미에서 점차 음양이라는 복합적인 개념으로 그 의미가 확장되었다. 오행五行 역시 처음에는 오부五府에서 육부六府로 그리고 오재五材에서 오행五行으로 불렸다. 그 명칭과 의미가 시대에 따라 바뀌면서 견제와 균형의 원리를 기미한 용어이다. 음양오행설은 의학, 천문학, 역법, 지리학, 언어학 등의 동양적 과학은 물론 철학과 예술 등의 분야에도 이론 전개의 틀을 제공해줄 수 있다.

음양오행의 생성론을 중시하는 중국 철학에 대해 근대의 한 서양학자는 어떻게 바라보는가? 카를 구스타브 융(Carl Gustav Jung, 1875~1961)은 "중국 철학은 우주적 원리들이 있다고 설명하면서 그것들을 양과 음으로 부른다."[57]라고 했다. 본 언급은 중국 철학자 김충렬의 다음 견해와 다를 것이 없다. "주렴계는 무극, 음양 교역 등 우주생성론을 말한다."[58] 서양 철학자가 언급하든, 중국 철학자가 언급하든 간

---

57) 카알 구스타브 융(金聖觀 驛), 『융心理學과 東洋宗敎』, 현대사상사, 1995, p.31.
58) 金忠烈, 『中國哲學散稿』Ⅱ, 온누리, 1990, p.280.

에 중국 철학의 우주생성론은 그 출발이 음과 양에서 비롯된다는 사실이다.

역사적으로 음양사상의 유래를 보면 춘추전국시대 가운데 그 후반인 전국시대에 유행한 음양설이 그 효시이며, 『주역』「계사전」에 의한 음양사상이 대체로 잘 알려져 있다. 음양은 『역경』과 춘추시대에는 아직 나타나지 않은 범주인데 전국시대에 음양설이 유행하고 「계사전」에서 이의 영향을 받아 『역경』을 음양으로 해석하고 있다.[59] 단전象傳에서는 음양으로 괘상卦象과 괘사卦辭를 설명하는 것은 태괘泰卦와 비괘否卦이다. 이 두 가지 괘는 일반적으로 건괘乾卦를 양으로, 곤괘坤卦를 음으로 이해한다. 그리고 소상전小象傳에는 건괘 초구와 곤괘 초육 효사에서 음양으로 해석하는데, 「계사전」은 단전象傳과 소상전小象傳의 음양설에 주로 의거하여 해석한다는 것이다.[60] 즉 「계사전」에 의하면 건진감간乾震坎艮에서처럼 일양이음一陽二陰은 양효가 기수이므로 양괘로, 곤손리태坤巽離兌에서처럼 양효가 우수이므로 음괘로 분류된다.

양괘와 음괘로 분류된 음양의 이론은 『주역』 생성론의 출발이다. 곧 『주역』의 「계사전」에서는 역易에 태극이 있어서 태극이 양의를 낳는다고 했다. 또 양의는 음양을 말하는 것으로, 그것이 사상四象을 낳고 팔괘를 낳는 관계로 인해 길흉 작용에 의한 생성작용과 사업의 성패가 나타난다. 결국 변역變易 작용으로서 태극과 음양의 이론은 중국 철학에서 우주론적 생성론과 인간사의 핵심용어로 등장하면서 우주

---

59) 朱伯崑, 『易學哲學史』 上, 소명출판, 2012, pp.47-49 참조.
60) 심귀득, 「주역의 생명관에 관한 연구」, 성균관대학교 박사학위논문, 1997, p.33.

만물은 부단히 생명활동이 전개된다[61]는 것이다.

이러한 『역경』에서 거론되는 음양론이 전국시대를 지난 후 진나라, 한나라, 송나라의 음양론을 살펴보도록 한다. 고대의 역학철학은 각 시기마다 특징을 갖고 있기 때문이다. 괘효상의 성질과 변화를 해석하는 '일음일양지도一陰一陽之道'의 명제가 송대의 장횡거나 청대의 왕부지에 있어서는 대립과 통일의 법칙에 관한 것이 되지만, 한대의 동중서와 『백호통의白虎通議』에서는 '양존음비陽尊陰卑'로 해석되며, 진대晉代 현학파의 역학가 한강백韓康伯은 '일음일양一陰一陽'을 '음도 없고 양도 없음'으로 해석하여 음양의 대립을 없게 했다.[62] 음양의 사상은 이처럼 상당 기간 세월을 거치면서 그에 상응하는 음양론이 전개되어 왔음을 알 수 있다.

여기에서 직시할 것으로 음양 작용을 통해 만물이 생한다는 해석은 다음 몇 가지 차원에서 접근이 가능하다. 첫째 일음일양一陰一陽을 도의 두 측면으로 보는 해석으로, 만물을 살리는 것이 도의 능사라면 고요하여 음기陰氣로 남아 있더라도 그 음은 양의 성정이 내포된 음이며, 둘째 일음일양은 변화의 과정이고 도는 일음일양하도록 하는 소이연이며, 셋째 생생生生하는 구체적인 기氣의 작용은 일음일양이고, 그 생생의 과정에 내재한 이치를 도라고 보는 입장이다.[63] 이는 다시 말

---

61) 易은 變易이므로 자연에 있어서 어떤 존재나 사물도 고정 불변하는 것은 없다. 그럼에도 불구하고 이 생성변화가 무한으로 이어지는 것은 한 단계에서의 생성변화가 완성되었을 때 그것으로 끝나는 것이 아니라, 그것이 새로운 출발로 이어지기 때문이다(권정안, 「주역의 세계관」, 『초자연현상연구』 창간호, 공주대 초자연현상학연구회, 1993, p.43).

62) 심귀득, 앞의 논문, pp.9-10.

63) 강임숙, 「주역의 生生윤리 연구」, 경상대 박사학위논문, 2005, pp.89-90.

해서 음양은 만물을 살리며, 음양은 변화과정이며, 또 음양은 생생하는 기氣라는 것이다.

생성의 생기生氣로서 작용하는 음양론은 『주역』의 만물화생이라는 우주론과 다소 차이는 있지만 노자도 음양의 개념을 사용하고 있으며, 그것이 만물의 '부음포양負陰抱陽'과 관련된다는 점에서 이 두 가지는 큰 틀에서 만물의 생성과 관련되어 있다. 공자와 노자도 이미 음양 개념을 사용했다는 점이 관건이라고 할 수가 있다. 물론 『도덕경』에는 만물은 "음을 지고 양을 감싸 안고 있다." (『도덕경』 42, 負陰而抱陽)는 언급뿐이지만, 그것은 『시경』에서 말하는 음양과는 약간 다른 의미를 가지고 있는데, 『주역』에서 만물을 화생하는 우주론적 의미는 없다64)고 보는 견해도 있다.

『주역』에서 음양을 우주론에 더하여 인仁으로 해석하는 경우가 있으므로 음양이 우주론적 만물로 화생된다는 것은 『도덕경』에서도 만물은 부음포양負陰抱陽과 같이 만물로 화생되는 이치와 일면 연관성이 있어 보인다. 사실 음양의 개념이 천도와 연결되는 『주역』이나 도와 연결되는 노자 사상의 공통적 관심사이며, 주렴계는 여기에서 어느 정도 사상적 영향을 받는다. 『주역』에서의 음양 개념은 천도인 동시에 만물생성의 원리로서의 음양인 반면 동중서의 음양 개념은 기氣로서의 음양이며, 두 개념의 음양을 모두 채용하여 주렴계는 「태극도설」에서 태극으로부터 생성된 음양의 기는 양변음합陽變陰合하여 오행을 생성한다65)고 했다. 음양론은 시대를 따라 정착되어 왔듯이 주렴계가 춘추전국시대의 『주역』 음양론의 영향을 받음과 더불어 한대 동중서

---

64) 남상호, 「주역과 공자인학」, 『범한철학』 제28집, 범한철학회, 2003, pp.69-70.
65) 전용주, 「주돈이의 태극도설 연구」, 성균관대학교 박사학위논문, 2014, p.43.

의 영향을 받았다는 것이다.

고대 음양사상의 영향을 받은 주렴계는 태극과 음양의 관계에 있어서 양변음합과도 같이 '음양동정설陰陽動靜說'을 거론하고 있다. 「태극도설」에서 그는 독특한 '음양동정설'을 제시하고 있는데, 태극이 동하고 정할 수 있어서 동하면 양을 낳고 정하면 음을 낳는다는 것이다.[66] 고대의 원리론적 음양론 이해가 해석학적 뒷받침이 되지 않으면 난해하게 보이지만, 송대 철학에서 철학의 해석학적 응용을 통해 설명되는 것으로서 태극에서 음양으로 이어지는 생성론적 전개가 태극 동정의 작용을 통해 음양의 생성작용이 되는 단계를 용이하게 설명되고 있다.

이와 같은 태극의 동정설은 태극에서 음양을 생성하면서 음양의 생성이 태극과 직결되어 있음을 알 수 있다. 「태극도설」은 태극에서 음양까지 설명하므로 태극이 움직여서 양陽을 낳고 움직임이 극에 이르러서 고요하여지고, 고요하여서 음陰을 표시한다.[67] 이것은 태극이 반드시 움직임을 통해서 음양을 낳는다는 것으로 이러한 생성작용에는 움직임과 고요함[動靜]이라는 상호 대립적인 관념이 그 핵심이라 볼 수 있다.

그렇다면 태극의 동정 작용이 음양 양의兩儀로 나타나는 이치는 어떻게 해석할 수 있을 것인가? 이는 원기元氣의 운동과 정지, 곧 음양의 두 기氣로 해석하면 그 실마리가 풀린다. 주렴계는 태극과 음양의 관계에 있어서 동정 작용을 주시했다. 이는 원기 자체의 운동과 정지로부터 음과 양의 두 가지 기를 분화시킬 수 있는 것으로, 그 분화의

---

66) 황영오, 「조선시대의 태극론에 관한 연구」, 원광대학교 박사학위논문, 2015, p.20.

67) 勞思光(정인재 譯), 『중국철학사』 송명편, 탐구당, 1987, p.115.

과정에서 운동과 정지가 서로 의존하여 음과 양의 두 가지 기가 서로 돌아가고 교체되면서 또한 서로 대립한다고 보았던 것이다.[68] 그의 음양동정陰陽動靜 이론은 한대 역학의 음양소장陰陽消長 이론을 수렴한 것이며, 이것은 송명 역학의 태극 음양의 생성론에 큰 영향을 미쳤다.

한대 음양론의 영향을 받아 송대의 음양론을 흥성시킨 주렴계의 태극 동정은 음양 이기二氣가 여기에서 주목되는데 그것은 장횡거의 철학에서 완성된 기론적氣論的 성향과 관련된다. 『주역』「계사전」의 '역유태극 시생양의(易有太極, 是生兩儀)'에 근거하여 우주만물의 생성에 대한 설명을 시도했던 주렴계는 전통적 태극관에 입각하여 '음양미분陰陽未分'의 상태를 태극으로 상정하고 있어 기론적 성격이 강하다.[69] 이는 송대 철학의 우주 생성론적 쟁점을 부각시키면서 기철학의 장횡거 사상은 물론 이기理氣의 이론을 정립한 주자에게도 영향을 미쳤다고 본다.

여기에서 주렴계는 태극을 이기理氣로 설명하고 있으며, 태극의 이理에 동정이 있다는 그의 사상은 이理에 동정이 있느냐는 논란을 야기한다. 그의 「태극론」은 한대의 철학과 달리 쟁점의 창의성을 더한 철학으로 거듭났다는 것이다. 주렴계는 태극을 이理와 기氣 두 가지 의미로 해석했으며, '태극동이생양太極動而生陽'이라 하고, 또 '음양일태극陰陽一太極'이라고 했다.[70] 그가 말하는 음양은 이기二氣이며 동정의 작용은 기氣의 속성이라 볼 수 있다. 주렴계의 이와 같은 태극이 동하여

---

68) 황영오, 앞의 논문, p.25.

69) 김학권, 「朱熹와 李滉의 易哲學 비교연구」, 『汎韓哲學』 제17집, 汎韓哲學會, 1998, p.136.

70) 손흥철, 「주돈이의 태극과 이기개념의 관계분석」, 『퇴계학논총』 제29집, 사단법인 퇴계학부산연구원, 2017, p.43.

음양을 낳는다는 것에 대해서 태극의 이理에 동정이 있는가라는 의문점은 여전히 남아 있다.

많은 학자들이 원기元氣로써 태극을 설명하는데 반하여 주렴계는 태극의 이理로써 음양을 이해하고, 장횡거에 와서 일기一氣로, 주자는 이를 이기이원론理氣二元論로 설명하고 있다. 양한시기의 많은 학자들은 혼돈미분의 원기로써 태극을 설명했는데 유흠, 왕충, 정현 등이 이러한 사람들이며, 송대의 장횡거와 명청明淸 교체기의 왕부지 역시 태극을 기氣로써 설명했으며, 이理로써 태극을 설명한 사람도 있었으니 예컨대 주자 같은 사람이 그렇다.71) 태극과 음양의 氣에 대한 해석은 시대를 따라 변화된 철학자들의 성향에 따른 이론으로 정착된 것이다.

이런 맥락에서 볼 때 태극이란 우주를 구성하고 있는 물질과 물체의 근본이 되는 원소元素를 말한다. 우주가 아무리 넓고 그 안에 있는 물질이 아무리 수가 많다고 해도 그 근본은 태극이라는 본바탕 하나로써 이루어진다는 것이 역易의 근본 이론이다. 다시 말해서 태극은 우주의 본질인 하나의 절대적인 원기元氣로써 이것이 움직일 때에는 음과 양 두 가지 작용을 나타내어 그 두 작용으로부터 만물이 생겨나는 것이다. 물질과 물체는 물론 모든 힘과 시간, 공간 등 우리가 인식할 수 있는 모든 것은 모두다 태극에서 생겨지는 것이다. 그러므로 태극은 바로 우주의 본체이다.

조선 후기의 노사 기정진(1798~1879)은 주렴계가 언급한 태극의 이理에 대한 이해에 있어서 이일분수理一分殊를 거론했다. 기정진은 이理를 천명天命의 소이연이고 만유의 종자이며 우수만불을 생성하는 실재實在로 보면서 이理는 동정 운동이 있다고 했는데, 우주 만물의 생성

---

71) 유장림, 김학권 옮김, 『주역의 건강철학』, (주)정보와 사람, 2007, p.174.

운동은 태극지리太極之理의 유행으로서 태극의 일리一理가 분수分殊의 만상萬象을 이룬다는 것이다.72) 이것은 이理의 본체론에 따른 태극일리太極一理 속에 이미 '만유가 함유되어 있다理涵萬殊'는 논리이다. 이일분수理一分殊 곧 이함만수理涵萬殊는 송대 주자의 사상은 조선시대의 건국이념이자 사상적인 측면에서 주리론과 주기론의 치열한 논쟁을 일으켰다.

한편 음양오행의 생성론에 있어 태극의 동정으로 음양이 된다는 것은 오충허의 『천선정리직론天仙正理直論』 증주增註에도 나타나 있다. 오충허의 본 증주增註에서는 태극이 동하여 음양이 나뉘며 '양은 천天을, 음은 지地를 형성하는 것'73)에 성명性命의 분화를 비견하므로 성명으로 분화된 이상 미분화된 정일지기靜一之氣의 상태는 아니며 분화된 성명이 교화작용을 함으로써 조화가 이루어진다고 한다.74) 일음일양一陰一陽의 작용이 모든 변화의 근본이라는 사실에서 이러한 견해가 타당하다고 본다.

음양의 생성론은 이처럼 일음일양一陰一陽의 작용이 변화를 야기하기 때문에 만물이 화생하는 것이다. 『주역』이나 「태극도설」에서 거론되는 음양의 작용은 우주 생성의 활동에 있어서 항상 균형과 조화작용이 뒷받침된다. 만일 불균형을 야기한다면 생성의 작용은 지속 불가능

---

72) 梁承武, 「蘆沙學派의 한국유학사에서의 위치」, 제30차 한국동양철학회 동계 학술대회보《蘆沙學派의 唯理哲學과 倫理的 實踐性向》, 한국동양철학회, 1998, pp.3-4.

73) 오충허, 『天仙正理』, 此炁久靜而一 漸動而分 陽而浮爲天 比如人之有性也 陰而沈爲地 比如人之有命也.

74) 김낙필, 「性命論과 精氣神論」, 『태동고전 연구』 제3집, 태동고전연구소, 1987, p.199.

하기 때문이다. 자연은 한 번 음하고 한 번 양하면서 유행하는 과정에서 어느 한쪽이 생존의 적합한 평형을 넘어서면 저절로 균세均勢가 조절되는 것75)이라 본다.

음양이 일음일양一陰一陽으로 전개되는 과정에서 음양의 균형과 조화를 이루고 그 속에서 생명은 발동하는데, 『주역』의 64괘도 이러한 음양의 조화 속에서 우주만물의 형성과 그로 인한 길흉의 작용으로 이어진다. 이러한 음양의 조화작용은 상생 원리에 기인한다. 음양의 상생 관계는 자연의 순리이자 역동적인 생동生動 변화를 가져다주는 힘으로 이어진다. 이와 같은 음양의 상생에서 음양은 단순히 존재와 사태의 두 양상으로 이해되는 것을 넘어서서, 역동적인 생성변화의 과정에 있는 모든 개별적 존재와 함께 기능하는 힘이다.76) 자연 생성의 원리에는 음만이 있거나 양만이 있는 것이 아니라, 그 양면성이 있으므로 이러한 상생의 원리가 작용할 수밖에 없다.

변역變易의 이치에서 본 음양론은 전체적인 관점에서 보면 자연에는 음·양의 상생 원리가 생성의 지속성을 담보해준다. 대대對待의 원리는 좀 더 깊이 새겨보면, 주자는 태극과 음양의 관계를 밀접한 관계로 설명하면서, 태극은 음양과 분리되지도 않고 음양과 섞이지도 않는다고 설명했다. 즉 상호 괴리되어 있거나 어설픈 섞임은 아니라는 것이다.

　　맹자는 군더더기를 발라내고 성性의 근본만을 말했고, 이천 선생

---

75) 심귀득, 「주역의 생명관에 관한 연구」, 성균관대학교 박사학위논문, 1997, p.36.

76) 권정안, 「주역의 세계관」, 『초자연현상연구』 창간호, 공주대 초자연현상학연구회, 1993, p.45.

은 기질氣質을 겸비하여 말했는데, 요컨대 (그 두 가지는) 분리될
수 없다. 그래서 명도선생은 '성性만 논의하고 기氣를 논의하지
않으면 갖추어지지 못하며, 기만을 논의하고 성을 논의하지 않으
면 명확하지 못하다.'고 말씀하셨다. 나도『태극도설해』에서 '이른
바 태극은 음양의 기운과 분리되지도 않으며, 또한 음양의 기운과
섞이지도 않는다고 말해야 한다.'라고 했다.[77]

음양의 생성론은 태극에 근원함인데, 이와 같이 태극과 음양은 서로
밀접한 관계이므로 분리되거나 뒤섞이지 않는 조화의 작용이라 했다.
예컨대 태극과 관련한 음양이론은 균형의 두 기운으로서 때로는 본체
론을 설명함에 있어서, 때로는 생성론을 설명함에 있어서 상관성을
지닌 채 중국인의 삶에 깊이 자리했다.

중국 사회에서 음양 이론은『주역』에서 음효陰爻와 양효陽爻로 상
징화된 이후 자연현상으로부터 인간의 몸과 마음, 군자와 소인, 남녀
관계, 가정, 국가의 조직관리 체계, 형이상학에 이르기까지 중국인의
삶 속에 깊이 침투하여 중국문화의 근저를 구성해 왔다.[78] 태극 음양
론이 고대 노장사상과『주역』, 그리고 한대 동중서의 우주론에 이어
서 송대 주렴계의「태극도설」에서 무극·태극→음양→오행→만물로
이어지는 구도의 우주 도식이라는 심오한 우주 생명현상의 근거를 제
시하고 있다.

---

77)『朱子語類』卷4,「性理一」, 孟子是剔出而言性之本, 伊川是兼氣質而言, 要之
不可離也, 所以程子云論性不論氣, 不備, 論氣不論性, 不明, 而某於太極解亦
云所謂太極者, 不離乎陰陽而爲言, 亦不雜乎陰陽而爲言.
78) 김종미,「주역의 相反相成과 성별인식」,『중국어문학지』10집, 중국어문학
회, 2001, p.49.

2) 오행과 오기五氣

이 부분에서 언급하고자 하는 생성론으로서 '오행五行'이 처음 등장하는 고전은 『홍범』이다. 옛날 중국인은 어떠한 이유로 오행의 이름을 나열했는가를 보자. 본 『홍범』에 나오는 기자箕子의 설명에 의하면 수·화·목·금·토라는 순서로 배열되었고, 그 성질 등에 대해서는 윤하潤下·염상炎上·곡직曲直 따위의 설명이 붙여졌다[79]는 것이다. 오행의 순서가 나타나면서 그 성질로서 상하, 곡직 등이 거론되고 있다. 그 순서가 뒤섞이지 않고 수·화·목·금·토의 순위로 되어 있으므로 그것은 각기 성향에 맞는 기운으로 되어 있다.

한대에 이르면서 오행의 순서가 달라진다. 즉 동중서가 부여한 오행의 순서는 『홍범』에 있는 순서와 달리 첫째 목, 둘째 화, 셋째 토, 넷째 금, 다섯째 수이며 이들 각자는 상생·상극을 한다.[80] 상생의 생성론에서 오행의 상호 관계를 말하면 목은 화를 낳고, 화는 토를 낳고, 토는 금을 낳고, 금은 수를 낳고, 수는 목을 낳는다, 이와 달리 상극으로 보면 목은 토를 이기고, 토는 수를 이기고, 수는 화를 이기고, 화는 금을 이기고, 금은 목을 이긴다.

특히 동중서는 자신의 오행론에 공자의 윤리를 결합했다. 한대의 오경五經 박사관은 경전을 연구하면서 제자들을 훈육했으며, 기원전 124년 태학을 설립함으로써 각 박사마다 쉰 명의 제자를 교육시키도록 했다. 같은 시기에 동중서가 자신의 절충적인 사상을 체계화하여 공자의 윤리와 오행설을 결합시키고 공자의 지위를 중국 전통상의 거

---

79) 가노 나오키(吳二煥 譯), 『中國哲學史』, 乙酉文化社, 1986, p.80.
80) 馮友蘭(鄭仁在 譯), 『中國哲學史』, 螢雪出版社, 1986, p.255.

목으로 확립시킨 것도 결코 우연만은 아니었다.[81] 우주 생성의 오행론이 인성 교육에 접목된 것은 오행에 대한 오상으로서 인·의·예·지·신의 실천윤리로 이해되는 것이다.

여기에서 흥미로운 것은 고대 중국의 음양가들의 오행이론이 서양의 사원소와 비교되기도 한다는 점이다. 우주 만물의 생성에 있어서 기본단위가 되는 중국의 오행론에 대한 서양의 시각에는 사원소의 상호 관련성이 있는 것이다. 그뿐만 아니라 음양가의 기초 개념은 모든 자연이 목·금·화·수·토 등 다섯 가지 요소, 즉 오행의 다양한 배합에 의해 이루어졌는데, 이것은 그리스의 사원소(흙·불·공기·물)와 근사해서 주목된다.[82] 목·화·토·금·수와 흙·불·공기·물은 우주 만물이 생성되는 기본원소가 되며, 동서를 막론하고 생명체 생성의 문제는 고금을 통하여 주요 관심사였다. 오행의 생성론에 대해 구체적으로 접근하면 음양오행의 생성론이라 하는데, 이 음양오행설은 본래 음양론과 오행설이 따로 형성되었을 것이라고 본다.

지리적인 측면에서 본다면 음양은 노자의 출생지인 남방 초楚나라 문화권에서 유행했다. 오행은 추연(鄒衍)이 거주했던 해안의 제齊나라 문화권에서 주도적으로 연구되었다. 음양은 우주발생의 기원을 설명할 때 쓰는 개념이므로 그 성격이 추상적이다. 오행은 어떤 물질을 구체적으로 지칭한 것이 아니라 비슷한 속성을 지닌 사물을 목·화·토·금·수로 표현한 것이다.

서양학자에 의하면 이러한 구별보다는 사물인식의 방법이라는 견

---

81) B.C. 140년에는 학생수가 3만명이나 되었다고 한다(『後漢書』 卷79, 마이클 로이(이성규 譯), 『고대중국인의 생사관』, 지식산업사, 1998, pp.201-202).
82) 존 K. 페어뱅크 外 2인(김한규 外 2인譯), 『동양문화사』(상), 을유문화사, 1999, pp.64-65.

해도 있다. 음양론과 오행설은 역사적으로 각기 다른 것이라고 당연이 지적하지만, 『중국의 역사』를 연구한 조지프 니덤(Joseph Needham, 1900~1995)은 또한 그것들은 단순히 음과 양 또는 수·화·목·금·토를 구별하는 배당이론이기보다는 구체적 사물을 인식하는 방식인 것에 주의할 것을 촉구한다.[83] 음양은 오행과 함께 중국 철학사에서 우주를 설명하는데 핵심적인 개념으로 활용되었다. 음양은 인문보다는 자연세계를 탐구하는 사상사들에게 큰 의미를 가진 개념이다. 음양설과 오행설은 각각 독자적으로 발생하여 발전한 것이다. 음양과 오행이 우주 생성론에서 붙여 쓰는 성향이 있으므로 분류해서 본다던가, 분류하지 않고 본다는 등의 차이점은 있을 수 있는 일이라 본다.

음양과 오행의 상관성을 고려할 때, 송대 주렴계에 이르러 무극과 태극에서 비롯하여 우주 생성의 기본요소가 오행으로 전개된 것은 유·도 사상이 상호 영향을 준 것 같다. 주렴계 「태극도설」의 표현에 의하면, 우주의 전개과정은 무극·태극→음양→오행→만물의 무궁한 진전으로 나타나는데, 이는 만물의 형성과정과 그 순서를 말하는 것으로 우주의 발생 및 진화를 논했던 도가 이론과 우주의 현상구조를 논했던 유가 이론을 주렴계가 결합시킨 것이다.[84]

이것은 도가의 자연사상과 유가의 윤리도덕이 결합된 것으로 우주의 생성론으로서 상호 밀접한 음양사상과 오행론이 갖는 사상적 공통성이라 본다. 그러므로 태극·음양과 생성의 기초요소인 오행은 각각 별리別離하여 자체만으로 해석이 되지 않는 이유를 다음 몇 가지 항목

---

83) 다까다 아쓰시(이기동 譯), 『周易이란 무엇인가』, 여강출판사, 1991, p.19.
84) 황영오, 「조선시대의 태극론에 관한 연구」, 원광대학교 박사학위논문, 2015, p.26.

으로 알아볼 필요가 있다.

첫째, 태극과 음양이 유기체적으로 오행과 밀접하게 관련되어 있다. 주렴계는 태극 자체에 움직임과 고요함이 있다고 했다. 그리고 여기에서 음양이 생겨 나오고, 음양에서 다시 오행과 만물이 생겨나온다고 했으며, 그것은 '양의 변화와 음의 결합[陽變陰合]' 때문이라고 했다.[85] 오행이 독립되어 있지 않다는 사실에서, 태극과 음양의 유기체적 활동으로 인해 오행과 만물이 생성하는 것이다.

둘째, 태극을 근원으로 한 이二 · 오五의 논리로서 음양 이기二氣 활동으로 다섯 가지 요소인 오행이 생명체의 개체로 작용한다는 사실이다. 곧 태극의 오고 가는 모습이 두 모습[兩儀]으로서의 음과 양이며, 그 모습은 다시 다섯 길의 떠나가고 다가옴[五行]으로 나타나기도 한다.[86] 태극에서 음양으로, 음양에서 오행으로 왕래하면서 그것은 우주 만유의 생명체로 태어나 살아가는 것을 상기하면 좋을 것이다.

셋째, 생명체로서 분리할 수 없는 기 · 질로 접근할 경우, 음양과 오행의 관계에 있어서 음양이 기氣라면 오행이 질質이라는 것이다. 주자는 음양을 기로, 오행을 질로 설명하고, 음양오행의 조화에 의해 생물의 재료가 생성된다고 했다.[87] 여기에서 음양이라는 기 활동에 의해 전개된 오행은 다섯 가지 형상으로 생성되는 것이므로 그것은 질이다. 음양 두 기가 작용하여 오행이라는 생명체의 기본 요소인 질이 이루어지므로 태극과 음양 · 오행을 각각 독립된 것으로 보아서는 안 된다.

---

85) 勞思光(정인재 譯), 『중국철학사』 송명편, 탐구당, 1987, p.116.

86) 박재주, 『주역의 생성논리와 과정철학』, 청계, 1999, p.262.

87) 김학권, 「朱熹와 李滉의 易哲學 비교연구」, 『汎韓哲學』 제17집, 汎韓哲學會, 1998, p.136.

넷째, 이들 관계에서 음양과 오행은 상생으로 작용하며, 그것은 『주역』의 이치와 관련된다. 주렴계는 양이 동하고 음이 정하며 동정이 서로 교체되고 오행이 상생하여 비로소 만물이 생성되는 도리라 했으니, 이것은 우주의 전개 과정을 설명한 것으로 결코 역리易理의 범위를 벗어나지 않는다.[88] 『주역』「계사전」에서 말하듯이 역리는 일음일양一陰一陽의 과정을 거치는데, 그것을 지속시키는 기운이 바로 상생相生의 기운이라는 점을 고려해야 한다.

한걸음 더 나아가 오행은 음양의 두 기운이 서로 교감하면서 변화를 추진하는 힘을 뜻한다. 음양은 이러한 운동의 결과를 나타내는 상태를 의미한다. 음양과 오행을 음양오행으로 묶게 되면 현상과 원리를 동시에 나타내게 된다. 하지만 음양과 오행은 서로 독립적이면서 의존적인 개념이다. 음양이 사물을 서로 비교하여 그 특성을 시각적으로 나타내는 방법이라면, 오행은 시간에 따른 사물의 변화원리와 작용원리를 다섯 단계로 구분하여 사물의 역동성을 설명한다. 이런 까닭에 음양은 공간 속에 존재하는 개개 사물의 특성을 파악할 수 있는 장점을 지니고 있다. 오행은 시간에 따라 변화하는 사물의 내면에 숨어 있는 작용을 이해하기 쉽게 만든다.

하나 더 살펴볼 것으로 태극의 동정을 통해 나타나는 음양은 생성론에 있어 오기五氣와 관련되어 있다는 것이다. 기氣는 우주의 생성과 그 시작을 함께하는 개념이다. 우주 속의 모든 존재는 형태가 있는 것이든 형태가 없는 것이든 모두 기로 이루어져 있다. 기를 통해 만물이 생겨나며 기의 변화는 만물에 두루 영향을 미치게 된다.

오행이 구체적으로 개체화되면서 생명현상이 가능한 것은 이러한

---

88) 장기균·오태(송하경외 1인 역), 『중국철학사』, 일지사, 1984, p.352.

오기 때문이다. 추연은 오행을 다섯 가지 구체적인 사물이 아니라 다섯 가지의 기, 곧 다섯 가지의 원소로 보았는데 전국시대 후기에 들어와 오행의 상생·상극설이 탄생하게 된다.[89] 제나라 출신의 대표학자 추연의 학설은 유가의 학실과 음양오행설을 결합했다는 점에서 주목된다. 전국시대 추연의 음양오행과, 한대 동중서의 음양오행에 이어 송대 주렴계의 오행과 오기五氣의 생성론이 이론적으로 교감을 갖게 된 것이다.

오행五行과 오기五氣를 접목시켜 「태극도설」의 생성론을 주장한 주렴계는 이 오기를 다음과 같이 말하고 있다. "양이 변하고 음이 그와 더불어 합하여 수·화·목·금·토가 생겨난다. 이들의 오기가 조화로운 순서로 흩어지게 되며, 사계절의 순환으로 진행된다."[90] 오기란 여기에서 오행의 기로써, 생명체 형성의 다섯 가지 기본요소에 각각의 기운이 다르게 분포되어 있음을 말하는 것으로, 주렴계는 오기를 통해 춘하추동의 계절에 순응하면서 그 생명성을 전개한다고 보았다.

여기에서 오기五氣는 '기氣'와 관련하여 여러 가지로 접근될 수 있는데 음양 이기二氣, 또는 육기六氣 등과 여러 측면에서 거론되어 왔다. 사실 음양의 이론은 춘추시대 이전에는 거의 사용되지 않은 용어였다. 『춘추좌전』에 의해 비로소 음양은 천天의 육기 중 이기二氣로 인식된다.[91] 『장자』「소요유」에서는 "승육기지변乘六氣之辨"이라고 했으며,

---

89) 宮哲兵, 「春秋戰國時代 辨證法的 論理的 過程」, 『晚周辨法史硏究』, 上海: 上海古籍出版社, 1988, p.8; 추연의 학설은 유가의 기존 주장을 무조건 배척하지도, 수용하지도 않았다. 이것은 유가의 학설과 음양오행설을 결합한 사상으로, 제나라 출신으로 한때 제나라 稷下에서 왕성하게 활동했던 추연이 대표적인 학자이다.(오서연, 『인상과 오행론』, 학고방, 2017, p.111.)
90) 「太極圖說」, "陽變陰合, 而生水火木金土, 五氣順布, 四時行焉."

이 육기 중의 음·양 이기二氣는 여타의 바람, 비, 어둠, 밝음에 비하면 추상성이 농후하지만 음양이 지니는 추상성이 이후 철학적 사색에 있어서 주요한 개념적 도구가 되는 원인이었다고 추측된다.[92] 고대에 육기는 우주의 전반 기운을 말하는 것으로 추상성이 있었지만, 송대에 이르러 이기二氣와 오기五氣 그리고 육기六氣에 대한 철학적 담론들이 있었을 것이라 판단되며, 주렴계의 오기는 특히 오성五性과 관련하여 접근될 필요가 있다.

그렇다면 오행, 오기, 오성이라는 이 세 가지 용어로써 더욱 밀착된 접근이 가능하다. 이는 송대 본체론, 생성론, 인성론의 연결고리가 이루어지는 계기가 된다. 주렴계는 「태극도설」에서 아직 '심성'의 관념이 제출되지 않았지만 오행이 각각 자기의 본성을 하나씩 갖추고 있다고 했으며, 또 오성이 감동하여 선악이 나누어진다고 했다.[93] 그가 말하는 오성은 다름 아닌 오행이며, 이는 후대에 조명 받은 기질지성에 근접한다고 본다. 다만 주렴계의 오성五性은 인간 이성의 주체성이나 자각 의식이라기보다는 '재성才性'이라고 보아, 인성론 전개 이전의 생성론적 측면에 가깝다고 보아야 할 것이다.

이제 오행, 오기, 오성의 각 개념을 하나하나 다음과 같이 몇 가지로 접근해 본다. 먼저 오행이란 살아 움직이는 생명체로써 물질의 다섯 가지 기본원소를 말한다. 주렴계가 밝힌 오행의 개념은 후대에 보편적으로 전개되었다. 세계 만물의 발생과 발전의 과정에 관하여 왕안석은

---

91) 『左傳』昭公 元年 條, 天有六氣 … 六氣曰陰陽風雨晦明也.
92) 곽신환, 「주역의 자연과 인간에 관한 연구」, 성균관대학교 박사학위논문, 1987, p.73.
93) 勞思光(정인재 譯), 『중국철학사』 송명편, 탐구당, 1987, p.131.

도[元氣]에서 음양이 분화되고 수·화·목·금·토로 구체화되며 이러한 다섯 물질원소의 변화에 의해 만사만물이 형성된다고 했다.[94] 그는 오행이 만물을 구성하는 다섯 가지의 기본요소로 보아 끊임없이 운동하고 변화하면서 우주가 생성활동을 한나고 했다.

이어서 오기五氣란 무엇인가를 살펴보면 양변음합陽變陰合을 통해 생겨나는 오행의 개체적 성향을 띤 다섯 가지 기를 말한다. 주렴계는 「태극도설」에서 태극으로부터 생성된 음양의 기는 양변음합의 과정을 통해 오행을 생성한다고 하여 오행의 기로 연결시키고 있다.[95] 그가 말하는 양변음합은 우주에서 이루어지는 변화의 조화성을 말하는 것으로 다섯 가지 기를 통해 개체의 생명성을 부여하는 것이다.

다음으로 오성五性은 무엇인가? 주렴계가 밝힌 오성을 정이천은 오행의 정기를 얻는 것으로 보아, 그것은 인·의·예·지·신이라 했다. 이에 그는 다음과 같이 말한다.

> 안자가 홀로 좋아한 것은 무슨 학문이었겠는가? 배워서 성인에 이르는 길이다. 성인은 배워서 도달할 수 있는 것인가? 그렇다. 배움의 길은 무엇인가? 천지가 알맹이를 쌓았는데, 오행의 빼어남을 얻는 것이 사람이다. 그 근본은 참되고 고요하며, 그것은 아직 발현되지 않았다. 오성五性이 거기에 갖추어 있으니 그것을 인·의·예·지·신이라 한다.[96]

---

94) 任繼愈(전택원 譯), 『중국철학사』, 까치, 1990, p.322.

95) 전용주, 「주돈이의 태극도설 연구」, 성균관대학교 박사학위논문, 2014, p.43.

96) 『二程文集』卷7, 然則顔子所獨好者, 何學也, 學以至聖人之道也, 聖人可學而至歟, 曰然, 學之道爲何, 曰天地儲精, 得五行之秀者爲人, 其人也眞而靜, 其未發也, 五性具焉, 曰仁義禮智信.

위의 언급처럼 오성이란 오상五常과 같은 개념으로 등치等値되고 있어서 인성론적 접근이 가능하며, 그것은 송대 철학의 인성 수양론이 심화되었던 이유가 된다.

이처럼 생성론의 중심인 음양과 오행, 그리고 오성五性과 오기五氣의 밀접한 관계를 새기면서 이를 인성론으로 접근한 송대 철학의 특성으로서 주렴계의 사상이 돋보인다. 「태극도설」에서 오행이 오성으로 되는 이유는 오행이 각각 그 성性을 갖고 그것이 오성으로 자리한다는 것이다. 다시 말해서 오행이 생길 때 각각 그 성을 하나로 한다는 말은, 만물은 모두 원리로서의 태극을 각각의 본성으로 지니고 있기 때문에 만물이 전체적 조화를 이룰 수 있게 된다는 의미이다.[97] 오행은 우주 생명체의 기본요소라면, 오성은 그 개체가 갖는 성품으로서 인성의 선한 측면으로 접근할 수 있는 길을 열어준다. 오성은 오상五常으로 비유되어 거론되기 때문이다.

그런데 오행과 오기, 그리고 오성 가운데 오성은 오상으로 연계되면서 송대 성리학의 인성론으로 접근되며 더욱 인륜적 요소를 가미시킨다. 사람이 항상 행해야 하는 5가지 덕목, 곧 인·의·예·지·신을 가리키며, 한대 이전에는 이 말의 유일한 용례로서 『장자』「천운」에 "하늘에 육극六極 오상五常이 있다."라고 한 것이 보이지만 그것은 단지 목·화·토·금·수의 다섯 가지 요소를 의미하는 것이었으며, 인·의·예·지·신 다섯 덕목을 의미하지는 않았다.[98] 한대를 지나 송대에 이르

---

97) 朱子는 太極을 조화의 중심축이자 만물의 생성근원이라 했는데, 이 태극을 근원으로 삼아 음양오행 작용이 이루어져 '各正性命'으로 우주 만물의 性을 조화롭게 구비한 것이다(금장태, 『유교사상의 문제들』, 여강출판사, 1990, p.2 참조.)

98) 유교사전편찬위원회, 『유교대사전』, 박영사, 1990, p.986.

러 그것은 다섯 덕목으로 접목되어 주렴계의 인성론적 전개를 가능하게 해주었다.

다음 장에서 주로 거론할 것으로, 오행과 오기五氣에 있어서 기氣의 청탁을 통해 인간과 여타의 생명체에 차이가 나타나는 점인데, 장횡서는 이에 대하여 말했다. "형체가 있는 뒤에는 기질지성이 있는 것이니, 잘 돌이키면 천지지성이 보존된다. 그러므로 기질지성을 군자는 성性이라고 여기지 않는다."[99] 이와 같은 언급에서 기질수양이 필요한 이유를 분명하게 밝히고 있다. 그것은 기의 청탁에 의한 것으로 탁한 기운을 버리도록 하는 것이다. 이는 기의 청탁후박淸濁厚薄에 의해 군자와 소인, 또는 인간과 만물이 나누어지는 이유가 되는 것이다.

3) 인간·만물의 분기分岐

유교의 궁극적인 생성 근거로서 무극·태극은 만물을 생성하는 능력으로 본다. 여기에서 무극과 태극은 인간·동물·식물의 탄생을 관장하는 근원성을 제공한다. 이와 같은 조화작용은 일회적인 것이 아니라 만물의 현상적 모든 변화 과정을 관장하고 있는 것이므로 조화되는 생성과 동시에 주재하는 기능과 지위를 갖게 된다. 그러므로 자연적 변화와 생성을 통한 조화 작용과 조화를 통해 만물을 관장하는 주재성을 유교의 궁극 존재로 세계에 대해 작용하는 두 가지 대표적 기능이요, 지위를 가리키는 것이다.[100] 근원에 더하여 조화의 창조력을 갖게

---

99) 『近思錄』「爲學」80章, 形而後有氣質之性。善反之, 則天地之性存焉。故氣質之性, 君子有弗性者焉.

100) 금장태, 『유교사상의 문제들』, 여강출판사, 1990, p.2.

하는 것이 「태극도설」에 음양, 오행, 오성五性, 오기五氣 등으로 표현되고 있다.

　우주 생명체에 대한 태극의 근원성과 창조력의 역할을 고려할 때, 태극은 과연 언제부터 있어왔다는 것인가? 이에 대하여 주자는 다음과 같이 말한다.

　　태극은 단지 천지 만물의 이치일 뿐이다. 천지에 대하여 말하면 천지 속에 태극이 있고, 만물에 대하여 말하면 만물 속에 각각 태극이 있다. 천지가 생기기 이전에 틀림없이 이치가 먼저 있었다. '움직여 양陽의 기운을 낳는 것'도 역시 이치일 뿐이고, '멈추어서 음陰의 기운을 낳는 것'도 역시 이치일 뿐이다. 101)

　위의 언급을 보면 태극의 실체는 천지가 생기기 이전부터 있었다는 것이다. 우주 존재의 근거가 되는 이유가 여기에 있다. 노자는 도라 했고, 주렴계는 무극과 태극을 생성의 근거로 보았다. 주자는 천지가 생기기 이전부터 태극의 이치가 우주에 편만하여 있다고 했다.

　생성의 항구성으로서 태극, 그리고 이에 따라 근원하여 음양오행의 기氣가 작용하여 우주 안의 모든 생명체는 개체성을 지니고 태어난다. 여기에는 인간만이 어떠한 예외성을 가지고 있는 것은 아니라는 뜻이다. 인간도 만물의 하나이고 만물과 똑같은 근원에서 태어나 만물과 똑같은 구조를 갖게 된다. 이것은 중국의 전통적인 생각이고 주렴계도 또 여기에 따른다.102) 우주 생생生生의 이치에 따라 오기五氣가 분포되

---

101) 『朱子語類』 卷一 「理氣上」, 太極只是天地萬物之理, 在天地言, 則天地中有太極, 在萬物言, 則萬物中各有太極, 未有天地之先, 筆耕是先有此理, 動而生陽, 亦只是理, 靜而生陰, 亦只是理.

어 인간과 만물이 생장하는데, 우주 만유의 생성은 이러한 이치를 벗어나 있지 않다.

이처럼 우주 만유 생성의 궁극적 존재로서 태극이 동정 작용을 하면서부터 생명체 탄생의 출발이 이루어진다. 태극은 생명성의 기氣로서 운동하는 존재이다. 이 태극은 구체적 사물이 생기기 이전에 존재한다. 사물이 생긴 후에 그 사물이 자신의 특성을 유지하도록 작용하며, 음양의 작용에 내재한다.[103] 이것은 만물 생성의 한 중심에 태극이 존재하고 있음을 알게 해준다. 모든 생명체의 분기分岐를 촉발하는 핵심개념이 '무극이태극無極而太極'이라는 것으로 이는 근원성으로서 그 위상을 차지하고 있다.

생명체의 각기 다른 분기分岐는 『주역』의 생성론 구조에서 볼 때 태극에서 양의兩儀, 사상四象, 팔괘八卦로 이어진다. 그러므로 『주역』에서는 우주의 끝없는 대화유행大化流行의 변화를 태극으로 부호화해서 나타내고 이를 양의·사상과 팔괘로 나누어 설명한다. 이 팔괘를 중첩해서 64괘를 이루고 이로써 천지만물과 인간의 제반사를 연계해서 설명하고 있는 것이다.[104] 태극, 음양, 사상, 팔괘의 부호를 통해 상징화된 『주역』의 사상에서 우주의 생성변화가 읽혀지며, 여기에서 우주의 본질이자 속성이 드러난다.

『주역』의 생성단계가 상징화된 부호처럼 중국의 고전에서 태극의 동정 작용을 통해서만 생명체가 분기分岐한다고 주장해 왔다. 이를테

---

102) 森三樹三郎(임병덕 譯), 『중국사상사』, 온누리, 1994, p.203.
103) 손흥철, 「주돈이의 태극과 이기개념의 관계분석」, 『퇴계학논총』 제29집, 사단법인 퇴계학부산연구원, 2017, p.44.
104) 김학권, 「주역에서의 生生과 太和」, 『유교사상연구』 20집, 한국유교학회, 2004, p.389.

면 역리易理에 따르면 태극에서 각 생명체가 개체로 되는 과정은 우주의 조화작용이 뒤따르기 때문이라는 것이다.『주역』에서는 만물이 혼연한 일체로서 전체적 조화를 이루는데, 전체로서의 하나인 태극이 개체로서의 만물 속에 내재한다[105]고 했다. 우주 만물이 일체로서 전체적인 조화를 이루고 있는 것은 태극을 중심으로 하기 때문이다. 그것은 후대『전습록』,『삼명통회三命通會』,『퇴계집』등에서 회자되는 '만물각구일태극萬物各具一太極'을 의미한다.

이러한 분기의 조화작용은 태극, 음양, 오행 등의 상관성으로 인해 우주 만물로 전개된 세계는 돌이켜 보면 본질적으로 태극과 떨어져 있지 않다는 것이다. 위에서 언급한 '만물각구일태극萬物各具一太極'으로서 만물 각자가 구유한 것이 하나인 태극이라는 원리를 새겨보면, 태극과 음양을 거론하는『주역』의 태극은 실재 사물과 떨어져서 생각되지 않기 때문에 만물 속에서 검증될 수 있다.[106] 생명체의 생멸 곧 유·무는 단절된 것이 아니라 상즉된 것으로 보자는 것이다. 태극에서 음양으로, 음양에서 오행과 만물로 생성 전개되면서 인간과 만물의 구분은 태극이라는 것과 떨어져 있을 수 없다.

그러므로『주역』에서 말하는 태극의 동정 작용에 의해서 인간과 만물이 생성된다면 그것은 우주 만유에 공통된 기류氣流가 있다는 뜻이다.『주역』의 이치에 따라 모든 만물이 태극에서 나왔다면, 우주 만물 하나하나에 태극에서 나온 공통된 기류가 흐르고 특히 같은 종류끼리는 공통된 기류가 더욱 많이 흐르게 된다.[107] 태극의 공통된 기류에

---

105) 박재주,『주역의 생성논리와 과정철학』, 청계, 1999, p.259.

106) 위의 책. p.261.

107) 권일찬,「주역점의 원리와 과학성의 평가」,『한국정신과학학회지』제4권

따라 유유상종으로 우주 만물이 형성되는데, 그 기류는 음양작용에 따른 생성의 상생 기류로서 생명을 살리는 개체 간 공유된 기氣이다.

우주를 살리는 음양 상생의 개체적 생기生氣는 주렴계의 「태극도설」에서 '태극'을 통헤 음양, 오행, 만물이라는 과징을 통해서 발현되는 것이다. 그것은 시간의 경과를 필요로 하며 한 개체로서 생성의 전개 과정을 거친다. 곧 무극(태극)에서 음양으로 이어지고 오행에서 만물로 이어져 발생하는 과정을 작도作圖하여 나타낸 것이 주렴계의 「태극도」인데, 태극, 음양, 오행, 만물은 통일체라고 하는 것이 태극이다.108) 태극이라는 생성의 근원성으로 인해 음양, 오행, 만물로 전개되는 것으로 태극에서 촉발하여 발현되는 만유 생기生氣가 중요시되고 있다.

여기에서 주시해야 할 것으로 만물로 전개되는 태극의 이치는 하나〔理一〕이지만, 인간과 동물로 분기分岐되는 이치는 서로 다르다〔分秀〕는 것은 송대 철학의 존재론이 갖는 특징이다. 이에 대하여 주자는 정이천의 가르침을 소개하고 있다.

> (제자) 이理와 기氣에 대해 물었다. (주자) 말했다. 이천선생이
> 잘 말씀하셨으니, '이理는 하나이지만 나누어 달라진다〔理一分殊〕'
> 라고 했다. 천지 만물을 모두 합하여 말한다면 단지 하나의 이理일
> 뿐이지만, 사람의 경우를 말한다면 각자가 스스로 하나의 이理를
> 간직하고 있다. 109)

제1호, 한국정신과학회, 2000, p.9.

108) 김부연, 「天人心性合一之道의 구성원리와 그 의의」, 창원대학교 석사학위
논문, 2018, p.8.

109) 『朱子語類』 卷一 「理氣上」, 問理與氣, 曰, 伊川說得好, 曰理一分殊, 合天地
萬物而言, 只是一箇理, 及在人, 則又各自有一箇理.

그리하여 주자는 이理의 총체로서 태극이라 보았고, 여기에 내재하는 생명체는 분수分殊의 만상으로 본 것이다. 그는 이理의 총체적인 근원을 태극이라 불렀다.

이 태극의 총체적 원리는 또한 동시에 모든 구체적인 개개 인간들이나 만물들에 내재적으로 존재한다.[110] 즉 태극이 이理의 총체가 되면서 또한 분수分殊를 통해 인간과 만물이 그 속에 내재한다는 뜻이다. 이와 같은 분수를 인지한다면 만물에 대한 인간의 최령함을 알게 되는데, 주자는 "주렴계가 사람만이 오직 최령하다."라고 한 것에 대해 태극의 이理를 밝힌 것이라며 이에 다음과 같이 말한다.

> '사람만이 그 빼어난 것을 얻어 가장 영명하다. 형체가 생겨나서
> 정신이 지각을 일으키면, 오성五性이 감응하고 움직여 선과 악이
> 나뉘고 온갖 일들이 나온다.' 라고 한 것은 사람에게서 태극의 이理
> 를 밝힌 것이니, 앞의 말과 일치한다. 천지 사이에 가득한 것은
> 만물이고 사람은 만물 가운데 하나이지만, 사물이 사람에게 감촉
> 되면 사람은 사물에 대응하니 어느 때건 그러하지 않음이 없다.[111]

그러면 태극과 관련하여 인간과 만물은 왜 분기分岐되는가를 다음과 같이 하나하나 살펴보도록 한다.

첫째, 사람마다 태극이 있고, 만물마다 태극이 있어 사람과 만물이

---

110) 송영배, 「세계화 시대의 유교적 윤리관의 의미」, 『새로운 21세기와 유교의 禮』, 전남대 인문과학연구소, 1999, p.96.

111) 朱子, 『太極解義』, 「太極圖說解」, '惟人也得其秀而最靈, 形旣生矣, 神發知矣, 五性感動而善惡分, 萬事出矣', 此卽人而明太極之理, 與前之言一致也. 蓋盈天地之間者惟萬物, 而人居萬物之一, 物之感人, 人之應物, 無時不然.

나누어지는 것이다. 주자는 말하기를 "사람마다 하나의 태극을 가지고 있으며, 사물마다 하나의 태극을 가지고 있다."[112]라고 했다. 사람과 사물이 각기 하나의 태극을 가지고 있다는 것이다. 그러나 여기에서 주의해야 점은 태극은 어디에서나 있는 하나의 물건은 아니라는 것이다. 이에 그는 말한다. "태극은 하나의 물건이 아니다. 음양으로 나아가면 음양에 있고, 오행으로 나아가면 오행에 있으며, 만물에 나아가면 만물에 있다. 그러므로 단지 하나의 이理일 뿐이다."[113] 태극은 어떠한 물건이 아니라 이일 따름이며, 인간과 만물의 분기分岐는 태극의 이에 따라 다르게 적용된다.

둘째, 오행五行을 고르게 갖추었느냐, 아니면 치우치게 갖추었느냐에 따라 인간과 만물이 분리된다.

> 물었다. '오행은 태극을 고르게 얻었습니까?' 대답하셨다. '고르게 얻었다.' 물었다. '사람은 오행을 모두 갖추었고 외물은 단지 일행一行만 얻었습니까?' 대답하셨다. '외물도 오행을 갖추고 있는데, 다만 오행을 치우치게 얻었을 뿐이다.'[114]

사람과 기타 사물이 다른 점이 여기에서 거론되는데 전자의 경우 영장류로서 인간이라면, 후자의 경우 외물로서 사물에 해당된다. 전자와 후자의 분류가 오행을 두루 갖추었느냐에 달려 있다는 것이다. 구

---

112) 『朱子語類』 卷94, "人人有一太極, 物物有一太極."
113) 『朱子語類』 卷94, "太極非是一物, 即陰陽而在陰陽, 即五行而在五行, 即萬物而在萬物, 只是一個理而已."
114) 『朱子語類』 卷4, 「性理一」, 問五行均得太極否, 曰, 均, 問人具五行, 物只得一行, 曰, 物亦具有五行, 只是得五行之偏者耳.

체적으로 주렴계의 「태극도설」에서는 인간과 만물의 분기는 무극, 태극에서 음양오행으로 생성론이 전개되면서 오행이 각기 다른 성性을 갖고 태어났다고 언급한 것을 알아야 한다.

주렴계의 「태극도설」은 위에서 무극, 태극, 음양, 오행으로 각 그 본本 하나의 우주 발생의 계열을 구성했고, 다시 오행이 생겨나면 각 성性을 하나씩 갖추게 된다고 했다.[115] 그는 태극과 음양의 작용을 하는 과정에 있어서 모든 생명체는 공통의 기氣가 발현된다면, 인간과 동·식물이 특수하게 달라지는 것은 오행이 각 그 본성을 하나씩 가진 것에 의한다고 했다. 이는 후에 주자의 '오행이질五行異質'로 해석되었다.

셋째, 인간과 만물의 품성 차이는 기의 청탁으로 인해 좋은 기와 나쁜 기 가운데 서로가 다른 자질을 지니기 때문이다. 위에 언급된 항목들을 요약해보면 주렴계의 해석보다는 주자의 해석이 성리학 이론으로서 구체화되어 나온 언급들이다.

> 또 물었다. '요임금과 같은 아버지도 단주丹朱같은 자식이 있었고, 곤鯀과 같은 아버지도 우임금과 같은 자식이 있었던 것은 무슨 까닭입니까?' (주자) 대답했다. '그것도 역시 이기二氣와 오행이 교대로 운행하는 동안 청탁의 차이가 생기는데, 사람이 마침 그것을 만나서 그렇게 된 것이다. 예컨대 오행과 음양의 기氣를 추론하여 명命을 계산할 수 있는데, 서로 교제하는 기氣 속에서 좋은 기를 만나 사람은 자질이 아름답고 나쁜 기를 만난 사람은 불초不肖하니, 역시 사람의 기氣가 부여할 수 있는 것은 아니다.'[116]

---

115) 勞思光(정인재 譯), 『중국철학사』 송명편, 탐구당, 1987, p.117.
116) 『朱子語類』 卷4, 「性理一」, 又問, 以堯爲父而有丹朱, 以鯀爲父而有禹, 如何,

태극의 원리에 의해 생성과정에서 인성과 물성의 차이로 나타나는 것은 기氣의 부동不同에 의함이라는 것으로 요약해 볼 수 있다. 대개 성性이란 인간이나 사물이 생성된 이후의 문제 즉 "기이성형 리역부언 氣以成形, 理亦賦焉."의 문제이므로 이理가 기氣에 부여되어 물物을 이룬 뒤에야 비로소 성性이 있고, 그러므로 기의 부동으로 말미암아 인人과 물物의 성性이 달라지는 것이다.117) 기의 부동은 이기의 존재론적 측면에서 언급한 것으로 원리적 차원에서보다는 기의 품수가 다르다는 점에서 인간과 사물이 나누어진다고 볼 수 있다.

그렇다면 기의 부동을 어떻게 설명할 수 있다는 것인가? 곧 오행이 교감하여 정밀한 기와 조잡한 기의 차이 때문에 나타난 현상이다. 이에 대하여 비교적 구체적으로 주자는 다음과 같이 말한다.

대체로 사람이 말하고 움직이며 생각하고 도모할 수 있는 것은 모두 기氣이니 이理는 거기에 존재한다. 그러므로 감정이 드러나서 효도하고 공경하고 충성스럽고 믿음직스럽고, 인자하고 의롭고 예의바르고 지혜롭게 되는 것은 모두 이理이다. 그러나 두 기운과 오행이 교감하여 여러 가지로 변화하기 때문에 사람과 만물이 생길 때 정밀하기도 하거나 엉성한 차이가 있게 된다. 하나의 기로써 말하면 사람과 만물은 모두 기를 받아 태어난다. 정밀하고 엉성한 차이로 말하면, 사람은 올바르고 통하는 기를 얻고 만물은 치우치고 막힌 기를 얻는다. 오직 사람만이 올바른 기를 얻었기 때문에

曰, 這箇又是二氣, 五行交際運行之際有淸濁, 人適逢其會, 所以如此, 如算命推五行陰陽, 交際之氣, 當其好者則質美, 逢其惡者則不肖, 又非人之氣所能與也.

117) 최영찬, 「주자의 심성론」, 석산 한종만박사 화갑기념 『한국사상사』, 원광대학교출판국, 1991, pp.1703-1704.

이理가 통하여 막히지 않는다. 만물은 치우친 기를 얻었기 때문에 이理가 막혀서 지혜가 없게 된다. 게다가 사람은 머리가 하늘을 닮아서 둥글고, 발은 땅을 닮아서 네모나 있으니, 공평하고 올바르고 단정하고 곧은 것은 천지의 정기正氣를 받았기 때문이다. 그러므로 도리를 알 수 있고 지식을 가지고 있다. [118]

기氣의 부동에 의해 탁하고 치우친 기는 당연히 동·식물에 해당한다면 맑고 두루 통하는 기는 인간에 해당한다. 그러므로 인간은 영장류로서 정밀하고 맑은 기를 통해서 두루 교감할 줄 아는 지혜를 발휘하게 된다. 정밀한 기와 조잡한 기의 생명 개체 분기分岐라는 점을 알아서 인간은 치우치지 않고 두루 소통하며 살아야 할 것이다. 이것이 주렴계가 말한「태극도설」의 인극人極으로서 인간다움을 실행하는 주체가 된다. 주자는 이에 다음과 같이 말한다.

하나의 기운으로부터 말하면 사람과 사물은 모든 기운을 받고 태어났다. 자세하고 거친 것으로부터 말하면 사람은 그 기운의 올바름과 통함을 얻고 사물은 기운의 치우침과 막힘을 얻었다. 오직 사람만이 그 올바름을 얻었기 때문에 이치가 통하여 막히는 데가 없었다. 반면에 사물은 치우침을 얻었으므로 이치가 막히어 아는 것이 없다. [119]

---

118) 『朱子語類』卷4,「性理一」, 凡人之能言語動作, 思慮營爲, 皆氣也, 而理存焉, 故發而爲孝弟忠信仁義禮智, 皆理也, 然而二氣五行, 交感萬變, 故人物之生, 有精粗之不同, 自一氣而言之, 則人物皆受是氣而生, 自精粗而言, 則人得其氣之正且通者, 物得其氣之偏且塞者, 惟人得其正, 故是理通而無所塞, 物得其偏, 故是理塞而無所知, 且如人, 頭圓象天, 足方象地, 平正端直, 以其受天地之正氣, 所以識道理, 有知識.

만일 치우친 기질을 갖고 살아간다면 그의 탄생은 인간의 몸이지만, 실제의 삶은 동·식물만 못하게 된다. 그는 매사 그릇된 행동을 할 뿐이고 치우친 인격에서 얻을 수 있는 것은 아무것도 없기 때문이다.

위 내용에서 중요한 것은 인간과 사물이 서로 다르게 태어났다고 해도 인간이 아무렇게나 행동하면 안 된다는 사실을 아는 것이 중요하다. 자존감을 갖춘 인격자로서 살아야 하는 인품을 소유하는 것이 인간이기 때문이다. 이에 주자는 다음과 같이 말한다.

> 사람과 외물이 생겨날 때, 그 부여받은 형체가 치우치거나 올바른 것은 본래 처음부터 같지 않기 때문이다. 그러나 그 치우치거나 올바른 것을 따르는 가운데, 또한 저절로 맑거나 흐리고 어둡거나 밝은 차이가 있게 된다. [120]

인간다운 삶을 살아야 하는 것은 태극의 창조성에 바탕한 음양오행의 기운이 아예 처음부터 다르다는 사실에 있다. 처음부터 다르게 태어난 인간이 인간답지 못하다면 그것은 금수만도 못한 행위가 되고 만다. 인간으로서 삶을 살아가기 위해서 우리가 알아야 할 것이 있다. 그것은 우주 생명체의 현상은 '만수귀일 일분만수萬殊歸一 一分萬殊'에 의한 이합집산이라는 점을 깨닫고 우리의 본성을 가리는 인욕을 극복해야 한다.

---

119) 『朱子語類』 卷4, 自一氣而言之, 則人物皆受是氣而生, 自精粗而言, 則人得其氣之正此通者, 物得其氣之偏且塞者, 惟人得其正, 故是理通而無所塞, 物得其偏, 故是理塞而無所知.

120) 『朱子語類』 卷4, 「性理一」, 人物之生, 其賦形偏正, 固自合下不同, 然隨其偏正之中, 又自有清濁昏明之異.

유교 사상의 특징이 그러하듯이 모든 현상이 하나로 집약되고 다시 하나는 만 가지로 나뉜다(萬殊歸一 一分萬殊)는 통체론적 시각에서 보면 인간의 심성에는 이미 우주의 공도가 자리하고 있지만, 품성에 차이가 있거나 인욕에 가리어 때론 보지 못할 뿐이다.[121] 인간이 탐욕에 가리게 되면 그 맑은 품성은 어두워지고 인간이기를 포기하는 자행자지自行自止의 삶이 되는 것이며, 그것이 유교 수양론의 필요성으로 이어진다.

수양론의 필요성을 고려할 때 주렴계의 본체론적 무극과 태극이 생성론과 수양론으로 연결되는 초점은 만물의 영묘靈妙한 기운을 받은 영장류로서 우리 인간이 맑고 통하는 기운을 지속적으로 발휘해야 한다는 점이다. 「태극도설」에서 오직 인간만이 빼어남을 얻어 가장 영묘하다고 했는데, 가장 영묘하다는 말은 곧 최고의 영혼을 가졌다는 것이다. 이는 인간이 형체와는 별도로 정신작용을 하는 영靈이 있음을 일컫는 표현이다.[122] 영장류로서 영묘한 영혼을 간직하기 위해서 우리에게는 인간 존엄성을 견지하기 위한 수양이 필요하다.

▶▶▶ 3. 중정인의의 수양론

1) 신발지神發知의 인식·수양

고대의 중국 철학에는 인식론적 사유가 부족한 것으로 알려져 있지

---

121) 최석만, 「민본주의와 민주주의의 公과 私」, 2000년 국내학술대회 자료집《朝鮮時代의 儒敎文化와 民本主義》동양사회사상학회, 2000, p.71.
122) 전용주, 「주돈이의 태극도설 연구」, 성균관대학교 박사학위논문, 2014, p.59.

만 지인知人을 논하고 지천知天을 논함으로써 '지知'를 중심으로 한 인식적 사유를 키웠다. 이를테면 도가의 장자 철학에서는 정신의 분별작용에 의한 인식의 일단을 말해주고 있다. 장자는 다음과 같이 말한다. "하늘이 하는 바를 알고知天 사람이 하는 바를 아는 것知人이 가장 지극한 것이다."[123] 곧 천天·인人을 바로 알아야 한다고 했다.

인생의 도를 거론하자면 반드시 사람을 알아야知人 하고, 자연의 도를 거론하자면 반드시 하늘을 알아야知天 하는데, 이렇게 사람을 알며 하늘을 알 수 있을까 하는데서 '앎을 투철히 하는 방법'이라는 문제가 나타났다.[124] 고대의 도가 철학에서 인식의 문제는 우주론적 천天과 인간사의 인人이라는 범주 속에서 이 두 가지를 잘 인지해야 지극한 도에 이른다는 것이다.

서양 철학의 엄밀성과 달리 중국 철학은 우주의 인식론과 인간의 수양론의 엄밀한 분류보다는 같은 맥락에서 접근되는 성향을 지닌다. 중국 전통의 인식방법에 있어서는 천인합일과 우주일체로 표현되며, 중국 철학에서는 보편적으로 인간은 우주의 중심이며, 인간은 우주 만물의 각종 속성의 정화를 집약하고 있다.[125] 인간은 우주와 더불어 공동의 법칙을 준수하고 있으므로, 따로 보는 것이 아니라 공동체적 관계로 보면서 인식의 확충과 이에 따르는 수양의 문제가 함께 작용하는 것이다.

이러한 맥락에서 『주역』「계사전」에서는 우주사와 인간사 인식의

---

123) 『莊子』「大宗師」, '知天之所爲, 知人之所爲者, 至矣'.

124) 張岱年·方立天 편(중국민중사사연구회 옮김), 『中華의 智慧』, 민족사, 1991, p.23.

125) 유장림, 김학권 옮김, 『주역의 건강철학』, (주)정보와 사람, 2007, pp. 176-177.

역량을 확대하려는 뜻에서 몇 가지 항목을 제시하고 있다. 즉 궁리窮理의 조항으로 제시한 것은 '지유명지고 지사생지설 지귀신지정상知幽明之故, 知死生之說, 知鬼神之情狀'이며, 이는 모두 음양론에 수렴되고 다시 태극론에 귀착한다.[126] 유명幽明의 이치를 궁구하고, 사생의 이치를 궁구하며, 귀신의 이치를 궁구하는 일이야말로 인간은 영묘靈妙한 '신神'으로서의 인식 능력이 확대되어 만유의 영장으로서 살아갈 수 있는 것이다.

결국 유명幽明과 사생死生과 귀신鬼神을 인지하고, 이를 인간의 삶에서 잘 다스리는 수양이 요구된다. 만물의 영장으로 살아가는 인간으로서 인식과 수양의 동일체적 사유는 또한 다음의 『주역』에서 발견된다. '신이지래神以知來'와 '지래장왕知來藏往' 그것이며, 신묘한 신의 인식 능력으로 만물의 이치를 알고 수양심으로서 고금의 인생사를 달관하도록 했던 것이다.

> 이런 까닭에 시초蓍草의 덕은 원신圓神 즉 변화에 방소方所가 없고, 괘卦의 덕은 방지方知 즉 사물에는 정해진 법칙이 있으며, 6개 효爻의 뜻은 이공易貢 즉 변역變易으로 사람에게 알려주는 것이다. 성인은 이것으로 세심洗心 즉 마음을 수양함으로써 마음 속 깊은 곳에 덕을 쌓아, 길흉에 대해서는 백성들과 더불어 걱정하고, 신묘한 능력으로는 미래의 일을 알고神以知來, 예지叡智로는 과거의 일을 정리한다知以藏往."[127]

---

126) 곽신환, 「주역의 자연과 인간에 관한 연구」, 성균관대학교 박사학위논문, 1987, p.178.

127) 『周易』「繫辭傳」上, 是故蓍之德圓而神, 卦之德方以知, 六爻之義易以貢. 聖人以此洗心, 退藏於密, 吉凶與民同患, 神以知來, 知以藏往.

『주역』「계사전」의 정신훈精神訓을 새겨 본다면 일종의 『세심경洗心經』이라 볼 수 있다. 『주역』을 통해 우주 만사의 전개 법칙을 알고 희로애락의 인생사를 달관의 심정으로 바라볼 수 있기 때문이다.

그렇다면 중국 상고의 철학에서 인식의 주체가 되는 '신神'은 어떻게 접근되는가? 인식하고 분별하는 정신精神의 '신'으로 전개되기 이전의 주周의 문화를 반영하는 『시詩』, 『서書』 등에 아직도 천명天命, 신神 자가 많이 나오고 여기서의 신은 길흉화복을 주재하는, 의지와 인격을 지닌 존재이며 천天 역시 그러하다.128) 중국의 상고시대에는 인간을 초월한 자연현상에 대해서 '신'의 뜻으로 받아들였다는 점을 상기할 필요가 있다. 인식의 영역 이전의 신은 초인적 의지와 능력을 지닌 존재로서 인간의 길흉화복을 결정한다고 보았다. 일반적으로 말하는 절대자의 위력을 가진 신은 신비적 능력과 작용을 뜻하면서 인간의 숭배대상이 되는 사물이나 조상의 영혼도 신이라 일컬어지고 있었다.

상고 시대를 지나 신神의 개념이 정精과 합성하여 '정신精神'으로 거론된 것은 도가의 철학과 관련이 있다. 신의 개념이 곡신谷神(도덕경 6), 신기神器(도덕경29)와 같이 도와 연결되면 정精의 개념과 관련이 있다고 본다. 이를 참조할 경우 노자 사상에서는 정과 신의 합성어인 '정신'이라는 표현과, 정과 신의 직접적 관련에 대한 언급은 보이지 않으나 정과 신이 중요하게 거론됨으로써 정신 개념의 형성에 중요한 계기를 제공했다고 할 수 있다.129) 신의 주재자적인 위치에서 인간의 인식영역의 주체로서 정신의 개념으로 전환이 장자사상에 잘 나타나

---

128) 곽신환, 「주역의 자연과 인간에 관한 연구」, 성균관대학교 박사학위논문, 1987, pp.26-27.
129) 김낙필, 「장자의 정신 개념」, 『사회사상연구』 제1집, 원광대 사회사상연구소, 1984, p.168.

는 것은 이와 관련된다.

주나라와 한당 시대를 지나면서 이러한 신 개념은 인식론으로 전개되었는데 그것이 「태극도설」에서 언급한 주렴계의 '신발지의神發知矣'이다. 이를 해석하면 '정신은 지혜를 발전시킨다.'는 뜻이다. 여기에 대하여 주렴계의 언급을 소개해 본다.

> 이들의 가장 뛰어남을 이어받는 것은 단지 인간뿐이다. 그리하여 인간이 가장 지혜롭다. "이에 그의 형체가 생겨나고 그의 '정신은 지혜를 발전시킨다.(神發知矣)'그의 오성五性이 반응하여 그로써 선악의 구별이 생기고 무수한 행동 현상이 나타난다."[130]

이처럼 주렴계는 정신의 신神과 지식의 '지知'를 아우르는 문장으로 구성되어 인간으로서 인식 영역의 확충을 도모했다. 인간의 인식영역을 보다 확충시키는 것으로써 중국 철학에서 거론하는 일반적인 방법론은 격물치지格物致知와 궁리진성窮理盡性이다. 특히 송명이학에 와서 '격물치지'는 하나의 중요한 논제가 되었으며, 정이천과 주자는 사물에 나아가 이치를 연구한다(即物窮理)는 말을 했다.[131] 격물치지는 이미 『대학』에서 공부하는 방법으로 거론되고 있다. 사물의 이치를 파악하고, 지식을 넓힌다는 것이 그것으로 유교사상에서 인식론의 대표적인 방법이 격물치지이며, 이치를 궁리하여 성품을 터득한다는 궁리진성이라 볼 수 있다. 유교사상에 나타난 인식론은 이와 같이 지식과 도덕이 밀착되어 있으므로 실천이 중요하다는 특성을 지닌다.

---

130) 「太極圖說」, "形旣生矣, 神發知矣. 五性感動, 而善惡分, 萬事出矣."
131) 張岱年·方立天 편(중국민중사사연구회 옮김), 『中華의 智慧』, 민족사, 1991, p.25.

특히 송대에서는 사물이 이理와 사람의 도리道理가 일치하는 것으로 봄으로써 앎이 도덕적인 것과 밀착되었다. 그리하여 실천이 중요시되었고 앎과 함께 행함의 문제가 끊임없이 논의되어 왔던 것이다.132) 유교적 사유로는 지식 대상이 사물에 한정된 것만이 아니라, 인간으로서 마땅히 행해야 할 인륜 도리에도 관련되어 있다.

그러므로 송대의 주렴계는 인식의 대상을 어느 하나에 한정하지 않았다. 그것은 본체론의 근거가 되는 초인식의 무극과 태극을 대상으로 두면서 인극人極을 거론하여 심성의 도덕성을 고양시키려는 양면성을 지향한 결과이다. 그는 인식의 대상에 있어서도 감관感官 대상물의 객체적 실재를 긍정하면서도 그것만으로 인식의 대상 범위를 한정시키지는 않으며, 인식의 대상은 오히려 초감관적인 대상에 초점이 모아진다.133) 그리하여 그에 있어서 인식의 한 대상은 본체적 측면에서이고, 다른 하나는 인성론적인 측면에서이다.

한편『주역』「계사전 상」의 '적연부동寂然不動'은『통서』「성장聖章」에서 성신기誠神幾로 설명하면서 '신神'의 의미를 부여하고 있다. 신이란 감관작용으로 마침내 통하는 것으로서 '감이수통感而遂通'이라며 주렴계는 이에 말한다.

> 고요하여 움직임이 없는 것이 성誠이다. 느껴서 마침내 통달한 것(感而遂通)이 신神이다. 움직이지만 아직 형체가 없어서 있는지 없는지를 알 수 없는 것이 기幾이다. 134)

---

132) 정진일, 「유교의 致知論 소고」, 『범한철학』 제15집, 범한철학회, 1997, p.140.

133) 박응열, 「주렴계 태극론에 관한 연구」, 성균관대학교 박사학위논문, 1996, pp.133-134.

그가 말한 인식역량으로서 '감이수통感而遂通'이란 무엇이든 외물이 나의 감관 인지력에 접목되면 마침내 통하는 것으로, 어떠한 대내외적인 대인접물에 있어서 결국 통하고야 만다는 뜻이다.

또한 주렴계는 『통서』「성聖」에서 성신기誠神幾를 설명하면서 '신神'은 감응하기 때문에 오묘하다(神應故妙)고 했는데 이에 대한 주자의 주석은 보다 구체적이다. 그것은 우리의 심신에 맑음과 밝음이 있으므로 오묘한 것이라 했다.

> 맑음과 밝음이 몸에 있으면 뜻과 기운이 신神과 같아서 정밀하고 밝다. 빨리 하지 않아도 빠르고 가지 않아도 이르니 감응하여 오묘하다. 이치는 비록 이미 싹이 텄으나 일은 아직 나타나지 않았으니 작고 그윽하다. [135]

인간으로서 맑고 밝은 인식력에 의해 이러한 오묘함은 빠르게 전달하려 하지 않아도 쉽게 감응한다는 것이다. 그의 이러한 언급은 인식의 차원에서 인간이 신속하게 감응하는 인지력을 거론한 것으로 보며 그것은 오묘[妙]와 그윽[幽]이라는 말로 표현하고 있다.

이미 『통서』에서도 무엇이든 감응하면 바로 묘하게 통하는 것을 '신神'이라 하여 감관기관에 감응할 때 신령스러움으로 인식력이 확대된다는 것이다. 주렴계가 밝힌 성신기誠神幾와 뜻은 달라도 유사한 구조로 역신기易神機라는 논법을 사용하여 『주역』에서는 다음과 같이 나

---

134) 周濂溪, 『通書』, 「聖」第4章, 寂然不動者, 誠也. 感而遂通者, 神也. 動而未形有無之間者, 幾也.

135) 朱子, 『通書解』「聖」第4, 淸明在射, 志氣如神, 精而明世. 不疾而速, 不行而至, 應而妙世. 理雅己明, 事則未, 微而幽世.

타난다.

　　대저 역易이란 성인이 깊은 곳을 끝까지 탐구하고, 기틀[機]을
연구하는 까닭이다. 오직 깊기 때문에 천하의 뜻을 통할 수 있고,
오직 기틀[機]로 삼기 때문에 천하의 임무를 이룰 수 있으며, 오직
신통[神]하기 때문에 빨리 달리지 않고도 신속하며, 다니지 않고도
이른다. 136)

　주렴계가 말한 신神과 『주역』에서 말한 신神은 신묘하고 신통하며
신속한 것으로 이해할 수 있다는 점에서 인식력의 확충을 뜻한다. 주
렴계가 말한 '성신기誠神幾'는 성인의 경지에 이르는 구조적 인식역량
과 관련된다. 성인이 되는 세 가지 길로서 본체의 상태와 같이 적막寂
寞한 것이 성誠이라면, 감각기관에서 인식의 확충으로 깨달음에 신묘
하게 통하는 것을 신神이라 하며, 기幾는 그윽하게 미세하다는 것이다.

　　적연부동寂然不動(고요히 움직이지 않음)한 것은 성誠이고, 감이
수통感而遂通(느껴서 마침내 통함)한 것은 신神이다. 동動하되 형상
이 없고, 유와 무 사이에 있는 것이 기幾이다. 성誠은 정밀하므로
밝고, 신神은 감응하므로 묘하며, 기幾는 미세하므로 그윽하다.
성신기誠神幾를 갖춘 사람은 성인이라 한다. 137)

　위의 언급처럼 성인이 된다는 것은 인간의 인식확충을 통해 감이수

---

136) 『周易』, 「繫辭傳」上, "夫易, 聖人之所以極深而研幾也. 唯深也, 故能通天下
　　之志, 唯幾也, 故能成天下之務, 唯神也, 故不疾而速, 不行而至."
137) 周濂溪, 『通書』「聖」4章, 寂然不動者, 誠也, 感而遂通者, 神也, 動而未形,
　　有無之間者, 幾也, 誠精故明, 神應故妙, 幾微故幽, 誠神幾曰聖人.

통이라는 신묘의 경지에 이르는 것을 말한다. 인식론과 수양론이 겸비되어 결국 이상적 인간상을 이룬다는 뜻이다. 주렴계의 저술『통서』에서도 성인의 길에서 인식론의 중요성을 알고 자각심을 불러일으키는 '학성學聖' 곧 성인을 배우는 도를 논하고 있다.

> 혹자가 '성인을 배울 수 있습니까?' 하고 묻자, 렴계선생은 '가능하다.' 하고 대답했다. '요점이 있습니까?' 하고 묻자, '있다.' 하고 대답했다. 그 방법을 묻자, 다음과 같이 말했다. '일―이 요점이 되니, 일은 욕심이 없는 것이다. 욕심이 없으면 정靜할 때에는 마음이 비고 동할 때에는 곧을 것이다. 정할 때에 마음이 비면 밝아지고 밝으면 통하며 동할 때에 곧으면 공정해지고 공정하면 넓어진다. 밝고 통달하고 공정하고 넓어지면 거의 성인이 될 것이다.'138)

성인을 배울 수 있는지學聖의 문제에 대한 답변은 가능하다며, 그 방법으로 순일함이 필요하며, 동정 간에 욕심이 없어야 한다. 또한 그의 언급처럼 '허즉명 명즉통虛則明, 明則通'이라 한 것을 눈여겨보아야 한다. 허虛는 텅 비우는 수양이며, 이를 바탕으로 명明과 통通은 인식의 자각심을 통해 성인에 이르는 주렴계의 본의는 인식과 수양의 문제가 결합되는 '신발지의神發知矣'라는 표현으로 나타난다. 이것은 인간의 정신작용 곧 지적 능력을 가진 존재라는 것을 밝히는 셈이다.

「태극도설」에서는 '신발지의'라고 하여 인간을 정신[神]작용을 하며 지적 능력을 가진 존재로 보면서 '지知'는 지각이나 지혜나 지성을

---

138) 『近思錄』「存養」1章 , 或問 : 聖可學乎? 濂溪先生曰 : 可. 有要乎?曰 : 有. 請問焉 , 曰 : 一爲要. 一者 , 無欲也。無欲則靜 , 虛動直靜. 虛則明 , 明則通. 動直則公 , 公則溥. 明通公溥庶幾乎.

모두 포함하는 것으로서 사고하는 능력, 상상능력 등을 말한다.[139] 다시 말해서 신神을 정신적 작용력으로 보고 지知를 지적 작용력으로 보았다. 이를 종합해서 말한다면 '신발지의'란 인간의 정신작용에 지혜가 있음을 알고, 시적 능력을 발휘하도록 힘을 써야 한다는 것이며, 그것이 인식론적 수양론과 관련된다.

인간은 정신작용을 하므로 지각이 있고 지혜가 있고 또 지성을 갖추게 된다. 지성이란 지각된 것을 정리하고 통일하여 이것을 바탕으로 새로운 인식을 낳게 하는 정신작용으로 지각과 지식 및 지혜를 모두 갖춘 지적 능력을 총괄하는 것이다.[140] 그가 말하는 '신발지의'는 성인에 이르는 것으로 정신작용을 통해 신비하게도 지적 능력을 겸비하게 한다.

이제 인식의 측면에서 주렴계가 밝힌 신神의 개념을 중심으로 접근해보고자 한다. 그는 이에 다음과 같이 말한다. "드러남이 작아서 볼 수 없으나 모든 곳을 두루 채워 끝이 없는 것을 신神이라 한다."[141] 미묘하게 인식을 확충시킨다면 그 경지를 이루 다 파악해낼 수 없다는 것이며, 그것은 궁극의 경지에 이를 수 없을 정도로 신비롭다는 뜻이다. 그러므로 그가 밝힌 신의 경지는 인간의 감각능력으로 쉽게 감지할 수 없을 정도로 신통력을 발휘하는 것으로 볼 수 있다. 성인의 경지에 이르러야 이러한 신의 영역을 통달할 수 있다는 것이다. 그만큼 인식의 영역은 부단히 정신의 사유역량을 키워야 하는 것이며, 그것은 그가 『통서』에서 말하는 "성가학호聖可學乎"[142]는 바로 욕심이 없는 것이다.

---

139) 전용주, 「주돈이의 태극도설 연구」, 성균관대학교 박사학위논문, 2014, p.81.
140) 위의 논문, p.82.
141) 周濂溪, 『通書』 「誠機德章」, '發微不可見, 充周不可窮之謂神'.

위에서 언급한 것처럼 성인의 길로서의 신은 '미묘하게 발하여 가히 살펴볼 수가 없다.'고 했는데, 그러면 그 원인은 어디에서 찾아야 할 것인가? 신은 발發하는 것으로 동정 작용을 하는데, 그러한 동정 작용은 초물질적인 것으로 인식 대상에 대한 초감관의 대상이다. 주렴계에 있어서 신의 동정은 기계적인 동정이 아니라, 초물질적인 동정의 추동자推動者를 의미한다.[143] 모든 동정 행위는 신의 동정 작용에 따라 귀결되므로, 신은 만물을 묘합하여 통달시키는 것으로서 우리가 쉽게 파악할 수 없다고 본 것이다. 우리가 감관기관으로서 인식하는 대상은 현상의 구체적 사물이라고 한다면, 신은 묘합자로서 초감관적 인식 대상물이기 때문에 신의 경지를 쉽게 알아낼 수 없다. 인식 영역을 확충하는 심신의 수련이 뒷받침될 때 가능한 일이다.

장횡거 역시 신神을 무어라 헤아릴 수 없는 상태라고 했다. 그에 의하면 기화氣化에 있어서 '일一'이어서 헤아릴 수 없는 측면을 '신'이라 하고, 그것의 현상 변화는 대대對待에 의한 것이라 하여 일물양체一物兩體인 것이 '기氣'라 하는데, 하나인 까닭에 신神이고 둘인 까닭에 화化한다고 했다.[144] 이와 같은 장횡기 대화사상을 기론한 왕부지는 신을 '이기청통二氣淸通'의 이리라고 풀이했다. 그것은 묘합자이기 때문에 무어라 형상으로 표현할 수 없는 것이다. "(왕부지 왈) 커다란

---

142) 『通書』,「聖學」第20章. "聖可學乎." 曰"可." 曰"有要." 曰"有" "聽聞焉" 曰"一爲要, 一者無欲, 無欲則靜虛動直. 靜虛則明, 明則通. 動直則公. 公直溥, 明通公溥庶矣乎"

143) 박응열,「주렴계 태극론에 관한 연구」, 성균관대학교 박사학위논문, 1996, pp.134-135.

144) 최정묵,「장횡거의 기일원론적 우주론」,『유학연구』제3집, 충남대 유학연구소, 1995, pp.709-710 참조.

조화[太和] 가운데에 기氣도 있고 신神도 있다. 신이란 다름이 아니라 두 기氣가 맑게 통하는 이치이다. 상형할 수 없다는 것은 바로 꼴象이다."145) 주렴계에 이어서 장횡거, 왕부지는 신의 영역을 인식의 신통력에 두면서 결과적으로 주렴계의 사상과 그 맥을 같이 하고 있다고 본다.

위의 언급처럼 장횡거는 신神을 무어라 헤아릴 수 없는 상태라 했는데, 주자는 이에 대하여 『통서해通書解』에서 장횡거의 신을 언급하면서, 신은 곧 '지각'이라 했다. 이 지각이란 바로 인식론에서 거론하는 것으로 인간의 오감五感으로 느끼는 감각작용을 말하는 것으로, 신으로서 감응하기 때문이라며 주자는 다음과 같이 말한다.

　　물었다. '신神이란 다만 이 오묘함을 지적한 말이 아닙니까?' 대답했다. '그렇다.' 또 감응하여 드디어 통하는 것을 신이라 하니, 장횡거는 '하나이기 때문에 신이고, 둘에 동시에 있기 때문에 헤아리지 못한다.'고 했다. 그러므로 조화를 지적하여 '갑자기 이쪽에 있다가 갑자기 저쪽에 있는 것이 바로 신이다.'라고 말했다. 물었다. '사람의 입장에서 말하면 어떻습니까?' 대답했다. '지각이 바로 신이니, 그 손을 찌르면 손이 아픔을 느끼고 발을 찌르면 발이 아픔을 느끼는 것이 바로 '신은 감응하기 때문에 오묘하다.'는 것이다. 146)

---

145) 『船山文集』第十二冊,「張子正蒙注」卷一, "太和之中, 有氣有神, 神者, 非他, 二氣淸通之理也, 不可象者, 卽在象中."

146) 朱子, 『通書解』「聖」第4, 曰神只是以妙言之否? 曰是 且說感而逐通者, 神也. 橫渠 一故神, 兩在故不測," 因指造化而言曰, "忽然在這裏 忽然在邦裏, 便是神. 曰在人言之則如何? 曰知覺便是神, 觸其手, 則手知痛, 觸其足, 則足知痛, 便是神應故妙.

주자는 주렴계가 말한 '신神'(神發知矣)을 지각이라 하면서, 장횡거가 말한 '무어라 헤아릴 수 없지만 지각되는 것'이라며 그것을 분별력의 지각으로 풀이한 것이다. 이어서 주자는 주렴계의 사상을 해석하면서 「태극도해」에서 '신'의 생성을 음양과 관련짓고 있다. 주자는 이에 말한다. "형체는 음에서 생겨나고 신神은 양에서 생겨나며 오상의 성性이 만물에 감응하여 양선음악陽善陰惡으로 분류되고, 오성五性이 다르게 분산되어 만사萬事가 된다."[147] 신을 일종의 정신으로 본 것은 형체를 거론하면서 양자의 관계를 밝히고 있기 때문이다.

주자의 '신神' 사상은 구체적으로 인식을 할 수 있는 정신으로 보았다는 점에서 오늘날 널리 사용되는 '정신' 개념을 사유의 영역 내지 상상의 영역으로 이해하는 길을 열어주었다. 결국 송대 성리학자들은 신이라는 형이상학적 용어들을 동원하여 그것을 도덕적 실천으로 유도했다. 그것이 인식론적 분별 능력을 갖게 하는 것에서 비롯되며 이는 중국 문화의 특징이다. 성리학자들은 중국문화 속에서 형이상학적 특징을 최대한 활용하여 본체의 관념과 도덕의 관념을 일상세계에서 행위나 수양이라는 수행 방법으로 구현하려고 노력했다.[148] 「중정인의의 수양론」에서 '신발지神發知'의 인식·수양으로 천명한 이유가 여기에 있다.

---

147) 朱子 註,『周子全書』卷之一,「太極圖解」, "然形生於陰, 神發於陽, 五常之性感物, 而陽善陰惡又以類分, 而五性之殊散爲萬事."

148) 신계식,「남명 조식의 圖說에 나타난 성리학 연구」, 대구한의대학교 박사학위논문, 2008, pp.3-4.

2) 중정인의와 성인론

한·중·일과 관련한 동양의 성인론은 인간의 수양 및 처세를 위한 인품함양의 방법 모색에서 자주 거론된다. 주렴계의 「태극도설」에 의하면 성인은 '중정·인의'의 법도를 정했다고 하는데 중정과 인의를 합하여 설명할 수 있고, 나누어 설명할 수도 있다. 전자의 경우 중정·인의를 성인의 가치이념으로서 같이 보는 것이며, 후자의 경우 실천방법에 있어서 구체화할 때 중정·인의로 구분하는 것이다. 중정은 처세론적 행위로서 과·불급이 없이 바르게 하는 실천이념이라면 인의는 공맹의 유교적 실천이념이 된다. 또 이와 달리 중·정·인·의를 각각 하나하나로 보아서 중용, 정의, 인자, 의리 등으로 풀이할 수 있다.

인간의 수양과 관련한 용어의 이와 같은 개념 풀이에 이어서 주시해야 할 것으로, 중국 철학에 있어서 이러한 용어들의 실천에 서로 다른 견해를 피력하는 두 부류가 있다. 그것은 유가와 도가이다. 인문주의적 도의 실천성향은 대표적으로 유교의 인륜과 도가의 무위와 관련되기 때문이다. 우리가 중국문화사의 흐름에서 보면, 인심仁心으로부터 드러나는 유가의 도는 양陽의 도로써 중국문화의 아버지 노릇을 했다. 허정심虛靜心으로 드러나는 도가의 무위자연의 도는 음陰의 도로써 중국문화의 어머니 노릇을 했음을 알 수 있다.[149] 유·도의 철학은 음양의 역할과 같이 중국문화의 양대 산맥으로 자리하고 있는 것이다.

사실 도가는 자연적 삶에서, 유가는 세속의 가족주의에서 철학적 기반을 다져온 것에 차이가 있으나, 훌륭한 인품으로 성인과 군자가 되려는 것은 공통적으로 기본 목표라 볼 수 있다. 다만 도가는 자아를

---

149) 金白鉉, 「現代 韓國道家의 硏究課題」, 『道家哲學』 창간호, 韓國道家哲學會, 1999, p.336.

광활한 우주 자연 속에 놓는다면 유가는 자아를 세속의 가족 속에 가두어 두고, 세속에 따라야 한다고 주장한다.[150] 유·도 양가의 생활방식이나 사고구조에 차이가 있음은 부인할 수 없는 일이지만, 성인과 군자가 되는 것이 당시 군왕과 백성들 사이에 공유되는 이상적 인간상이지만 이에 이르는 실천방법은 서로 달랐던 것이다.

일반적으로 성인·군자에 도달하는 길로서 유교가 실천의 가치로 삼는 것은 인의仁義이다. 이에 대한 고전적 연원은 『주역』과 관련되어 있는데 유·도를 막론하고 특별한 학파의 색깔을 드러내지 않은 고전으로서 『주역』에 대한 상호 관심사는 높았을 것이라 본다.

> 옛날에 성인이 역을 만들 때에는 성명의 이치를 따르려고 해서였다. 그래서 하늘의 도를 세워 음양陰陽이라 하고, 땅의 도를 세워 강유剛柔라 하며, 사람의 도를 세워 인의仁義라 한다.[151]

물론 인의에 대한 공자와 노자의 입장은 다소의 차이가 있다. 전자의 경우 군자의 실천이념으로 작용하지만, 후자의 경우 인위적 요소가 가미되어 있어서 배격하기 때문이다. 물론 노자에 있어서도 仁에 대한 긍정적 견해도 있다. 『도덕경』 8장의 '여선인與善仁'이라든가, 38장의 '상인위지이무이위上仁爲之而無以爲' 등이 이것이다. 그렇다면 『주역』에서 말한 인仁에 대하여 공자는 어떻게 접근했는가? 그는 음양론에 바탕한 생명의 탄생을 인仁과 결부지어 인을 실천하도록 했다. 그가 음양의 조화를 바탕으로 만물이 화생하는 자연의 법칙을 인이라고 본

---

150) 陳鼓應(최진석 譯), 『老莊新論』, 소나무, 1997, p.305.

151) 『周易』, 說卦傳, 昔者聖人之作易也, 將以順性命之理. 是以立天之道曰陰與陽, 立地之道曰柔與剛, 立人之道曰仁與義.

것은 인간의 본성이 인仁하다는 도덕형이상학의 기초를 얻은 것이다.

만약 공자가 『주역』에서 음양론을 인仁과 연결하지 못했다면 『주역』은 단지 자연학自然學이나 감성학感性學이 되고 말았을 것이다.[152] 이에 음양의 생명활동으로서 유교의 인仁을 중시했다. 그의 핵심 이념으로서 인仁이 거론되는 것도 이 인을 실천규범의 기초로 보았기 때문이다. 공맹의 인의仁義에 관심을 갖고 사서四書를 주석한 주자는 『주역』「계사전」에서 말하는 '일음일양지도一陰一陽之道'에는 인·의·예·지라는 네 가지의 덕이 있다고 했다. 주렴계에 이르러 철학적 해석이 구체화되었다고 한다. 주자는 다음과 같이 말한다.

> 일음일양지도一陰一陽之道는 사람이 될지 외물外物이 될지는 모르지만 이미 그 사덕(인의예지)을 갖추고 있다. 비록 평범한 곤충의 무리라도 모두 그것을 가지고 있는데, 단지 치우치고 온전하지 못하여 흐린 기운이 가로막고 있을 뿐이다.[153]

맹자가 성선설의 근거로 내세운 인·의·예·지 사덕四德을 주자는 음양의 작용에 연계했다. 이러한 사덕은 본래 모든 생명체가 구비하고 있는데, 동·식물은 인간과 달리 이에 막혀 있다고 했다. 이처럼 송대의 유교 성리학자들은 인의를 실천덕목으로 삼고 이에 대한 저술과 해석에 몰두했다. 그들은 인의의 해석에 있어서 『주역』의 우주론을 첨가하면서 인성론에 연결시키는 이론적 심화를 꾀했다.

---

152) 남상호, 「주역과 공자인학」, 『범한철학』 제28집, 범한철학회, 2003, pp. 74-75.

153) 『朱子語類』卷4, 「性理一」, 只一陰一陽之道 , 未知做人做物, 已具是四者, 尋常昆蟲之類皆有之, 只偏而不全, 濁氣間隔.

주렴계의 『통서』, 장횡거의 『서명』, 정자의 「식인편識仁篇」, 주자의 「인설仁說」과 같은 저작에 보이는 우주론적 확대가 유가의 유기체적 우주론의 완정형完整形으로 나타난 것이다.154) 주렴계와 송대 철학자들은 인의仁義의 해석과 실천 유도를 통해서 공맹사상을 계승한 도통道統을 강조했음을 알게 해준다.

그렇다면 주렴계가 설한 중정·인의는 「태극도설」의 어느 부분에 나타나는가? 본 도설의 7단락에서 '성인정지이중정인의이주정聖人定之以中正仁義而主靜'라고 했는데, 수양의 대상인 중정·인의로서 성성成聖을 논설하고 있다.155) 그는 인도를 세움에 있어서 그 주체적 항목이 바로 인의라 하여 인륜지도로서 인의를 강조하고 있다. 인의의 인륜지도를 실천할 때에 우리가 지향하는 성인에 이른다는 사실 때문이다.

성인에 이르는 실천방법으로서 중정·인의의 사상은 주렴계는 어디에서 영향을 받았는가? 그가 인의과 중정을 강조한 것은 『주역』의 「설괘전」과 관련이 있다. 천도가 음양, 지도가 강유, 인도가 인의라 하는 것은 「설괘전」에 나타난다. 주렴계는 여기에서 영향을 받았다. 『통서』에서 인의·중정을 중심에 둔 해석을 펼친 것은 「태극도설」에서 성인은 중정과 인의로서 정하되, 고요함을 중심으로 인간의 지극함을 세운다는 내용과 일치하는 일관성이 있다.156) 그가 성인이 되는 수양론으로서 중정과 인의를 실천하도록 한 것은 이처럼 고전의 『주역』 정신과 직결되어 있다.

---

154) 곽신환, 「儒學의 유기체 우주론」, 93 한국동양철학회 추계국제학술회의, 『기술·정보화 시대의 인간문제』, 한국동양철학회, 1993.10, 別紙 p.7.

155) 전용주, 「주돈이의 태극도설 연구」, 성균관대학교 박사학위논문, 2014, p.88.

156) 이난숙, 「주돈이 철학의 天人合德과 時中사상」, 『퇴계학논총』 29집, 퇴계학 부산연구원, 2017, p.78.

그리하여 주렴계는 성인이 될 수 있는 중정인의를 거론하여 '인극人極'을 세우고 사람으로서 행할 표준을 정했다. 「태극도설」에 의하면 성인은 중정인의의 법도를 정하여 인극을 수립했다고 했는데, 『통서』에서도 성인의 도는 인의·중정 일 따름이라고 했다.[157] 그가 세운 인극은 성인이 되는 것으로서 이상적 인격상을 이루기 위한 사람됨의 표준이라 보면 될 것이다. 그가 공맹의 도통道統을 강조한 유학자로서 유교의 실천규범에서 자주 거론하는 중정과 인의는 성인론의 첫째 덕목이다.

유교에서 성인론의 실천덕목으로 여러 가지가 있을 것이다. 그런데 주렴계는 『주역』의 사상에 영향을 받으면서 음양, 강유, 인의 가운데 인극人極을 세운 것이 다름 아닌 인의仁義의 실천에 초점이 있는 것이다. 주렴계는 『주역』의 「문언전」에서 말하는 대인을 성人으로 대신하여 다음과 같이 말한다.

> 그러므로 성인은 천지와 더불어 그 덕을 합하고, 일월과 더불어 그 밝음을 합하며, 사시와 더불어 그 질서에 합하고, 귀신과 더불어 그 길흉에 합한다. 군자는 이를 닦아 길하고, 소인은 이에 어그러져 흉하게 된다. 그러므로 천도를 세워서 음양陰陽이라 하고, 지도를 세워서 강유剛柔라 하며, 인도를 세워서 인의仁義라고 한다.[158]

---

157) 풍우란(박성규 譯), 『중국철학사』(하), 까치, 1999, pp.450.

158) 周濂溪, 「太極圖說」, 故聖人與天地合其德, 日月合其明, 四時合其序, 鬼神合其吉 凶. 君子修之吉, 小人悖之凶. 故曰立天之道曰陰與陽, 立地之道曰柔與剛, 立人之道曰仁與義.; 도가의 列子도 이와 관련하여 유사한 언급하고 있다(『列子』「天瑞」, 故 天地之道, 非陰則陽, 聖人之敎, 非仁則義, 萬物之宜, 非柔則剛).

이와 아울러 주렴계가 음양, 강유, 인의를 밝히어 인극人極을 설한 것은 『주역』의 삼재론三才論과 관련이 있다. 삼재란 우주를 구성하는 세 요소로서 하늘, 땅, 인간을 말하는 것으로 우주 구성의 핵심요소를 언급할 때 주로 사용하는 것이다. 역학易學은 천지인天地人 삼재론으로, 역易은 천天과 지地와 인人을 논하여 이에 대해 주렴계에 있어서 천도天道의 음양론, 지도地道의 강유론, 인도人道의 인의론을 통하여 구명된 지극한 이치를 우리는 태극이라 한다.159) 그가 밝힌 「태극도설」에서 이 삼재론에 바탕하여 음양, 강유, 인의를 밝힘으로써 인간으로서 실천해야 할 표준을 인의에 관련지은 것은 그것이 인극에 해당하기 때문이다. 이 인의론을 통하여 송대의 철학자들은 이理, 성性, 명命의 철학적 이론을 정립하는데 많은 노력을 기울였다.

이와 같은 인의를 거론한 주렴계의 사상적 영향은 공맹의 도통道統을 계승하는 실천 이념이라고 해도, 그것이 『주역』에 기반을 두었다는 것은 '길흉吉凶'이라는 개념이 있기 때문이다. 그는 공맹의 인의사상에 더하여 『주역』의 길흉을 동시에 거론함으로써 「태극도설」이 주역의 「문언전」과 직결되어 있다는 점을 분명히 하고 있다. 건괘乾卦의 「문언」 중에서는 강건剛健하고 중정中正하다는 말로써 건乾을 찬양했을 뿐만 아니라, 또한 중中과 정正으로써 효의 길흉을 정했으니, 주렴계가 그 아래 문구에서 길흉을 연결하여 말한 것을 보면 그 뜻이 『주역』의 견해임은 더욱 확실하다.160) 성인론에서 거론되는 인륜가치의 도출에 있어서 유자로서 주렴계의 폭넓은 사상적 전개를 엿볼 수 있다.

159) 곽신환, 「주역의 자연과 인간에 관한 연구」, 성균관대학교 박사학위논문, 1987, pp.176-177.
160) 勞思光(정인재 譯), 『중국철학사』 송명편, 탐구당, 1987, p.122.

사상적 유영遊泳 속에서 주렴계의 중정·인의 사상은 「태극도설」뿐만 아니라 『통서』에서도 "성인의 도는 어질고 의로우며仁義 꼭 알맞고 바를 뿐이다(中正)."[161]라고 했다. 이처럼 그는 '중정' 두 글자를 중시하여 '인의'와 더불어 병렬했다. 그의 사상적 전반이 『통서』에 나타나며, 그것은 성신기誠神幾 등을 기반으로 해서 전개되었다. 여기에 중정과 인의를 심도 있게 거론하며 「태극도설」의 사상을 보다 구체화한 모습이 산견散見된다. 중정과 인의가 구체적으로 해석된 것은 주자에 의해서이다. 주렴계의 중정이 되는 성性의 표준에 대해 주자는 다음과 같이 해석한다. 이것은 인간의 기질지성을 수양해야 함을 지적하면서 언급한 말이다.

> 주렴계 선생이 '성性은 강선剛善, 강악剛惡, 유선柔善, 유악柔惡의 표준(中)일 따름이다. 그래서 성인은 가르침을 세워서 비천한 사람도 스스로 자신의 악함을 고쳐 표준에 이르러 머무르게 했다.'고 말했다. 또 진료옹의 '책침責沈'에서 '기질의 영향은 적고 도학의 성과는 크다.'라고 했다. [162]

여기에서 주의할 것으로, 수양의 중요성을 조망해 볼 때 주렴계의 수양론은 중정과 인의에만 머무르지 않았다. 수양의 방법론적 다양성은 도학자로서 그만큼 성인이 되려는 방법을 구체적으로 전개하려는 심정의 표출일 것이다. 주렴계는 간절한 마음에서 인격의 수양을 강조하고 있으며, 송대에 편찬된 『근사록』에 나타나듯이 그는 성현의 예를

---

161) 『周濂溪集』 卷5, 「通書」 道第六, '聖人之道, 仁義中正而已矣'.
162) 『朱子語類』 卷4, 「性理一」, 濂溪云性者, 剛柔善惡中而已, 故聖人立教, 俾人自易其惡, 自至其中而止矣, 責沈言氣質之用狹, 道學之功大.

들어 인륜을 실천하도록 하고 있다.

주렴계 선생이 말했다. '성인은 하늘(天理)을 바라고 현인은 성
인을 바라고 선비는 현인을 바란다.' 이윤과 안연은 대현大賢이니
이윤은 그 군주가 요순과 같은 성군이 되지 못하는 것을 부끄러워하
고 한 사람(家長)이라도 살 곳을 얻지 못하면 시장에서 종아리를
맞는 것처럼 부끄럽게 여겼으며, 안연은 노여움을 남에게 옮기지
않고 잘못을 다시 저지르지 않았으며 3개월 동안 인仁을 떠나지
않았다. 이윤이 뜻한 바를 뜻하고 안자가 배운 바를 배우면 이보다
지나면 성인이요, 미치면 현인이요, 미치지 못하더라도 훌륭한
이름(명예)을 잃지 않을 것이다.163)

(명도선생이 말했다.) "옛날 주렴계에게 수학受學할 때에 언제나
나로 하여금 안자와 중니가 즐거워하신 곳에서 즐거워하신 일이
무엇인가를 찾게 하셨다."164)

이처럼 주렴계는 중정·인의 등을 실천하도록 독려했다. 이에 인격
의 표준으로서 공자, 안연, 이윤을 거론하며 성인에 이르도록 했던 것
이다. 그렇다면 성인이 되기 위해서 수양을 할 때 중정의 상태가 되려
면 어떻게 해야 하는가? 주자의 언급을 소개해 본다. "오직 음양이

---

163) 『近思錄』「爲學」1章, "濂溪先生曰 聖希天 賢希聖 士希賢 伊尹顔淵 大賢也
伊尹取其君不爲堯舜 一夫不得其所 若撻于市 顔淵不遷怒 不貳過 三月不違
仁 志伊尹之所志 學顔子之所學 過則聖 及則賢 不及則不失於令名."(성백효
譯註, 『譯註 近思錄集解』1, 전통문화연구회, 2016, pp.189-191.)
164) 『近思錄』「爲學」21章, "昔受學于周茂叔 , 每令尋顔子, 仲尼樂處 , 所樂何
事."

덕을 합하고 오행이 모두 갖추어진 뒤에나 중정하여서 성인이 될 수 있다."165) 음양의 덕과 오행을 두루 갖춘 오기五氣를 암시한 것은 기질 지성의 수양이 필요함을 직시했다. 주자에 의하면 "사람의 성품은 비록 같지만, 품부 받은 기氣가 치우치지 않을 수 없다."166)는 것이다. 인간이 부여받은 기질에는 청탁과 후박이 있기 때문에 기질수양이 필요하다.

같은 맥락에서 장횡거도 천지지성을 거론하며 치우친 기질지성을 수양해야 한다고 했다. 그리하여 주자는 치우친 기질을 극복하라고 했는데, 치우치지 않은 맑고 두터운 기氣를 얻기 위해서는 어떻게 해야 하는가? 주자는 이에 주렴계가 사단四端의 '순수지선純粹至善'을 강조하고 있다고 했다.

> 성性은 단지 이理이다. 그러나 저 하늘의 기氣와 땅의 질質이 없으면 이理도 편안하게 머무를 곳이 없다. 다만 밝고 밝은 기氣를 얻으면 가려지거나 막히지 않아서 이치가 순조롭게 드러난다. 가려지거나 막힌 것이 적은 사람은 감정이 드러나도 천리天理가 이기며, 가려지거나 막힌 것이 많은 사람은 사욕私欲이 이기니, 곧 본래의 성性은 선하지 않을 수 없다는 것을 알 수 있다. 맹자가 본성이 선하다고 말한 것과, 주렴계 선생이 순수지선純粹至善이라고 말한 것과, 이정 선생이 '성性의 근본'과 '근본으로 돌이켜서 근원을 궁구한 성'을 말한 것이 그렇다. 단지 기질에 의해서 어두워지고 흐려지면 막히는 것이다.167)

---

165) 『朱子語類』 卷4, 「性理一」, "唯陰陽合德, 五性全備, 然後中正而爲聖人也."
166) 『朱子語類』 卷4, 「性理一」, "人性雖同, 稟氣不能無偏重."
167) 『朱子語類』 卷4, 「性理一」, 性只是理, 然無那天氣地質, 則此理沒安頓處,

주자는 기질이 치우치고 어두워진 기질을 극복하도록 했다. 그것은 군자가 성性으로 여기지 않기 때문이라는 것이다. 장횡거가 말한 것처럼 주자도 기질의 수양을 통해 천지의 성을 회복할 수 있다고 보았다. 다만 여기에서 주의할 사항으로「태극도설」에서 말하는 인의와 중정의 실천은 인륜의 수양론으로서 뿐만 아니라 우주론과도 직결되어 있음을 알아야 한다.

주렴계는 "하늘은 양陽으로써 만물을 낳고 음陰으로써 만물을 이룬다. 낳는 것은 인仁이고, 이루는 것은 의義이다."[168)]라고 했다. 우주 만물의 생성론적 시각에서 인을 거론하면서 그 완성 역시 의를 언급한 것은 중국 철학의 본래 성향이 본체론과 생성론, 그리고 인성수양론이 같은 맥락에서 불가분리不可分離의 성향을 지닌 다는 점에서 이를 고려해 보자는 것이다. 우주의 생성과 더불어 인간의 완성을 도모하는 인의가 우주의 생명현상인 끊임없는 생성작용으로서 생명 존중은 물론 생명력의 지속적인 것에 연결되어 있기 때문이다.

한편 주렴계의 중정인의와 관련된「태극도설」에서 도덕 가치가 드러나는 구체적 용어가 결여되어 있다는 지적이 있다. 그것은 본「태극도설」이 우주론과 생성론에 치우친 느낌이 있어 인성론의 구체적 방향 제시가 부족했다고 볼 수 있다. 중국 철학자 노사광에 의하면「태극도설」에 의거할 경우, 단지 일련의 서술적인 용어만이 있을 뿐이며 도덕 가치의 용어가 생겨나올 수는 없다[169)]고 했다. 보다 구체적인 도덕가

但得氣之淸明則不蔽錮, 此理順發出來, 蔽錮少者, 發出來天理勝, 蔽錮多者, 則私欲勝, 便見得本原之性無有不善, 孟子所謂性善, 周子所謂純粹至善, 程子所謂性之本, 與夫反本窮源之性, 是也, 只被氣質有昏濁, 則隔了.

168) 『通書』,「順化」, 第11章. "天以陽生萬物, 以陰成萬物. 生仁也, 成義也."

169) 勞思光(정인재 譯),『중국철학사』송명편, 탐구당, 1987, p.121.

치 유발은 이정과 주자에 의해서 나타나는 점을 상기하면 주렴계는 송대 철학의 효시로서 수양론의 구체화와 관련한 한계일 수도 있다.

3) 주정主靜의 수양론

여기에서 동정動靜의 문제를 중국 철학에서 인간의 수양과 관련짓는 것은 주정主靜 수양의 필요성과 관련이 있다. 이를테면 중국인의 생명력은 정靜하면 '기소무내其小無內'의 경지까지 퇴장退藏하고, 동動하면 '기대무외其大無外'의 극지까지 충색充塞하여 어느 하나도 그 정신의 관주貫注에서 벗어나는 것이 없다.[170] 이처럼 동정의 문제를 수양과 관련지어 설명하고 있다. 인간의 심신을 고요함의 정靜으로 침잠해 들어갈 때 우리의 마음은 무한한 평화에 이른다는 것으로서 이는 수양력의 깊은 정도를 말한다.

주렴계의 주정主靜 수양은『역경』의 영향이 없지 않으며, 그로 인해 공맹의 정통유학과 차이가 있는데, 그것이 바로 정靜에 집중하는 주정 수양법이다. 그의 학설에서 '가치'를 논한 부분은『역경』을 계승한 것이므로 본래 공맹의 학문과는 다르다는 점을 인정해야 한다. 여기서 더욱 주의해야 할 것은 주정이란 용어이다.[171]『주역』에서 곤괘坤卦의 성향을 말하면서 지유至柔와 더불어 지정至靜을 언급한 것이라든가,「계사전」상에서 '동정유상動靜有常'이라고 하며 '정이정靜而正'[172]을 언급

---

170) 金忠烈,『中國哲學散稿』I, 온누리, 1990, p.98.

171) 勞思光(정인재 譯),『중국철학사』송명편, 탐구당, 1987, p.122.

172) 『周易』「繫辭傳」上, 夫易廣矣大矣! 以言乎遠則不禦, 以言乎邇則靜而正, 以言乎天地之間則備矣.

함으로써 정의 상태가 되었을 때 항상 바르게 된다는 것이다.

나아가 동정動靜의 문제와 관련하여 수양론에 깊은 관심을 가진 송대의 유학자들은 수·당 때로부터 이어온 학문적 성향이 유·불·도의 회통으로서 특히 도·불 사상에 영향을 받은 탓이다. 송대의 사대부를 중심으로 한 유학자들은 선불교의 융성과 광범위한 도교세력 속에서 이들을 극복하기 위해 불교와 도교로부터 많은 것들을 흡수했다.173) 예를 들어 주정적主靜的인 경향과 복성復性의 문제 등이 대표적으로 거론되는 노자 사상과 선불교의 영향이 그것이다. 주렴계 역시 이러한 도·불의 영향을 받았던 것이다. 노자는 도가 철학의 시조로서 수양론에 많은 관심을 가졌는데, 정靜의 수양을 무욕無欲이라며 다음과 같이 말한다.

> 도는 언제나 함이 없되, 하지 않는 일이 없다. 그러므로 군주가 만일 능히 이를 지킨다면, 만물은 스스로 변화할 것이다. 화함에 있어서 욕심이 생겨나면 장차 무명의 통나무로써 누를 것이다. 무명의 통나무로 다스린다면 또한 장차 욕심이 없을 것이니 욕심을 내지 않음으로써 마음이 고요할 수 있다면, 천하는 장차 저절로 바르게 될 것이다.174)

고요함, 순박함, 탐욕하지 않음은 모두 자연스러운 것을 따르고 맡겨두는 무위의 내용으로서 군주가 심신의 정靜을 유지할 경우 천하가

---

173) 김학재, 「송대 신유학자들의 노자관에 대한 개괄적 시안」, 『동서철학연구』 제25호, 한국동서철학회, 2002, p.73.

174) 『道德經』 37章, 道常無爲而無不爲, 侯王若能守之, 萬物將自化. 化而欲作, 吾將鎭之以無名之樸. 無名之樸, 亦將無欲, 不欲以靜, 天下將自正.

평정된다는 것이다.

이를 위해서 노자는 욕심을 내지 않는 무욕無欲을 주장하고 있다. 정靜의 수양이 그에게서 거론되는 이유는 고요함이라는 도의 본체적 속성에 의한 것으로, 이 도는 하지 않되無爲 하지 않음이 없다(無不爲) 는 논리를 설파한다. 그리하여 노자는 이상적 인간상으로 무위無爲, 무욕無欲, 주정主靜과 같은 수양법을 중심으로 해서 그의 사상을 전개 했다.

노자에 나타나는 인간상을 무위無爲, 과욕寡欲, 유약柔弱, 거하居下, 부쟁不爭, 주정主靜으로 보았다. 학습 원리로서 자각自覺, 학불학學不學, 불언지교不言之敎 등을 제시했다.175) 장자도 허정虛靜의 수양을 통한 인격함양에 관심을 가졌으며, 허정의 상태가 곧 도의 경지임을 그들의 사상에서 거론했다. 주정主靜과 관련되는 무위와 과욕, 유약, 부쟁 등 의 개념은 결국 노장이 이상적 인간상으로서 허정의 수양 목표를 세우 고 있다.

그렇다면 주정主靜과도 같은 허정虛靜이 수양 목표가 되는 이유는 무엇인가? 인류 개체의 '고요함으로 돌아감'은 바로 '본성으로 돌아 감'으로, 고요함을 회복하고 뿌리로 되돌아가는 회귀 본성은 여전히 만물 운행의 기본적 추세로서 이는 노자 철학에서의 되돌아가는 것이 도의 움직이다.176) 노자는 『도덕경』 40장에서 되돌아감은 곧 도의 움 직임(返者, 道之動)이라 했으며, 그것은 우리 인간이 태어나면 다시 땅으로 돌아가듯이, 인간은 물론 모든 생명체가 고요함의 세계로 돌아

---

175) 이유정·신창호, 「노자 도덕경에 나타난 성인의 인격교화론」, 『인격교육』 제6권 1호, 한국인격교육학회, 2012, p.88.

176) 신진식, 「노자의 수양론 체계」, 『윤리교육연구』 25집, 한국윤리육학회, 2011, pp.190-191.

가는 것을 도의 속성으로 연결시킨 회귀본능 때문이다.

중국의 근세철학자 장기균도 주렴계의 주정主靜 수양이 원래 노·불의 수양이라 했다. 주렴계는 주정으로 인극人極을 세우기를 강조했다. 주정은 노·불의 공부이며 인극은 유가의 이상인 것이다. 이와 같은 구절은 '무극이태극無極而太極'을 내성외왕의 인극에 귀결시켜 이학理學 발전의 기초를 이미 정하여 준 것이다.[177] 이에 주정의 수양은 본질적으로 유교적 성향이 아니라 도가와 불교에서 영향을 받은 것이다. 탈세속적인 불교와 초탈적인 노장 철학에서 언급하는 주정은 유가에서 관심을 갖고 현실중시의 가치를 규범화한 것과 대비적인 모습인데, 주렴계는 이러한 수양론을 적극 수렴한 것으로 보인다.

이어서 명나라의 유학자 호거인(胡居仁, 1434~1484)은 당시 유가들이 노·불 사상에 거부감이 적지 않았음을 밝히면서 불교의 정좌靜坐 공부를 유교 방식으로 접근한 것이 '주정主靜' 공부라고 했다. 그는 노·불 특히 선가禪家가 도를 해치는 것이 가장 심함을 지적하면서 선종과 유가는 외형에 있어서는 유사한 점이 적지 않다며 그들의 좌선입정坐禪入定 공부는 우리 유가의 존심存心 공부와 유사하다[178]는 것이다.

또한 불가에서는 공空을 설하지만 유가에서는 허虛를 설한다며, 또한 그들에게는 정좌靜坐가 있지만 유가에는 주정主靜이 있다고 했다. 수양론에 있어서 유·불·도가 공유하는 점이 적지 않은 것은 모두 심신의 안정과 고요함을 지향한다는 사실에 기인한다.

그러므로 정좌靜坐는 불교적 수양론이며 주정主靜은 유교적 수양론이라는 용어상의 이분법적 경향을 극복하는 것이 필요하나. 수사악에

---

177) 장기균·오태(송하경외 1인 역), 『중국철학사』, 일지사, 1984, pp.352-353.
178) 가노 나오키(吳二煥 譯), 『中國哲學史』, 乙酉文化社, 1986, p.456.

서 수렴收斂의 공부가 곧 정좌라는 점에서 상호 내면적인 차이가 있을 따름이다. 정좌는 그 본원을 안정시키는 것으로 일을 할 때나 하지 않을 때를 구분하지 않으며, 이것은 주자에 경敬의 실천이 동정動靜에 일관되는 것임을 보여주는 것인네, 동정이라는 섯 역시 하나로 연결되어 완전히 구분되는 것이 아님을 생각한다면 지극히 당연한 논리이다.[179] 물론 주자학에서 말하는 수렴은 정좌를 통하여 이루어져도, 불교에서 좌선 입정하여 생각을 끊는 것과는 다른 면이 있다. 그러나 수렴이든 정좌든 모두가 심신의 안정을 꾀하는 점에서 동양인의 수양론에서 서로 회통하는 측면이 많다.

이처럼 회통의 측면에서 접근할 경우, 노자가 정靜을 수호하는 수정守靜(『도덕경』 16장)이나 불교에서 강조하는 정좌靜坐 수양을 송대의 주렴계로서 이에 대응할 유교 수양론 모색에 대하여 고심했을 것이다. 불교의 궁극적 목표는 인간에게 어떻게 하면 성불할 수 있는가를 가르쳐 주듯이 신유학의 궁극적 목표는 성인이 되는 방법을 가르쳐 주는데 있기 때문에 주렴계의 대답은 우리가 '정靜'하여야 한다고 했다.[180] 그는 이러한 정을 무욕無欲과 관련시키고 있다. 석가모니도 욕심 때문에 인간의 고통이라 했고, 노자 역시 인위를 극복하고 무욕을 주장했다. 도·불의 이와 같은 수양론에 영향을 받은 주렴계는 유교적 사유에서 인간은 도덕성 회복을 강조하고, 수양을 통해 성인군자가 되는 것이 필요함을 역설했다.

유가에서는 고금을 통하여 인륜을 강조하며 도덕적 존재라는 자긍

---

179) 최정묵, 「주자철학에 있어 敬의 의미와 위상」, 『동서철학연구』 제22호, 한국동서철학회, 2001, p.183.

180) 풍우란(정인재 譯), 『중국철학사』, 형설출판사, 1986, pp.345-346.

심을 강조하고 있기 때문이다. 그러므로 주렴계는 현세에서의 삶은 하늘이 준 본성을 유지하기 위하여 자신의 인격수양을 통해 성인에 이르는 것으로 「태극도설」의 7단락에서는 수양의 방법인 주정主靜 그리고 수양의 목표로서 성성成聖을 주장하고 있다.[181] 주렴계「태극도설」의 연원이 이러한 도·불과 관련된다는 점에서 영향을 받았다는 주장은 당연한 일이다.

주렴계는 주정主靜 수양론에서 언급한 「태극도설」만이 아니라『통서』에서 이를 무욕無欲에 근거를 두고 더욱 구체화했다. 「태극도설」 7단락에서는 이를 주정이라 표현했다. 이에 대해『통서』의 내용을 보면 "무욕하면 정허靜虛이라."(제12章 聖學)라고 했으므로 정靜은 곧 무욕에 이르기 위한 방법임을 알 수 있다.[182] 다시 말해서 심신의 고요함을 간직하는 '정靜'을 이루는 구체적 방법을『통서』에서 제시하고 있으며 그것은 무욕에 의한 것이라 본 것이다. 이에 주정을 향한 심신의 상태로서 무욕을 강조하며 주렴계는 다음과 같이 언급한다.

> 욕심이 없으면 고요할 때는 마음이 비워지고, 동할 때는 곧아진다. 고요할 때 마음이 비워지면 밝고, 맑으면 통하며, 동할 때 마음이 곧아지면 공정하고 공정하면 넓어지니 밝고 통하며 공정하고 넓으면 거의 도에 가깝다.[183]

무욕無欲에 이를 때 정靜의 극치를 느끼며, 이러한 정靜에 바탕해야

---

181) 전용주, 「주돈이의 태극도설 연구」, 성균관대학교 박사학위논문, 2014, p.88.
182) 위의 논문, pp.96-97.
183) 『通書』第20章, 無欲則靜虛動直, 靜虛則明, 命則通, 洞直則公, 公則溥, 明通公溥, 庶矣乎. 본 내용은『心經』32節에도 인용되어 있다.

행동에 있어서 진솔한 행동으로 이어진다는 것이다. 결과적으로 주정主靜의 무욕을 실천할 때 깨달음과 공평성의 성자가 된다고 했다.

그렇다면 주렴계가 주장한 주정主靜은 「태극도설」에서 어떠한 실체에 근거를 삼고 있는가? 즉 무극과 태극을 근거하여 주정의 수양을 말하고 있다. 그는 본체의 제일 특성이 무극이라고 강조한 것이다. 이것은 「태극도설」에서 인생의 가치문제를 논할 때 말한 '주정'과 일맥상통한다.[184] 무극은 본 도설에서 생성과 인성의 근거가 되는 것으로 특히 본체론적 영향이 크다. 그것은 문자 그대로 소리도 없고 냄새도 없다(無聲無臭)는 초월성을 중심으로 삼기 때문이다.

주렴계가 이처럼 강조한 주정主靜 수양론은 후대학자들에게 영향을 미쳤다. 이를테면 정靜 위주의 수양론은 양시楊時, 이동李侗 계열에서 주장했다. 또 장식張栻과의 만남이 계기가 되어 정명도, 사상채, 호굉 등에 이어져온 이발已發을 위주로 한 방법론을 흡수하게 된다.[185] 이들은 주렴계의 후대 학자들이고, 주자에게도 영향을 미친 자들로서 주정主靜 수양에 관심을 가진 학자들에게 관심이 적지 않았다는 뜻이다. 다만 성리학의 정립 후반에 이르러 정靜에 치우치는 수양에서 동정動靜 겸비의 수양론이 주목을 받는 계기로 이어졌다.

여기에서 정이천도 고요함[靜]을 근본으로 한 수양론을 강조했다. 그는 정좌靜坐로서 수양의 방법을 삼았는데 이는 주렴계의 주정주의主靜主義와 상통한다.[186] 이에 그는 다음과 같이 말한다.

---

184) 勞思光(정인재 譯), 『중국철학사』 송명편, 탐구당, 1987, p.114.
185) 최정묵, 「주자철학에 있어 敬의 의미와 위상」, 『동서철학연구』 제22호, 한국동서철학회, 2001, pp.171-172.
186) 金能根, 『中國哲學史』, 探求堂, 1973, p.268.

동動하기를 천리로써 하면 무망无妄이 되고 동하기를 인욕으로써 하면 망妄이 되니, 무망의 의의가 크다. 비록 간사한 마음이 없으나 만일 정리正理에 합하지 않으면 망妄이니 이것이 바로 간사한 마음이다. 이미 무망이라면 가는 바를 두어서는 안 되니, 가면 망妄이다. 그러므로 무망괘无妄卦의 단전象傳에 '바르지 않으면 허물이 있을 것이니, 가는 바를 둠이 이롭지 않다.'고 한 것이다.[187)]

그는 동하기를 인욕으로 할 경우 망령됨이 이루 말할 수 없음을 지적하며 간사한 마음이 침범하지 않도록 천리에 따르라고 한다. 또 동정의 문제를 거론하면서 주정主靜 수양으로 유도함으로써 이러한 무망无妄의 상태에 이르도록 유도했다. 이어서 「태극도설」을 주해한 주자의 사상도 천리의 보존에 더하여 내적 반성과 성찰을 위한 주정主靜의 철학적 성향이다. 그는 천리의 보존과 인욕의 근절을 강조함으로써 자기의 내적 반성과 성찰을 권면하는 주정철학主靜哲學의 특색을 지닐 수밖에 없었다[188)]라고 본다. 이에 그는 다음과 같이 말한다.

사람이 세상에 살아가면서 일이 없을 때는 죽었을 때를 제외하고는 없다. 아침부터 저녁까지 많은 일들이 있으니, 일이 많아 혼란스럽다고 하여, 그것을 그만두고 정좌靜坐하러 갈 수는 없다. 경敬은 이와 같은 것이 아니다. 일이 앞에 있는데도 다만 고요하게 하고자 하여 어리석게 그것을 하지 않는다면 마음이 죽은 것이다. 일이

---

187) 『近思錄』「爲學」8章, 動以天爲無妄, 動以人欲則妄矣. 無妄之意大矣哉, 雖無邪心, 苟不合正理, 則妄也, 乃邪心也. 旣已無妄, 不宜有往, 往則妄也. 故無妄之象曰 : 其匪正有眚, 不利有攸往.

188) 송영배, 「세계화 시대의 유교적 윤리관의 의미」, 『새로운 21세기와 유교의 禮』, 전남대 인문과학연구소, 1999, p.97.

없을 때 경敬은 그 안에 있고, 일이 있을 때도 경敬은 일에 있는
것이니, 일이 있으나 없으나 나의 경敬은 끊어짐이 없는 것이다.[189]

일이 많을 때 정좌靜坐만 할 수 없으므로 동動에 대응하는 공부를
'경敬'에 두고 있는 주자이다. 그가 말하는 정좌는 수양이 필요한 이유
이며, 이에 보완적으로 동할 때 경의 심경을 지녀야 한다는 것이다.
　주렴계 「태극도설」의 정좌靜坐 수양이 도·불의 영향을 받으면서 송
대의 주자학은 우주론을 비롯한 본체론을 인간의 심성 수양론으로의
접근을 시도했는데, 그것은 궁극적으로 기존의 불교와 도교를 원용한
것으로 보인다. 이로써 송대 주자학의 특징은 우주·자연 및 인성에
대한 본체론적 형이상학의 탐구와 심성수양의 철저화에 있다.
　그 가운데 심성수양에 있어서는 인간의 도덕성을 기존의 유교에 불교
와 도교를 원용하고 내면화했다.[190] 송대 철학의 특성이 주렴계와 주자
등에게서 유·불·도 회통의 수양론적 성향을 지닌다는 것이다. 이것은
성리학의 한계를 주변 학문과 교류를 통해 상호 영향을 주고 받은 탓이
다. 주렴계 「태극도설」이 본체론, 생성론, 수양론을 구조적 특징으로
자리한다면, 특히 수양론에서 이러한 성향이 강하게 나타난다.

---

189) 『朱子語類』 卷12, 「學6·持守」, 在世間, 未有無事時節, 要無事. 除是死也.
　　自早至暮, 有許多事. 不成說事多撓亂, 我且去靜坐. 敬不時如此, 若事至前,
　　而自家却要主靜, 頑然不應, 便是心都死了. 無事時敬在裏面, 有事時敬在事
　　上. 有事無事, 吾之敬未嘗間斷也.
190) 송희준, 『近思錄』의 도입과 이해」, 『한국학논집』 제25집, 계명대한국학연
　　구소, 1998, p.131.

4

「태극도설」의
특징과 영향

고대 중국 경학經學의 사상적 영향을 가장 많이 받은 시대의 철학은 송대 철학이다. 그것은 춘추전국시대의 공맹 사상에 이어 한대 동중서의 천인감응 사상 그리고 도교의 연단술鍊丹術과 조우를 거쳐 철학의 체계화를 통해 형성되었기 때문이다. 즉 한대의 동중서를 비롯하여 송대의 성리학에서도 활발하게 거론된다. 주렴계의 성신기誠神幾도 정기신精氣神과 관련성이 깊다고 추측되며,『성리대전』(28, 黃勉齋)에는 귀신론의 영역에서 정기신을 취급하고 있다.[1] 이처럼 기철학적 우주론의 심화와 더불어 인성 수양론의 체계화를 가져온 것이 송대 철학의 특징이다.

여기에서 궁금한 것으로 송대 유학이 학풍의 형성과 더불어 부활한 이유는 무엇인가? 그것은 당·송대에 노·불 사상의 유행과 관련되며, 이에 대응하여 원시유학을 도통道統으로 삼으려 했던 것이다. 곧 송대의 유학은 도교와 불교의 자극을 받아 다시 일어났는데 그 철학사상은 원시 유교에서 주장하던 수제치평의 도를 강구함과 동시에 우주의 원리와 인간의 심성을 연구하는 고상한 철학적 경향을 나타내었다.[2] 물론 춘추전국시대의 인륜정신과 한대의 우주론적 영향을 받았으나 한대의 영향은 크지 않았던 것이다.

이처럼 송대 유학자들은 노·불 철학의 영향을 직간접으로 받았는데, 그것은 신유학의 이론체계 구축과 관련된다. 철학사에서 상식 중

---

1) 김낙필, 「性命論과 精氣神論」,『태동고전 연구』, 제3집, 태동고전연구소, 1987, p.202.
2) 金能根,『中國哲學史』, 探求堂, 1973, p.233.

의 하나는 송대의 철학이 도가 철학이나 불교 철학의 영향을 많이 받았고, 또 스스로의 논리나 체계의 구축을 위해 도가나 불가의 논리를 상당히 도입했다.[3] 이것은 신유학의 이론적 지평이 유가 철학의 체계화에 관련된 관계로 그것이 갖는 학문적 범주의 확대를 도모했다는 뜻이다.

노·불의 학문 가운데 송대 신유학자들은 특히 노장 철학에 관심을 가졌다. 많은 유학자들이 『노자』와 『장자』를 탐독했는데, 이는 그들이 『노자』와 『장자』를 내면적 가치나 혹은 수양 혹은 세계 변화법칙에 대하여 많은 사고의 자료를 제공해주는 책으로 생각했기 때문일 것이다.[4] 노·장에 관심을 많이 가진 것은 고대 중국 철학의 양대 산맥 역할을 한 것이 유·도였다는 점에서 이들의 철학적 균형성을 무시할 수 없다. 특히 내면적 수양의 가치와 우주론적 광활한 소요유逍遙遊의 세계에 관심이 적지 않았을 것이다.

송대 유학자들이 노·불의 영향을 받았던 것은 유교이론의 체계화와 도통의식에 더하여 배척적 이단의식과 관련된다. 유교는 노·불을 이단으로 보는 성향이었는데, 그 원류는 당대唐代의 한유로부터 비롯된다. 이러한 영향으로 송대의 이학가理學家들은 도·불를 이단으로 파악하고 맹렬하게 비판 배척했다. 이런 이해의 실질적인 시발점은 당대 한유의 「원도原道」에 나타난 도·불에 대한 이단관이다.[5] 이단적 성향은 다른 사상에 대한 비판과 배척의 입장을 견지하는 것으로 이것은

---

3) 曹玟煥, 「朱熹의 老莊觀」, 한국노교사상연구회 編, 『老莊思想과 東洋文化』, 亞細亞文化社, 1995, p.263.
4) 김학재, 「송대 신유학자들의 노자관에 대한 개괄적 시안」, 『동서철학연구』 제25호, 한국동서철학회, 2002, p.75.
5) 曹玟煥, 앞의 논문, p.264.

자파自派의 이데올로기적 우월성과 관련된다.

송대 철학의 우월성은 성리학 부흥이며 그것은 인문주의적 형이상학과 깊은 관련이 있다. 송대 신유학자들은 이러한 형이상학적 문제를 해결하고자 하는 학문적 시발점을 『주역』에서 찾았다. 그러한 단초는 『주역』「계사전 상」에 "역易에 태극이 있으니 이것이 양의를 낳는다."(易有太極, 是生兩儀)라고 한 구절에서 비롯되었다.6) 태극이라는 용어가 형이상학적 성향을 지니며, 그것이 기氣를 기반으로 한 점에서 형이상에서 형이하로 가는 길을 열어준 것도 사실이다.

또한 송대 철학의 특성으로 「태극도설」에 우주론적 성향이 두드러지게 나타난다. 우주론의 관심은 신유학에 있어서 『주역』이 그 기반이었다. 우주적 기氣라는 개념을 통하여 체계적인 사상을 구축한 것은 송대 신유학이라 할 수 있다. 이러한 기氣를 통한 우주론을 형성시킬 수 있는 이론적 단초는 『주역』에서 비롯된 것이다.7) 『주역』에서 음양의 두 기가 거론되는데, 송대 신유학의 이론에서 볼 때, 무극과 태극, 그리고 태극의 동정에 의한 기氣 일원론을 정초하게 만든 기반은 주렴계의 「태극도설」이라 할 수 있다.

본 도설에 의한 우주론을 전개하는 것은 이해하기 쉽게 '도상圖像'을 통해 전하려는 특성을 지니는데 송대의 주렴계가 여기에 속한다. 도상을 통해 본체와 우주의 생성을 쉽게 전달하려는 새로운 사조가 등장하기 시작하는데, 역학사에서는 이러한 풍조를 도서학圖書學이라 칭한다.8) 북송 시기에 이 도상을 통해 역학적 우주론을 제시하는 학자들이

---

6) 최정묵, 「장횡거의 기일원론적 우주론」, 『유학연구』 제3집, 충남대 유학연구소, 1995, pp.698-699.

7) 최정묵, 「장횡거의 기일원론적 우주론」, 『유학연구』 3집, 충남대 유학연구소, 1995, p.701.

많이 등장했다. 이를테면 유목, 소옹, 주렴계가 대표적으로 거론될 수 있는 인물들이다. 여기에서 주시할 인물로서 주진이 있다. 남송시기에 그는 북송 주렴계의 저작을 처음으로 알리기 시작했다.

그렇다면 우주론이 송대 철학에서 더욱 강조되었던 이유는 무엇인가? 그것은 우주론을 통해서 인간의 도덕성 계발이라는 것에 기반을 하고 있으며, 주렴계의 「태극도설」이 이와 관련된다. 송대에 이르러서는 그동안 논의되지 않았던 유가의 우주론을 계발하여 도덕실천의 완정完整한 이론적 체계화를 꾀하고자 하여, 제일 먼저 제시된 것이 주렴계의 「태극도설」이다.[9] 이와 같이 우주론적 광대한 천지 대자연에서 인간의 인륜 도덕을 접목하려는 성향이 이처럼 송대 철학의 「태극도설」에 나타난 특성이라 볼 수 있다.

위에서 열거한 항목들에 더하여 송대 철학의 「태극도설」에 나타난 전반적 특성과 그 영향을 항목화한다면 다음 몇 가지가 거론될 수 있다.

첫째, 주렴계의 「태극도설」은 장횡거의 태허즉기太虛卽氣 사상으로 연결되어 기일원론을 탄생시킨다. 그의 「태극도설」은 태극이나 음양, 오행을 자신의 철학으로 승화시킨 것이다. 또한 장횡거는 이를 보다 체계화하여 기일원론적 사유 체계를 구축한 것이다.[10] 주렴계와 장횡거는 송대 철학의 중심 인물로서 전자의 경우 무극과 태극을, 후자의 경우 본연과 천지의 성性을 천명하면서 송대 학풍의 큰 흐름이 이루어졌다고 본다.

---

8) 이내흥, 「주돈이 신화형성과 주희의 역할」, 『대동문화연구』 110집, 성균관대 대동문화연구원, 2020, p.149.

9) 김학권, 「朱熹와 李滉의 易哲學 비교연구」, 『汎韓哲學』 제17집, 汎韓哲學會, 1998, p.134.

10) 최정묵, 앞의 논문, p.701.

둘째, 주렴계의 「태극도설」은 주자가 적극적으로 해석하면서 이기理氣의 이론으로 체계화했다. 이기이원론을 거론한 주자는 주렴계 '태극도太極圖'의 '무극이태극無極而太極'에 대한 해석에서 '무형이유리無形而有理'라는 관점을 견지하면서 태극 이외에 무극이 따로 존재하는 것은 아니라고 본다.11) 주렴계의 태극해설과 이정의 이기론을 정비하면서 주자는 매우 합리적으로 무극과 태극을 이기理氣의 문제로 정립했던 것이다.

셋째, 주렴계의 「태극도설」은 후대의 성리학자들에게 많은 영향을 미쳤는데, 그것은 다양한 저술로 탄생했다. 이러한 저술은 송대에 편집된 것이거나 도설圖說의 성격을 지니고 있다. 이를테면 송대의 유교철학자 주렴계의 「태극도설」 '무극이태극無極而太極'은 주자의 『근사록』이나 『성리대전』뿐 아니라 퇴계의 『성학십도』 그리고 율곡의 「인심도심도설」에서 언급하고 있다.12) 이러한 저술의 편저자로서 주자와 퇴계는 주렴계의 「태극도설」을 공부하는 도술道術의 연원이라고 칭송했다.

이처럼 후대에 영향을 미친 이유는 주렴계의 「태극도설」이 송대 유학자로서 그간 유학의 본체와 생성원리를 무극과 태극으로 상징화하는 효시였기 때문이다. 송대의 유교철학자 주렴계는 그의 「태극도설」에서 '무극이태극無極而太極'을 ○으로 표현했다. 이 「태극도설」은 유교의 학리學理를 총괄적으로 표현한 것13)이라 했다. 그는 고대로부터

---

11) 曹玟煥, 「朱熹의 老莊觀」, 한국도교사상연구회 編, 『老莊思想과 東洋文化』, 亞細亞文化社, 1995, p.281.
12) 柳承國, 「儒敎思想과 圓佛敎」, 『圓佛敎思想』 제5집, 圓光大 圓佛敎思想硏究院, 1981. p.258.
13) 위의 논문, p.258.

계승되는 공맹 사상을 잇는 도통道統의 유학자로서 공부 방향을 가르쳐주고 있다.

주렴계와 송대학자들이 말하는 공부 방향이란 인성의 수양방법을 말한다. 이에 동원되는 송대 철학의 용어들로는 태화太和, 태극太極, 천天, 이기理氣 등이 있으며 이는 학리學理를 총괄하는 개념으로 이용되었다. 즉 중국 철학 사상 중에는 중요한 개념들이 즐비한데 태화, 태극, 천, 이理, 기氣, 성性 등이 그것이다. 그 가운데 이理와 기氣 두 개념은 송명이학자들에게 중심 개념이 되었다.[14] 주렴계의 태극이라든가, 장횡거의 태화, 그리고 이정과 주자의 이기 등의 용어들을 통해 여러 수양방법으로 접근 가능하게 해주었던 것이다.

이들 가운데 주렴계와 장횡거는 송대 철학에서 중요한 역할을 했다. 그들은 태극과 태허의 우주론적 개념을 통해 천도와 성명性命의 인성론적 수양 방법론을 제시하면서 정성正性에 이르도록 했다. 정통 유가에서 말한 성性은 직접 천명·천도를 관통하여 하나가 되는데 송유宋儒는 이를 계승하여 인간의 정성正性으로 삼았다.[15] 특히 장횡거에 이르러 비로소 천도·성명을 천지지성이라 했다. 이것은 기질지성을 극복함으로써 얻어지는 정성을 말한다.

결과적으로 인성론에서 얻어지는 정성正性이야말로 송대 철학이 지향하는 것이다. 이 모든 철학의 전거典據는 「태극도설」이었다는 점이 인식되며, 그것은 주자에 의해 본 도설이 해석학적으로 체계화한 점에서 두드러진다. 주자가 이학理學의 핵심적인 이론 전거로 추숭한 이후에

---

14) 김근욱, 「기일원론 및 유물론으로 간주한 장횡거 사상에 대한 논의」, 『동서철학 연구』 제73호, 한국동서철학회, 2014, p.138.

15) 양승무, 「장횡거 『정몽』의 심성론 연구」, 『유교사상문화 연구』 23집, 한국유교학회, 2005, p.176.

비유가非儒家 전통의 방식에 의해 작성된 주렴계의 「태극도설」은 송명
이학宋明理學의 가장 중요한 전적典籍의 하나로 자리 잡게 되었다는 것
이다.16) 본 도설의 해석에 심혈을 기울인 주자의 철학적 깊이와 합리
적 해석은 주렴계가 송대 철학의 효시임을 더욱 드러나게 해준 것으로
보인다.

한편 「태극도설」이 영향을 미친 유교의 고전으로는 주자가 편집한
『근사록』이 주목된다. 『근사록』의 내용은 주렴계와 정명도, 정이천,
장횡거 등 네 성리학 대가들의 저서 중에서 가장 일반적이고도 절실한
것 622조목을 뽑아내고 다시 그것을 14부분으로 분리해서 14권으로
엮고 있다.17) 염락관민濂洛關閩이라는 송대학파의 견해가 여기에서 핵
심적인 내용으로 실려 있다. 그것은 송대 신유학자들이 밝힌 우주의
원리로부터 인성·수양의 방향을 망라하고 있으며, 이의 편집은 주자
와 여조겸이 담당했다.

이들이 편집한 『근사록』이나 『성리대전』등의 영향으로 주렴계의
우주론과 인성론적 사유는 송대 철학의 체계화에 기여했다. 그것은
후대 명대철학에서 유·불·도 삼교의 합일사상이라는 학풍으로 이어
졌다. 송대 이후의 도교는 유·불·도 삼교의 합일을 특징으로 한다.
왕중양의 전진교, 유덕인의 진대도교眞大道敎, 소포진의 태일교 등이
여기에 속한다.18) 송대 철학이 지니는 성리학적 중요성이 잘 나타나
며, 그것은 인격을 함양하는 다양한 측면의 방법론을 낳게 하는 계기

---

16) 주광호, 「주돈이 태극도설의 존재론적 가치론적 함의」, 『한국철학논집』 20집,
    한국철학사연구회, 2007, p.9.

17) 오명숙, 「근사록의 철학체계분석」, 전북대학교 석사학위논문, 1993, p.1.

18) 韓國哲學思想研究會, 『韓國哲學』, 예문서원, 1995, p.98.

가 되었다.

▶▶▶ 2. 「태극도설」의 철학적 의의

1) 성리학의 발흥

정통유학에서 주렴계가 유교적 용어와는 다소 이질적 용어로서 무극과 태극을 거론하는 것은 도·불사상의 수렴과 관련되어 있다는 사실에 있다. 그럼에도 불구하고 이러한 용어를 사용한 주렴계가 송대의 정통 유학자로서 거론되는 이유는 공맹을 도통道統으로 하고 그의 제자들인 안회의 학문을 배운다는 점 때문이다. 그는 이윤의 뜻을 근본 삼고 안회의 학문을 배운다고 하여, 유학자임을 스스로 천명했다. 주자는 이에 주렴계의 「태극도설」을 송대 성리학의 연원으로 확인하고, 주렴계 사상을 이정二程으로 이어지는 성리학의 도통으로 삼았다.[19] 유학과 다른 방향에서 해석될 소지가 있는 무극과 태극 용어를 통해 본체론과 생성론을 언급했지만, 그것은 오히려 송대 성리학의 이론체계를 부활시키는 계기가 된 것이다.

이러한 성리학의 발흥에 있어서 송대만큼 이론적 체계화가 이뤄진 적이 없다. 송대 철학자들이 성리학에 대한 견해를 중심으로 그들의 사상적 지평을 넓히는데 심혈을 기울였기 때문이다. 곧 중국 철학의 발전과정에 있어서 송대 신유학의 철학적 위상이 적지 않았던 것이다. 그 원인을 보면 유학이 한나라에 의해 국가의 통치이념으로 수용되면

---

19) 류성태, 『중국 철학사의 이해』, 학고방, 2016, p.320.

서 오랫동안 중국사상을 석권하게 되었으나, 국가의 통치이념과 결합된 유학은 경직되면서 그 사상 자체의 탄력성을 상실, 여러 사회적 상황에 적절하게 대응하지 못한 한계 때문에 한말 이후 상당기간 중국사상의 중심적 위치를 노·불사상에 넘겨줄 수밖에 없는 결과를 초래했다.[20] 철학의 중심이 현실적 삶과 거리가 있는 인문주의 철학 문제에 대해서는 별다른 관심이 없었던 탓이다.

그리고 한대의 경학經學이 송대에 이르러 의리학으로 흥기한 이유는 북송 철학의 발전과 연계되었기 때문이다. 한대의 왕조는 정치에 있어서 통치이념을 유가의 경전에서 모색했으며, 송대 이후에도 중앙집권 통치를 통한 유학을 장려했다. 이처럼 사상과 문화에서 유가학설을 부흥시키고자 하는 강렬한 사조는 한대의 경학적 흐름과 비교할 때 유가경전에 대한 해석 등에서 그들만의 역사적 특징을 지니고 있었다.

송대경학의 특징은 유가경전의 해석을 그 안의 의리 탐구에 중심을 두고 사람들은 경經에서 도를 밝히려 했다.[21] 『주역』의 이해에 있어서도 경문經文에 대한 훈고에 한정된 것을 벗어나 그 안에 있는 의리義理를 탐구하는 것에 초점을 두었다. 어느 사상이든 새롭게 변화하는 시대나 사회적 상황에 적응해서 새롭게 정립되어야 한다. 또한 주변의 학문과 교류를 통해 서로 자극을 주고받을 때 그 사상은 발흥하게 된다.

유교사상이나 유학사에서 하나의 중요한 획을 긋는 것으로서 동양사상에서 이단의식이 가장 강한 것은 성리학이다. 이 성리학을 제외한다면 동양사상에서 이단의식을 갖고 있는 것은 전혀 없다고 할 수 있

---

20) 김학권, 「주돈이 철학의 연구」, 『원대 논문집』 31집, 원광대학교, 1996, pp.245-246.

21) 한훈, 「태극도의 도상학적 세계관과 그 매체성」, 공주대학교 박사학위 논문, 2013, p.26.

다.22) 이단의식이란 주변의 학문과 새롭게 교류하는 과정에서 마찰을 겪을 때 나타나는 반발의식이며, 이는 송대 성리학자들의 사유에서 뚜렷하게 나타났던 것이다.

이단의식이 송대 성리학의 발흥으로 이어진 탓으로 성리학의 무극과 태극 사상을 통해서 도교는 물론 불교 사상에 수용의 길을 터놓기도 했다. 송대 성리학은 당시의 화엄사상을 비롯한 불교적 개념을 수용하고 있으므로, 근래 불교사상의 개혁으로 원상(○)도 주렴계의 태극도설에서 제시된 무극 및 태극의 개념과 일치되고 있다.23) 성리학이 공유하던 무극 개념이 불교개혁의 차원에서 ○을 거론함으로써 종교회통의 시각이 나타나기도 했다. 이와 같은 이단의식은 송대의 시대적 요청으로서 상호 사상적 회통의 계기가 되며, 그것은 신유학이 이론적으로 확대된 것을 의미하는 것이다. 그것은 공맹사상을 중심으로 하되 도·불 사상을 융합하는 것인데 이는 주렴계를 필두로 전개된 사상이며 정주학 역시 같은 맥락이다.

학술사적으로 북송시대는 새로운 사조로서 유학부흥 운동이 전개되었다. 주렴계와 장횡거 및 정주학은 공맹유학의 철학적 문제를 중심으로 도가사상과 새롭게 정립된 불교사상도 융합한 방대한 사상체계이다.24) 주렴계의 태극과 장횡거의 일기一氣에 이어 이정과 주자의 이기론이 곧 성리학을 한껏 발흥시켰던 것이다.

---

22) 송항용, 「노장철학의 세계」, 한국불교환경교육원 엮음, 『동양사상과 환경문제』, 도서출판 모색, 1997, pp.43-44.

23) 琴章泰, 「韓國儒敎思想과 少太山 사상」, 『인류문명과 圓佛敎思想』(上), 圓佛敎出版社, 1991, pp.481-482.

24) 손흥철, 「주돈이의 태극과 이기개념의 관계분석」, 『퇴계학논총』 제29집, 사단법인 퇴계학부산연구원, 2017, p.59.

일반적으로 『주역』의 사상에 태극이 거론되는 점은 신유학의 효시인 주렴계가 무극을 등치等値한 점에서 특히 그의 「태극도설」이 돋보인다. 이에 노장의 무극과 태극 개념이 『주역』과 조우할 때 사상적 공유의 여지가 있었던 것이 사실이다. 성리학의 발흥에 크게 기여한 철학자들인 주렴계, 소강절, 장횡거, 정명도, 정이천, 주자, 그리고 그밖에 많은 학자들이 『주역』의 「계사전」을 근간으로 하여 그들의 사상을 전개했고 역학易學에 관한 저술들을 남기고 있다.25) 역학 저술로는 「태극도설」에 이어서 『역통서易通書』, 『정몽』, 『정전程傳』, 『본의本義』, 『황극경세서』, 『역학계몽』이 잘 알려져 있다. 여기에서 주렴계의 무극과 태극의 개념을 통한 유·도의 사상적 공유를 모색한 것이다.

이를 감안할 때 송대 성리학자들에게 그들의 신유학을 발흥시킨 고전이 『역경』이라는 것은 자명한 일이다. 『역경』은 5경 또는 13경의 하나로서 2천 년 간 중국 정신계를 지배하고 중국 지식사회에 지대한 영향을 끼친 유교의 근본 경전이다. 후세에는 송대에 성리학 형성에 형이상학적 기초를 부여하는데 크게 이바지했다.26) 『역경』을 중심으로 송대 유학의 우주론과 수양론 등의 이론을 풍요롭게 접근했으며, 도가 철학의 무극과 태극 개념을 수용한 주렴계는 이에 대하여 철학적 이론을 기여했다.

성리학적 이론을 집대성한 이학자들의 학풍으로 염락관민濂洛關閩 학파가 있는데, 그 가운데 '염濂'에 속하는 주렴계는 송대 성리학의 효시이다. 그는 중국 철학사에서 도학의 비조, 이학理學의 종주, 혹은

---

25) 곽신환, 「주역의 자연과 인간에 관한 연구」, 성균관대학교 박사학위논문, 1987, pp.6-7.

26) 홍순창, 「역경의 성립에 대하여」, 『철학연구』 제3집, 대한철학회, 1966, p.60.

송대 이학의 개창자라고 칭송받는데 이 말들은 조금씩 다른 의미가 있다.[27] 도학의 비조라고 하는 이유를 다음 몇 가지로 언급해 보고자 한다.

첫째, 주렴계는 천도天道와 오성五性을 언급함으로써 인성人性의 선악이 분기된다고 했다. 그는 「태극도설」에서 인성에 관심이 많았으며 그것은 만물의 영장으로서 선행을 유도하도록 인극人極을 세웠다는 점에서 잘 나타난다. 그리하여 「태극도설」에서 천도가 본성으로 내재되는 과정을 설명하고, 오성의 감동으로 선악이 나누어진다고 하여 송대 성리학의 이론적 기초를 세웠다.[28] 천도론天道論은 유학에서 인간이 실천해야 할 근간이며, 이러한 실천은 오성이 감응해야 하며, 감응의 정도에 따라 선악이 갈린다는 의미이다. 인·의·예·지·신이라는 오상五常의 성性이 온전히 감응하면 그것이 선善이라는 사실 때문이다.

둘째, 주렴계의 「태극도설」은 후대 정·주 이기의 이론 형성에 영향을 주었다. 누구든 자신의 학설을 통해 후학들에게 영향을 줄 수 있다고 본다. 특히 주렴계의 「태극도설」과 「태극도」는 바로 정주학의 이기론을 형성하는데 결정적 기여를 했다. 주렴계를 정주학의 비조라고 해도 무리가 없다고 생각된다.[29] 주렴계는 송대 철학의 태극·이기론을 발아시킴으로써 이정과 주자에게 효시의 역할을 한 것으로 「태극도설」은 이들에게 이기론 형성의 기반이 되었다.

---

27) 이난숙, 「주돈이 철학의 天人合德과 時中사상」, 『퇴계학논총』 29집, 퇴계학부산연구원, 2017, p.66.
28) 전용주, 「주돈이의 태극도설 연구」, 성균관대학교 박사학위논문, 2014, p.83.
29) 손흥철, 앞의 논문, p.59.

셋째, 주렴계는 천인합일의 이론 체계를 구축한 성리학의 선구자였다. 「태극도설」은 생성론적 가치를 밝히고자 했던 송대 유학자들의 형이상학적 관심을 대표하는 것으로, 본 도설은 생성과 가치의 근원을 동시에 설명할 수 있는 천인합일의 이론체계를 구축함으로써 송대 신유학의 선구자적 역할을 하게 된 점에 사상적 의의가 있다.[30] 여기에서 말하는 생성과 가치란 무극과 태극이 본체론적이고 생성론적이며 수양론적인 세 구조로 접근이 가능하게 했다는 것이다.

넷째, 주렴계는 송대의 생성론에 관심을 부여, 성리학의 세계관을 완성하도록 하는데 그 초석이 되었다. 그가 송대 성리학의 개창자로서 역할을 충실히 했다는 것은 특히 주자에 의해 완성된 세계관과 관련된다. 주자는 우선 주렴계를 송학의 시조로 보았고, 장횡거의 기질지성, 천지지성은 주자의 심성수양론에 지대한 영향을 미쳤다. 이정의 천리관天理觀을 통해 주자 자신의 이기이원론적 세계관을 발전시켰다. 주자는 주렴계의 「태극도설」의 해석과 더불어 그 영향으로 자신의 세계관을 구축시켰던 것이다.

무엇보다도 주렴계의 역할이 돋보이는 점은 우주와 인간에 관련된 다양한 용어들을 등장시켜 인간이 추구해야 할 천도와 인도의 실천을 강조했다는 점이다. 성리학자들이 추구한 도란 인간이 추구해야 할 가치의 본원으로서 이들이 중시하는 태극, 이, 기, 심, 성, 인仁 등의 개념을 통해 도에 관하여 종합적으로 이해하고 있었다.[31] 여기에서 거론되는 태극, 이기, 성, 인仁 등은 천도에 대한 종합적 접근이다. 이

---

30) 황영오, 「조선시대의 태극론에 관한 연구」, 원광대학교 박사학위논문, 2015, p.17.

31) 전묘숙, 「近思錄의 道體편 연구」, 숭실대학교 석사학위논문, 2008, p.16.

는 결국 이성적이고 도덕적 인품을 고양시키는 점에서 인륜의 도를 실천하도록 유도했다. 그것은 우주론적 도와 사회의 가치규범의 도를 종합했다는 뜻이다.

일반적으로 주렴계에 의해 우주론적 도와 사회적 가치규범의 도가 종합되었다는 것은 성리학에서 우주론과 인성론의 매개를 중시하여 결국 인간으로서 도덕규범 실천의 당위성을 제시하는 것에 효시의 역할을 했다는 의미이다. 성리학에서는 한편으로 우주와 인간의 근원적 만남 및 양자의 관계구조를 분석하면서, 다른 한편으로 인간의 실천적 당위규범을 제시하여 방대하고 정밀한 이론체계를 구성했다는 사실에서 철학사에서 중요한 업적을 이루고 있다.[32] 주렴계가 송대 성리학사에서 돋보이는 이유는 비조로서 그가 위와 같이 큰 업적을 남기고 있기 때문이다.

그리하여 송대의 성리학은 덕치사회의 구축에 기여하고자 했으며 그것은 구도자적 삶의 간절함과 덕이 충만한 사회를 향도했다. 인류역사상 대표적 고전사상의 하나인 성리학은 개인적으로는 경건한 구도적 삶의 방식을 추구하게 하고, 사회적으로는 이상적 덕치사회의 구현을 모색한다.[33] 주렴계를 포함하여 장횡거, 이정, 주자 등이 구도자적 품위를 지키고자 하여 성리학과 관련한 저술활동을 통해 덕치사회를 이루고자 했던 점을 높이 평가해야 할 것이다.

덕치사회의 구축이란 인간의 도덕성을 극대화시키는 것이다. 그것은 인간의 순선純善을 드러내어 기질지성을 극복하는 것으로, 송대 철

32) 금장태, 『유교사상의 문제들』, 여강출판사, 1990, p.10.
33) 尹以欽, 「韓國民族宗敎의 歷史的 實體」, 『韓國宗敎』 제23집, 圓光大 宗敎問題硏究所, 1998, p.96.

학은 이에 인간의 선악에 대한 해명을 하는데 그들의 이론적 범주를 넓게 확대했다. 실제 성리학의 목적은 인간 도덕성의 절대적 가능성을 존재론적으로 확보하는데 있으며, 그것은 선한 성품을 유도하며 천리를 논증하는 것이다.[34] 당시의 성리학자들은 천리를 강조하고 인성의 순화를 도모하여 결국 도덕성을 극대화하는데 정성을 기울였다.

인성의 순화에 있어서 도덕성을 극대화하는데 무엇보다 치열하게 논증하고 귀감이 되는 고전은 『성리대전』이다. 이는 송대 성리학의 영향으로 명대明代의 많은 학자들에 의해서 편찬되었다. 무려 42명의 학자들이 편찬한 이학理學의 문집으로서 70권이나 된다. 여기에서 주목되는 것으로 『성리대전』권1의 「태극도」와 「태극도설」, 권2-3의 『통서』, 권4의 「서명」, 권5-6의 『정몽』 등이 게재되어 있다. 이들의 도서 속에는 송원학宋元學으로서의 도학과 성리학의 요체가 망라되어 있는 것이다.[35] 『성리대전』의 수권首卷에 주렴계 저술을 게재했다는 것은 그가 우주의 근원을 밝히고 도덕성을 극대화한 효시라는 점에 동의하고 있다는 뜻이다.

『성리대전』외에도 『근사록』은 이러한 우주의 본체론과 이기의 문제, 인성의 도덕성을 고양시켜 선악을 판단하도록 하는 내용으로서 송대 철학의 학문적 정수를 쏟아내고 있다. 이는 주자의 편집에 의해 완성된 것으로 그는 본 저술에서 송대의 염락관민濂洛關閩 학풍을 진작시킴은 물론 그들의 성리학 이론에 체계화를 북돋아주었다. 실제 주자의 학문은 『근사록』에서 인용되고 있는 북송사자北宋四子의 철학

---

34) 최정묵, 「주자철학에 있어 敬의 의미와 위상」, 『동서철학연구』 제22호, 한국동서철학회, 2001, p.185.
35) 유교사전편찬위원회 편, 『유교대사전』, 박영사, 1990, pp.710-711 참조.

을 유기적으로 정립, 체계화했다.

송대 철학의 최대 쟁점을 여기에서 다시 한 번 거론할 필요가 있다. 그것은 주렴계가 성리학의 발흥에 직접적인 영향을 미쳤기 때문이다. '무극이태극無極而太極'은 송대 성리학에서 최대 쟁점이었고, 태극의 철학적 의미가 한 단계 성숙하여 이기론과 심성론으로 발전하는 단초를 열었다.[36] 「태극도설」에서 가장 큰 관심의 대상은 '무극이태극無極而太極'이다. 이를 이해하는 해석 또한 난해한 점이 적지 않다. 결국 그것은 주자에 의해 구체적이고 합리적인 해석방법으로 철학적 이론체계가 구축되었다. 무극과 태극은 유학의 범주를 뛰어넘어 도·불을 수렴한 주렴계의 지평확대에서 비롯되었다고 볼 것이다.

2) 이학체계理論體系의 정립

여기에서 말하는 이론체계의 정립이란 어떠한 사상이 논리적 기반과 사상적 근거가 되는 것들을 명확한 이론으로 구축하는 것을 말한다. 이를테면 춘추전국시대 가운데 유가는 도가의 영향 속에서 이론을 체계화하는데 있어서, 형이상학적 도와 한대의 음양론이 등장하면서 이론적 정비가 요구되었다.

맹자 이후 전국 말기의 유가사상은 도가의 영향 아래 철학적 기초를 정립하는 이론화가 이루어진다. 『주역』과 『중용』에서는 '형이상자위지도形而上者謂之道' '상천지재 무성무취上天之載 無聲無臭'라는 형이상학적 경계와 실제로서 노의 개념이 원조原初 유가사상의 주체로서

---

36) 박종도, 「태극기에 내재된 태극사상에 관한 연구」, 성균관대학교 석사학위논문, 2017, pp.87-88.

등장하게 된다.37) 원시유가에서 도가 철학과 교류하면서 도와 관련한 형이상학의 체계화가 이루어진다. 한대에 이르러 음양 오행론이 철학적으로 체계화를 거치면서 주나라에서 한나라에 이르러 형이상학적 도와 음양오행의 우주론이 철학적으로 조명을 받은 것이다.

이처럼 철학 이론의 체계화는 오랜 세월을 거치면서 학문적 토론의 축적 속에 더욱 가능해진다. 원시유학의 학문적 축적이란 철학적 조명을 통해 이루어진다. 그것은 신神의 절대성에서 이성적이고 합리적 개념으로 해석학의 지평을 열면서 더욱 유용성을 지닌다. 이를테면 원시유가에서 음양 관념이 개입됨으로써 신은 신앙적 대상에서 이탈되어 질적인 변용이 일어나는데 그 대표적 문헌이 『주역』「계사전」, 특히 상편 5장에 편집된 '음양불측지위신陰陽不測之謂神'38)이다. 여기에서 신의 영역을 이성이라는 학문적 도구를 통해서 철학적으로 해석을 심화하는 형식을 취한다.

철학적 해석의 체계화를 상기해볼 때, 원시 유가의 맹자 시대를 지나면서 한대에는 철학적 이론의 정립 측면에서 주도적인 역할을 하지 못했다. 그것은 맹자와 순자를 거치면서 인륜 중심의 사고는 점점 강화된 반면 우주에 대한 관심은 상대적으로 희박하게 되어 결국 한대 이후로 유가 철학은 우주론이 결여된 도덕 중심의 철학으로 굳어지게 되었다. 철학적 이론의 측면에서도 주도적인 역할을 상실하고 말았다.39) 한대의 우주론이 관심받기는 했지만 그 당시에 이론적 체계화를

---

37) 최영진, 「易學 사상의 철학적 연구-주역의 음양대대적 구조와 중정사상을 중심으로」, 성균관대학교 박사학위논문, 1989, p.76.

38) 위의 논문, p.76.

39) 김학권, 「朱熹와 李滉의 易哲學 비교연구」, 『汎韓哲學』 제17집, 汎韓哲學會, 1998, p.134.

완수하지 못했다는 뜻이다.

이론의 체계화를 이루지 못했을 때는 그 시대 학자들의 자극과 극복의 노력이 더욱 요구된다. 그것은 동시대의 철학자들에 의해 어떠한 사상을 체계적으로 정립된다는 것이다. 그 정립의 과정은 인간의 합리적 지성이 따르는 객관적이고 논리적이어야 한다. 그리하여 합리적인 지식을 형성한다는 것은 하나의 이론적 체계를 형성한다는 것이며, 여기에는 인간의 무한한 노력과 그리고 절대적인 긴장을 요구한다.40) 인간의 이성이 모순적이고 비논리적일 경우 깨어있는 의식을 상실하기 때문이다. 그러므로 철학의 이론적 체계화는 객관적 세계에 대한 실증이 현시되고 그러한 인식력의 확대와 더불어 논리체계가 확고해진다는 점을 염두에 두지 않을 수 없다.

고금의 오랜 역사를 거치면서 중국 철학은 논리적 체계화를 이루면서 철학의 학파가 형성되고 학풍이 진작되어 송대에 이르러 본체론과 인식론, 그리고 수양론의 체계적 정비가 이루어진다. 다만 우주론이든 수양론이든 이론을 너무 긴장하여 접근할 경우 어느 한 이론에 치중하는 경우가 발생하므로 사상적 편린의 오점을 남기는 등 논리를 위한 논리로 전락할 우려가 없지 않다.

특히 중국 철학의 경우 이론적 과정에 중심을 두게 되는 경우가 문제이다. 중국 철학의 체계를 세우는데 뛰어난 장점이 있다고 할 수 있지만, 중국 철학이 실천수양을 중시하는 측면을 놓아두고, 인식론적 관점에서 형이상학의 성격을 규정짓고 우주 발생론적 관점이 주도적 위치를 점하게 된다.41) 세세화란 사상적 편린을 송합하고, 논리의 폭

---

40) 김용선, 『지식對도덕』, 철학과 현실사, 1993, p.25.

41) 박승현, 「노자의 無-경계론적 입장에서」, 추계학술회의《도가철학의 쟁점들

과 보편성을 지녀야 한다는 점을 주의하지 않을 수 없다. 여기에서 시대적 성향을 반영한 학문적 이론을 보완하는 역사가 펼쳐지게 된다.

유교의 철학사는 이론을 보완하면서 새로운 사상에 대한 대응으로 이론체계를 새롭게 정립, 체계화를 도모했던 것이다. 유교의 역사는 이론을 보완하는 역사로서 그 역사적 전개과정 속에서 다른 사상 또는 새로운 사상의 도전이나 변전變轉하는 시대의 시대적 요청에 따라 항상 스스로의 이론체계를 새롭게 적응시켜 그 이론을 보완하거나 새롭게 체계화해 온 역사이다.[42] 이념 해석이나 이론의 전개에 있어서 전후 시대의 부족한 부분들을 새롭게 보충하면서 그 이론은 심화과정을 거쳐 왔기 때문이다.

이러한 이론 보완이라는 심화과정의 역사에 비추어볼 때, 상고의 유학은 본래 예禮를 강조했다. 공맹에 이르러 형이상학의 천도가 강조되고, 도·불의 영향을 받으면서 송대에는 보편논리의 종합적 시각에서 이론 무장을 시도했다. 사실 원시유학의 발달과정을 볼 때 본래는 본성이나 본체론적 천도 같은 문제보다 사회 개혁과 구세救世의 방책으로서의 예禮 사상 쪽에 많은 관심이 있었지만, 공자를 지나 맹자에 이르러서야 체계적으로 인성을 논하고, 『중용』과 『역전』 시대에 이르러 이 본성의 형이상학적 근거로써 천도를 논하는 기풍이 생겼다.[43] 그 이후 도·불 영향을 받은 송대 성리학의 이론체계는 인성론과 천도론을 보완하는 철학적 쟁점 부각이 성공적이었다.

Ⅱ》, 한국도가철학회, 2001, p.7.

42) 安炳周, 『儒敎의 民本思想』, 성균관대 대동문화연구원, 1987, p.11.

43) 김병환, 「맹자의 도덕생명 사상」, 『범한철학』 제23집, 범한철학회, 2001, p.274.

여기에서 송대 철학의 시대를 조망해 본다면 주렴계는 생성론과 주자의 존재론을 포함한 우주론 문제를 점화시켰다. 그것이 무극과 태극이 관련된 「태극도설」이다. 그의 「태극도설」은 『주역』에 의거하여 천도론과 인도론을 종적으로 연결시킨 것으로, 우주만물의 생성과 변화, 그리고 존재에 대해 비교적 체계적인 설명을 제시하고 있는 송대유가 최초의 우주론이었다.44) 우주론을 부각시킴으로서 주렴계와 주자 등은 이를 인성론과 연계하여 성리학의 이론을 구축하기 시작한 것이다.

우주와 인성 문제의 연계는 주렴계 자신이 유가적 사유에 구애받지 않고 사유영역을 확대했기 때문에 도가계통의 무극과 태극이라는 용어 사용이 가능한 일이었다. 그 연원으로서 도가의 노장사상은 우주론, 인식론, 생성론의 불가분적 세계관으로서 융합의 사유를 가져다준다는 사실을 직시했을 것이다.

장자에게 이 심미체험은 인식론적, 생성론적, 우주론적인 근본성과 얽혀 있는 정신의 최고 경계의 문제가 되는데, 그 경계는 장자철학의 핵심인 도와 직결되어 있다45)는 점을 직시했으리라 본다. 도가적 사유와 유사하게도 우주론과 인식론은 물론 생성론적 체계는 주렴계의 사상에서 볼 때 그의 인식구조가 천·지·인의 사유 체계를 종합한 것에 기반하고 있다. 즉 주렴계는 천·지·인에 대한 사유 체계를 통합하여 태극→음양→오행→만물에 이르는 과정을 구체적이고 논리적으로 체계화했다.46) 이를테면 태극과 무극을 본체론으로 하여 음양오행의 작

44) 김학권, 앞의 논문, p.134.
45) 이성희, 「莊子 철학의 미학적 구조-物我 관계를 중심으로」, 『道家哲學』 第2輯, 韓國道家哲學會, 2000, pp.176-177.
46) 전용주, 「주돈이의 태극도설 연구」, 성균관대학교 박사학위논문, 2014, p.106.

용을 통해 만물의 생성으로 이어지는 과정을 설명함은 물론 오성五性을 함유한 인간의 본성론을 체계적으로 접근했다.

결과적으로 주렴계는 천·지·인의 단편적 사유 체계를 '천인합일' 사상으로 체계화했다. 「태극도설」은 이처럼 우주론과 만물생성론 및 인간론을 연결하여 종래에 단편적으로 전개되어온 천·지·인에 대한 사유 체계를 통합하고, 하늘이 인간을 창생하고 인간에게 본성을 부여했다는 천인합일의 사상을 구체적이고 논리적으로 체계화한 것이다.[47] 이것은 본체론, 생성론, 수양론의 경우에도 관련되며, 이 모두가 천인합일이라는 유교적 이념 성향을 파악할 수 있다.

여기에서 주렴계의 체계화된 성리학 이론의 지향점은 무엇인가를 다음 몇 가지 측면에서 접근해 보고자 한다.

첫째, 「태극도설」을 통해 우주론, 인성론, 수양론을 겸비하는 보편지성을 지향하는 것이다. 이에 대하여 유·도 양가는 물론 주렴계의 견해를 소개해본다. 안영석에 의하면 유가의 학문에 있어서 우주와 인간, 천도와 인성은 대체로 함께 논해진다고 했다. 황영오에 의하면, 주렴계는 「태극도설」을 통해 우주론과 인성론 그리고 수양론을 아울러 그의 높은 학문 수준을 보여준다고 했다. 서복관에 의하면 『노자』에 엿보이는 우주론은 주로 본체론(제1장) 및 생성론(제42장)과 연계시켜 논의한다고 했다.[48] 이들의 견해가 하나같이 체계화된 유학의 이론을 통해 그들로서 보편지성을 지향하는 내용이다.

둘째, 성리학 이론의 체계화는 실천에까지 이르는 천인합덕을 지향

---

47) 위의 논문, pp.106-107.
48) 안영석, 「張橫渠 哲學의 연구-내용체계의 해명과 현대적 해석」, 영남대 박사논문, 1990, p.17.; 황영오, 「조선시대의 태극론에 관한 연구」, 원광대학교 박사학위논문, 2015. p.52.; 김충열, 『노장철학강의』, 예문서원, 1995, p.62.

하고 있다. 유교 형상학의 대표적인 두 가지 특색이 있는데 하나는 천도의 창조력이 우주에 충만하면서 끊임없이 변화하여 모든 만물의 생함을 긍정하는 것이고, 다른 하나는 인간의 내재적인 가치를 발양하고 확대시켜 우주 질서와 합치를 이루는 천인합덕을 강조하는 점이다.[49] 이를 감안하여 천인합일을 통한 덕치의 세상을 꿈꾸는 것이 유가 철학의 방향이다.

셋째, 고금의 중국 철학자들에 의한 이론체계화 작업은 우주론에 더하여 인생관 나아가 사회구원의 정치관을 포괄하고 있다. 이론을 위한 이론에 머무르지 않는다는 것이다. 대부분의 사상가는 그 나름대로의 우주론을 전개하는데, 이 우주관이 바로 사상가들의 인생관과 정치관을 결정한다.[50] 이것은 송대의 시대적, 사회적 상황을 주렴계는 간과하지 않았을 것이라는 그의 철학자적 위상과 관련된다. 고상한 이론과 치열한 실제의 현실을 일치하려는 것이 학문의 진정한 가치라는 사고가 이것이다.

이와 같이 체계화된 이론의 지향점을 고려하면, 원론적 입장에서 어느 이론이든 그 이론 단독으로 완벽한 이론의 체계화가 가능하지 않다는 점이다. 그러므로 송대에 집대성된 천도론과 인성론을 따로 분리하여 체계화할 수 없는 것도 사실이다. 이들의 관계는 상호 불가분리不可分離이기 때문이다. 대체로 유가 철학에 있어서 천도론과 인성론은 밀접한 불가분적 관계로 결합되어 있는데, 그것은 인간의 성性을 지극하게 탐구하면 우주 전체적 작용과 떨어져 있지 않다는 사실을

---

49) 方東美, 『生生知德』, 黎明文化事業公司, 民國74, 台北, pp.288-289.
50) 詹劍峰, 『老子及其人其書及其道論』, 湖北, 人民出版社, 1982, p.410.; 조민환, 『유학자들이 보는 노장철학』, 예문서원, 1996, p.67.

인식했기 때문이다.51) 이에 대해서 우주의 본질을 연구하면 할수록 인간의 마음 실제가 우주적 작용을 탐구하고자 하는 역량을 발휘하게 하는 것이다.

우주의 본질과 인간의 실제 마음이 만난다는 것은 「태극도설」에서 볼 때 우주론의 가치화와 맞물려 있다는 증거이다. 「태극도설」의 특색에 대하여 하나의 개괄적인 이해를 얻을 수 있다면, 이 사상은 형이상학 및 우주론적인 성분이 혼합되어 있으며, 또한 가치론의 문제들이 혼합된 계통의 밑에 배치하여 그 문제를 처리했다.52) 형이상학 내지 우주론에는 인간이 이를 실제에 활용하려는 가치론의 성분들이 합류되어 있다는 뜻이다. 철학에서 본체, 생성, 인성의 이론적 체계화는 인간 심성의 내면에서 지향하는 '가치화'가 중요하기 때문에 이뤄진다.

이러한 인간 내면의 가치화는 결과적으로 어떠한 이론이든 인간의 인격과 결부시켜 실제적 삶에서 고양된 인품을 발휘하기 위한 수양론이 뒤따른다는 사실을 인지해야 한다. 유학이 인간 자신의 수양과 실천 없이 관념적 사변이나 이론을 위한 이론에 그칠 경우, 그 역할은 내세를 지향하고 절대자를 신앙하는 다른 종교들의 교화 기능만도 못한 꼴이 된다.53) 아무리 고상한 이론이라 해도, 그것은 현실에서 인간의 바람직한 수양방법으로 연결되도록 오랜 동서 철학사에서 우주와 인성의 문제를 같이 다루고자 한 철학자들의 노력이 뒷받침되어야 한다.

이와 관련하여 이론적 담론을 펼친 철학자들의 관심사는 후대에까

---

51) 안영석, 앞의 논문, p.17.
52) 勞思光(정인재 譯), 『중국철학사』 송명편, 탐구당, 1987, p.123.
53) 金忠烈, 「기조발표-21세기의 미래 사회와 유학의 역할」, 충남대학교 유학연구회 국제학술회의 발표요지《21세기의 미래 사회와 유학의 역할》, 충남대학교 문과대학 유학연구회, 1998, p.6.

지 영향을 미친다. 주렴계의 「태극도설」이 정주학에 영향을 미쳐 유학을 새롭게 해석하도록 한 근본 이유는 우주론과 인성 수양론의 문제였다. 정주학의 우주론은 당시까지의 우주 본체론에 기초하여 유학을 새롭게 해석함으로써 확립되었는데, 최초의 단서가 주렴계의 「태극도설」이라고 할 수 있다.54) 이를테면 「태극도설」의 무극·태극과 인극, 이로부터 강조된 이정의 천리 개념, 여기에 근거한 주자의 우주론과 인성론의 합리적 해석은 상호 영향을 주고받으면서 일관된 성리학의 논리체계를 구축해 왔던 것이다.

그러므로 주렴계의 「태극도설」은 성리학 이론의 체계화 작업을 거쳐 주자학에서 완성되었다. 그 기반에 흐르는 이론은 본체론과 가치론을 성리와 관련하여 정립되었다는 점이다. 곧 주자학의 성리 이론에서 존재론이나 가치론에서 궁극적으로 귀일되는 곳은 존재의 이기 및 인성의 성性과 그 내용상 서로 통하고 있다.55) 여기에서 말하는 존재론의 경우 주렴계 이론에서 본체론·생성론에 해당한다. 가치론의 경우 인성 수양론에 해당한다는 점에서 송대 철학의 출발은 주렴계이다. 이를 완성한 경우는 주자학에 있다고 볼 수 있다.

3) 만물의 영장으로서의 인성론

누구도 부인할 수 없는 것은 지구상의 생명체 가운데 인간이 만물의 영장이라는 것이다. 만유를 통틀어 최령의 존재로 자리하고 있다는

---

54) 손흥철, 「주돈이의 태극과 이기개념의 관계분석」, 『퇴계학논총』 제29집, 사단법인 퇴계학부산연구원, 2017, p.50.
55) 최영찬, 「주자의 심성론」, 석산 한종만박사 화갑기념 『한국사상사』, 원광대학교출판국, 1991, p.1703.

점이다. 그것은 인간만이 맑은 기운을 받고 태어났기 때문이다. 인간은 지구상의 생물체 가운데 가장 고급의 형태이다.[56] 그리하여 오랜 역사를 지내오면서 축적된 문화를 견지하면서 인간은 무한의 사유력과 더불어 이성의 도덕성을 겸비하고 있다.

그렇다면 인간이 만물의 영장임을 밝힌 고전적 연원은 무엇인가? 그것은 『서경』으로 여기에서 인간은 최고의 존재임을 확인시켜 주고 있다. 『서경』의 내용을 찾아보면 다음의 문구가 보인다. "천지는 만물의 부모이고 인간은 만물의 영靈이다."[57] 만물의 영으로서 최고의 영혼을 간직한 경우는 인간뿐이다.

본 고전에는 상제上帝·천天 등이 인간에게 천명을 내려주었다는 언급이라든가, 최령한 인간이 그 명을 받아 인새印璽를 행한다는 언급들이 나타나 있다. 인륜과 도덕을 실천하며 가치 지향적 삶을 추구하는 존재는 이 세상에서 인간 외에 다른 어떤 생명체에서도 발견되지 않는다는 것이 고전에 잘 나타나 있다.

이처럼 중국의 고대철학에서 인간이 만물의 영장인 이유를 여러 차원에서 밝혔는데, 그 핵심 쟁점은 기氣의 청탁 여부에 관련되어 있다. 기를 천지만물을 구성하는 물질적 요소로 생각했다. 『주역』「계사전」상에서는 정기精氣가 (모여) 사물이 되고, 혼이 흩어져[游魂]변한다고 하여 유형의 사물이 기로써 구성되었음을 긍정했다.[58] 춘추전국시대에 유행하던 이러한 사상은 온전한 기를 받아서 맑고 후덕함을 갖추느냐와 관련되는 것이다. 청탁·후박에 있어서 어떠한 기를 받고 태어났

---

56) 張相浩, 『人格的 知識의 擴張』, 敎育科學社, 1994, p.53.

57) 『書經』「泰誓」上篇, "惟天地萬物父母, 惟人萬物之靈."

58) 유장림, 김학권 옮김, 『주역의 건강철학』, (주)정보와 사람, 2007, p.178.

느냐가 만물의 영장인 인간이냐, 아니면 동식물이냐의 갈림길이다.

나아가 유학에서 인간의 존재적 위상을 알게 해주는 것이 또한『주역』의 천·지·인 삼재 사상이다. 삼재의 구조를 보면 인간이 천지 사이에 존재하여 우주에서 인간의 존재적 위상이 드러나 있다. 이처럼 유가경전 중에서도 그 철학적 지평을 마련해주는『주역』에서는 인간의 우주적 위치를 천지인 삼재지도三才之道로 설명하면서 유학이 인간을 이해하는 기본적인 관점을 제공한다.[59] 삼재의 사상 세 가지 존재는 불가분리不可分離의 실재로 접근되며, 이들의 관계는 서로 회통한다. 인간이 상·하의 중심에 존재하는 위치가 지고의 존재임을 시사하고 있다.

지고의 존재인 인간의 구명究明에 있어서 다소 색다르게 접근한 순자의 견해를 소개해 본다. 기氣의 청탁에 따라 순자는 지구상의 생명체를 4등급으로 연결했다. 그 가운데 인간은 최고의 등급으로 거론된다. 즉『순자』「왕제」에서는 다음과 같이 말한다.

> 수화水火는 기氣는 있지만 생함이 없고, 초목은 생함은 있지만 앎이 없으며, 금수는 앎은 있지만 의로움이 없으나, 인간은 기도 있고 생함도 있고 앎도 있고 또한 의로움도 있으므로 천하에서 가장 귀한 것이다.[60]

위의 내용을 검토해 보면 물과 불, 초목, 금수, 인간의 네 등급으로

---

59) 宋在國,「儒學의 宗教性」, 99 한국종교사학회 추계학술대회《韓國新宗教 研究의 諸問題》, 韓國宗教史學會, 1999, p.3.
60)『荀子』「王制篇」, 水化有氣而無生 草木有生而無知 禽獸有知而無義 人有氣有生有知亦具有義 故最爲天下貴也.

나누어진다.[61] 세계의 사물은 낮은데서 높은 곳으로 향하는데 그것은 기氣의 감응력과 직결되어 있다는 것이다.

이처럼 순자가 밝힌 인간이 만물의 영장인 이유는 또한 상생의 사회생활로서 '능군能群'의 지혜에 있다고 할 수 있다. 만물 가운데 가장 인간이 영장적인 우수한 존재임을 표명한 말을 『논어』에서는 찾을 수 없고, 오히려 『순자』「왕제」에 보면 '천하에 가장 귀한 존재'인 인간의 우수성을 강조하여 그 원인이 '능군能群(사회생활의 능력)에 있다고 한 것이다.[62] 맑고 두터운 기를 소유하며, 사회적 동물로서 상생으로 행복을 지향하면서 미래를 대비하고 문명을 발전시켜온 최고의 존재는 유일한 인간이라는 것이다.

중국 고대 철인들의 언급에 나타나듯이 만물의 영장이 인간인 이유는 능군能群에 더하여 인욕人欲의 절제를 가능하게 하는 도덕적 자각이 뒷받침되는 점을 빠뜨릴 수 없다. 인간을 만물의 영장이라고 하는 말은 결코 인간 자신의 자만에서 나온 것만은 아니다. 인간이 그렇게 이 세상의 다른 모든 생명체보다 성공적으로 생명 본능의 번식과 존속을 이루어 나갈 수 있었던 것은 바로 그 본능적 충동을 이성적으로 조절하고 도덕적 자각으로 승화시켰기 때문이다.[63] 유가 윤리의 핵심이 이와 관련되는 것으로, 김충열 교수의 『유가 윤리강의』라는 저술에서는 인간으로서 본능절제와 도덕적 자각이 특히 강조되고 있다.

만물의 영장으로서 절제와 자각에서 그 생명체는 지속되며 생명의 충일함으로서 천지의 알맹이로서 그 역할이 가능하다. 이와 관련하여

61) 유장림·김학권 옮김, 위의 책, p.178.
62) 安炳周, 『儒敎의 民本思想』, 성균관대 대동문화연구원, 1987, p.45.
63) 김충열, 『유가윤리강의』, 예문서원, 1994, p.43.

우주론이 발아된 한나라 때에 동중서는 인간이 가장 귀한 존재라고 했다. 그는 말하기를 "천지의 알맹이가 만물을 이룬 것 중에서 인간보다 더 귀한 것은 없다."[64]라고 했다.

천지의 알맹이란 생명체의 에너지를 말하는 것이다. 이 에너지가 개체의 생명을 탄생시키는 것으로 인간이 그 가운데 최고로 존귀한 것이라 보았다. 그는 천인상감의 원리를 제시하면서 대우주에 대한 소우주로서 인간의 존재성을 밝혔다. 송대에 이르러 주렴계의 「태극도설」에서는 사람만이 빼어난 기氣를 갖고 태어나 영특하다고 했다. 이는 주렴계가 인간의 개체성을 벗어나 우주 차원으로 인도했다는 점에 그 특징이 있다. 그는 오직 사람만이 기의 빼어남을 얻어 가장 영특한 존재라고 했는데, 영특함이란 인간이 동식물과 달리 사물을 이해하고 사물의 근원을 해명할 수 있는 최고의 영성적 존재임을 말한다. 사물을 이해하고 사물의 근원을 철학적으로 해석을 할 수 있는 존재는 인간 외에 어떠한 생명체도 없다는 점에서 이는 당연한 귀결이라 본다.

그렇다면 주렴계는 「태극도설」에서 사람만이 영특하다고 한 근본적인 이유를 어디에서 찾고 있는가? 그것은 인간으로서 음양의 기와 오행을 통해서 오성五性 작용을 자각하기 때문이라 본다. 「태극도설」 셋째 문단에서는 인간만이 빼어나고 가장 영특하다고 했는데 그 이유는 인간이 만약 사생死生을 포함한 인간만사가 오성의 발현이라는 것을 자각한다면 사생·선악 등 인간사의 모든 요소가 태극 즉 성性임을 인식할 수 있다.[65] 인성으로서 오성의 올바른 발현을 통한 선악을 판

---

64) 董仲舒, 『春秋繁露』 「人副天數」, "天地之精所以生萬物者, 莫貴于人."

65) 허광호, 「주돈이와 권근의 천인합일사상 비교」, 『동양고전연구』 66집, 동양

단하고 가치 있게 행동하기 때문이라는 것이다.

선악의 판단 역량을 지닌 인간은 특히 빼어난 기氣를 받아서 태어났기 때문에 가장 영특한데, 이처럼 주렴계는 선악의 개념을 이끌어내었다. 선악은 인륜이자 도덕 규범으로서 유교에서 공맹의 인의仁義 실천과 직결되는 점에서 주목되는 것이다. 기라는 일면에서 볼 때 인간은 '빼어남을 얻어 가장 영특하다'고 했다. 단지 기가 만물을 화생化生한 수많은 상태 중의 한 상태에 불과한 것인데, 여기에서 어떻게 '선악'의 관념을 이끌어 낼 수 있느냐가 주렴계 학설의 첫 번째 난점이다.66) 이러한 난점의 극복을 위해 주렴계는 어떠한 개념을 동원했는가를 이해하는 것이 필요하다.

선악 판단의 분별을 통해 인간이 도덕적 행동을 할 수 있는 근거로 주렴계는 「태극도설」에서 무극과 태극에 이어 '인극人極' 개념을 동원했다. 가장 영특한 존재인 인간은 이 인극을 실천함으로써 성인이 되어야 한다는 것이 「태극도설」이다. 그러므로 인간은 우주상에서 가장 영묘한 존재이므로 성인이 세운 인극을 표준삼아 성인의 경지에 이르러야 한다는 것이 「태극도설」의 기본 논지이다.67) 성인의 경지에 이르기 위해서는 그 표준이 있어야 한다는 것으로 인극이 갖는 의미가 지대하다.

송대의 소강절도 사람이 만물의 영장임을 밝히면서 영장으로서의 위치를 지키기 위해서 성인의 경지에 이르러야 한다는 입장에서 다음

고전연구회, 2017, pp.259-260.

66) 勞思光(정인재 譯), 『중국철학사』 송명편, 탐구당, 1987, p.118.

67) 전용주, 「주돈이의 태극도설 연구」, 성균관대학교 박사학위논문, 2014, pp.106-107.

과 같이 말한다. 그는 말하기를 "사람 또한 사물이고 성인 또한 사람이다. … 사람이란 사물 가운데 최고의 존재이고, 성인이란 사람 가운데 최고의 존재이다."[68]라고 했다. 성인을 거론하는 것은 주렴계가 말한 성인론과 같은 입장이며, 그것은 인간인 이상 최령한 존재라는 송대 성리학의 전반 특성이기도 하다.

뒤이어 정명도는 인간이 만물의 영장임을 밝히며 송대 철학의 인간관을 정립했다. 그리하여 그는 극極을 이루었던 평등 원리의 추구와 차별 원리의 극복을 위해 인간을 만물의 영장으로 보는 『서경』(泰誓篇) 이래의 전통적 인간관 위에 장자의 자연학적 인간관을 보완한데서 가능했던 것이다.[69] 인간이 만물의 영장인 이유는 본 경전의 내용을 근거했으며, 이는 공맹의 인의仁義 사상을 계승한 주렴계의 인간존엄 사상과 관련되며 한걸음 나아가 도가사상을 수렴했다.

정명도에 이어서 주자도 모든 생명체가 각각 태극을 갖추고 있지만 인간만이 온전한 태극을 가지고 있다고 했다. 곧 주자는 다음과 같이 말한다.

> (제자) 또 물었다. '만물이 각각 하나의 태극을 갖추고 있다면, 이치는 온전하지 않을 수 없습니다.' (주자) 대답했다. '온전하다고 말할 수도 있고 치우쳤다고 말할 수도 있다. 이치의 측면에서 말한다면 온전하지 않을 수 없고, 기운의 측면에서 말한다면 치우치지 않을 수 없다. 그러므로 여여숙은 만물의 본성은 사람의 본성에 가까운 점이 있으며, 사람의 본성은 만물의 본성에 가까운 점이

---

68) 『皇極經世』 卷11 上, 「觀物內篇」, "人亦物也, 聖人亦人也…人也者, 物之至者也, 聖也者, 人之至者也."

69) 安炳周, 『儒敎의 民本思想』, 성균관대 대동문화연구원, 1987, p.12.

있다고 말했다.'70)

인간이 만물의 영장인 이유는 태극을 갖추면서도 기氣의 온전함을 갖추고 탁함과 치우침을 멀리한 최령한 존재로서의 선한 본성에 있다고 보았다. 기운의 치우침이란 탁한 기질지성에 구애됨이라는 것으로 이는 장횡거의 사상과 같은 맥락에서 이해된다. 이어서 청대의 강유위에 의하면 인간은 만물의 영장이라며, 우주의 생명체 가운데 인간은 탄생의 순서가 가장 늦다고 했다. 그는 이에 다음과 같이 말한다.

> 무릇 사물은 거친 것이 쌓여야 정미한 것이 생기고, 천한 것이 쌓여야 귀한 것이 생기고, 우매함이 쌓여야 지혜가 생기고 흙과 돌이 쌓여야 초목이 생기고 곤충이 쌓여야 짐승이 생긴다. 사람은 만물의 영장이니 가장 늦게 탄생했다. 홍수가 온 지구에 있었으니, 인류의 탄생은 홍수 이후에 있었다. 그러므로 대지에 민중이 번영한 것은 하나라 우왕禹王 시대의 일이다.71)

위의 언급은 거친 기운과 정밀한 기운의 차이가 인간과 만물로 나뉘는 근거가 된다는 것이다. 또한 사람은 만물의 영장으로서 우주에 형성된 생명체 가운데 '대기만성'이라는 표현이 있듯이 가장 늦게 태어난 최령한 존재라는 것이다.

---

70)『朱子語類』卷4,「性理一」, 又問, 物物具一太極, 則是理無不全也, 曰, 謂之全亦可, 謂之偏亦可, 以理言之, 則無不全, 以氣言之, 則不能無偏, 故呂與叔謂物之性有近人之性者, 人之性有近物之性者.

71) 康有爲,『孔子改制考』, 凡物積粗而後精生焉, 積愚而後智生焉, 積土石而椒目生, 積蟲介而禽獸生, 人爲萬物之靈, 其生尤後者也, 洪水者大地所共也, 人類之生皆在洪水之後, 故大地民衆, 皆蘊萌於夏禹之時.

근세 중국 철학으로서 송나라로부터 명나라와 청나라에 이르기까지 유교의 인륜적 가치지향의 철학임을 자임했다. 그 효시로서 주렴계의 「태극도설」은 만물의 영장이 인간임을 확인시켜주는 인간학임에 틀림이 없다. 성리학은 본질적으로 인간학이기 때문에 형이상학적 본체의 세계를 해명하고 우주의 이법질서를 탐구하려는 노력도 결국 인간의 이해라는 측면으로 귀결된다.[72] 이처럼 인간학이란 우주의 질서 속에서 인륜 도덕을 지고의 가치로 삼으며 만물의 영장으로서 품위를 지켜가도록 인문학적 지혜를 발휘하게 해준다.

인문학적 지혜는 중국과 조선의 성리학에서도 꽃을 피우며 전개되었다. 화서 이항로(1792~1868)는 조선조 후기의 유학자로서 인간은 마음을 주재하고 있다고 하여 최고의 존재임을 시사하고 있다.

> 우주에 있어서의 주재는 상제라 하고, 만물에 있어서의 주재는 신神이라 하며, 인간에 있어서의 주재는 마음이라고 하는 바, 실로 이들은 모두 하나의 태극에 대한 설명에 불과한 것이다. [73]

인간이 만물의 영장이라는 것은 동서를 막론하고 고전에서 근세의 철학자들에게 규명되어 온 것이 사실이다. 이에 인간은 자신의 철학적 사유에 더하여 만물의 영장으로서 현실을 살아가는 지혜가 요구되는 것은 시공을 초월하여 공유되고 있는 것이다.

---

72) 오명숙, 「근사록의 철학체계분석」, 전북대학교 석사학위논문, 1993, p.19.
73) 李恒老, 『華西雅言』 1-106, 在天地卽主宰謂之帝, 在萬物卽主宰謂之神, 在人卽主宰謂之心, 其實一太極也.

학계에서 일반적으로 공감하듯이 철학은 시대 흐름의 반영이다. 그러므로 그것은 시대적 가치를 대변하면서도 인간의 사유 가치를 충실히 반영하지 못한다면 그 의미를 잃을 수 있다. 옛날부터 철학자들은 진리를 추구해 왔는데 철학은 그 시대정신의 정화이며, 각 시대의 철학은 그 시대의 한계를 갖는다.[74] 시대가 요구하는 것이 많은 관계로 인간의 역량 한계가 오는 것이지만, 인간의 감정을 정화시키는 것이 철학의 역할이다. 이에 철학이라는 학풍은 시대를 따라 발전해오면서 학풍이 갖는 철학적 지혜로써 중국 고대철학이 전하는 삶의 지혜는 후대인들에게 귀감이 되어 삶의 자양분으로 용해되고 있다.

주렴계의 「태극도설」이 송대에 관심을 받고 이론으로 정립된 것은 이정사상과 연결시킨 주자의 영향이 크다고 볼 수 있다. 본 도설이 정주학의 본체론을 형성하게 한 효시가 주자라는 것이다. 곧 「태극도」는 정작 그와 학문적 연관이 깊었던 이정과 직접적으로 계승되지 못하고 간접적으로 계승되었는데, 주자는 「태극도설」을 정이천의 천리개념으로 재해석하여 이기론을 정립하고 나아가 정주학을 완성했다.[75]

이정은 어린 시절 주렴계에게 수학했다. 주렴계의 태극보다는 천리라는 개념을 창안했는데 이정의 천리와 이기의 개념이 완성된다. 이처럼 주자는 북송 성리학자들 가운데 「태극도설」에 많은 관심을 갖고 구체적으로 해석을 하여 태극을 유무有無로 관련지었다. 곧 그는 선대

---

74) 張岱年·方立天 편(중국민중사사연구회 옮김), 『中華의 智慧』, 민족사, 1991, p.27.
75) 손흥철, 「주돈이의 태극과 이기개념의 관계분석」, 『퇴계학논총』 제29집, 사단법인 퇴계학부산연구원, 2017, p.42.

의 5현자[北宋五子]를 바탕으로 유학의 종지인 '있음'[有]의 세계를 복권시켰는데, 주자의 이른바 '무극이태극無極而太極'의 해석에서 '무극은 태극이다.'라는 주장은 없음[無]의 세계를 부정하여 있음[有]의 세계를 우리 앞에 현현顯現하려는 노력이다.[76] 주자는 주렴계가 말한 '무극이 태극'을 유有와 무無로 대비하여 주자의 세계관을 성립시켰다.

또한 주자는 이기의 개념을 동원하여 무극과 태극을 설명하고 있다. 그가 「태극도설」에 얼마나 많은 관심을 갖고 다양한 해석을 덧붙였는가를 알 수 있다. '무극이태극無極而太極'을 '무형이유리無形而有理'로 해석한 것은 이정의 이기론에 더하여 주자의 이기이원론을 완성하는 표본이 되었다. 주자가 성리학의 태극론에 관한 표준을 세웠다는 점에 의의가 있다. 참고서로는 청대의 강희제가 이광지 등에게 명하여 『성리대전』의 정수를 발췌하여 편찬한 『성리정의性理精義』가 있음[77]을 참조할 필요가 있다. 하지만 주렴계의 「태극도설」은 주자와 육상산의 논쟁을 불러일으켰다는 점에서 후대에도 여전히 쟁점으로 태극론이 부상되었다.

주자와 육구연의 논쟁이 「태극도설」에 의해 발단이 되었다. 육상산이 비록 주렴계의 '무극' 관념에 대하여 강력하게 공박했지만 「태극도」와 「태극도설」에 대해서는 분별한 적이 없었다. 「태극도」가 전래된 근원에 대해서는 다만 주진의 설을 취했을 뿐이다.[78] 「태극도설」의 무극과 태극을 우주론과 인성론의 논리로 전개함에 있어서 유무로 접

---

76) 정세근, 「철학적 비교에서 같음과 다름」, 『범한철학』 제23집, 범한철학회, 2001, p.188.
77) 유교사전편찬위원회 편, 『유교대사전』, 박영사, 1990, p.710-711 참조.
78) 勞思光(정인재 譯), 『중국철학사』 송명편, 탐구당, 1987, p.151.

근하느냐, 이기로 접근하느냐, 기질로 접근하느냐의 쟁점은 얼마든지 발견되는 것이다. 명말의 왕부지는 태극을 음양과 관련하여 다음과 같이 말한다.

> 태太란 그 큼을 끝까지 하여 더 이상 없다는 말이다. 극極은 지극함이다. 도道가 여기에 이르러 모조리 다 드러남을 말한 것이다. 그 실은 음양이 혼합된 것일 뿐인데 그것을 음양이라 이름 붙일 수 없다면 다만 그 끝까지 이르러서 아무것도 덧붙이지 못하는 것을 태극이라고 말했다. 태극이란 끝나지 않음이 없는 것이다. 그리고 어떤 하나의 끝도 가지고 있지 않다. [79]

왕부지는 태극의 개념을 음양으로 풀이하면서 그것이 지니는 범주의 무한성을 드러내고 있다. '태극'의 개념적 정의를 실마리로 하여 음양과 결부시킨 그의 사상은 음양의 기론을 더욱 부각시키려는 의도가 드러나 있다.

청초의 황종염도 주렴계의 「태극도설」에 영향을 받으면서, 도교의 수련술로서 태극, 음양, 인간, 만물의 관계에 관심을 가졌다. 곧 황종염은 「도서변혹圖書辨惑」의 「방사수련지술方士修煉之術」에서 그 그림은 태극에서 음양오행이 나오고 음양오행의 변화에 따라 인간과 만물이 발생하는 과정을 역으로 소급하여 인간이 도와 합일을 지향하는 수련과정을 상징하는 것이라고 풀이한다.[80] 이것은 주렴계의 「태극도」와

---

79) 『船山全集』第十二冊, 「張子正蒙注」卷一, 太者, 極其大而無尙之辭, 極, 至也, 語道至此而盡也, 其實陰陽之渾合者而已, 而不可名之爲陰陽, 則但贊其極至無以加曰太極, 太極者, 無有不極也, 無有一極也.

80) 김낙필, 「도교의 圓상징과 無極·太極」, 『圓佛敎學』 창간호, 韓國圓佛敎學會,

그 의미가 상통하지만, 그림의 해석에서 성리학과 도교의 입장이 달라지는데 그것은 도교의 금단金丹이 완성된 상태가 무극이라 하는 도교적 시각과 의견이 달라지는 것이다.

이어서 청대의 모기령은 주렴계의 「태극도설」에 관심을 갖고 그 연원 문제를 거론했다. 모기령은 「태극도」 및 「태극도설」이 모두 불교와 도교의 경적經籍에서 나왔음을 증명하려고 했다. 또 종밀의 『선원제전집도서禪源諸詮集都序』 중의 그림을 인용하여 이것이 바로 「태극도설」 유래의 근원이라고 생각했다.[81] 사실 연원문제의 지적은 새삼스러운 것이 아니다. 「도장진원품」이란 도교의 경적 중 『태현부』 중에 있는 「상방대동진원묘경품上方大洞眞元妙經品」을 가리키는 것으로 이 「경품」의 뒷부분에 「상방대동진원묘경도上方大洞眞元妙經圖」가 있는데 이것이 모기령이 「태극도」와 유사하다고 말한 「태극선천지도」이다.[82] 「태극도설」의 연원에 대한 쟁점은 그만큼 주렴계의 「태극도설」이 갖는 가치와 그것이 갖는 성리학의 효시로서 이론적 성격 때문이라고 본다.

다음으로 주자에 의하여 주렴계의 철학이 재정립되었고, 그 이후 한국 성리학에 영향을 주었다. 주자 이후의 중국 성리학이나 한국 성리학에서의 태극에 관한 여러 논의는 주렴계의 '태극론'을 기초로 하고 있고, 그 논의의 기준은 주자의 이기관理氣觀이 기초가 되어 있음을 알 수 있다.[83] 조선조 성리학에 있어서 성리의 쟁점이 이기理氣에 집중된 것도 이러한 주자철학의 영향이라는 것을 부인하기 어렵다.

1996, pp.70-71.

81) 勞思光(정인재 譯), 『중국철학사』 송명편, 탐구당, 1987, p.151-152.

82) 위의 책, p.151-152.

83) 박응열, 「주렴계 태극론에 관한 연구」, 성균관대학교 박사학위논문, 1996, p.155.

더욱이 송대의 성리학이 우리나라의 주자학 도입과 더불어 조선의 사상 전반에 걸쳐 큰 영향을 미쳤다. 송대에 성립된 성리학은 여말·선초에 주자학이라는 이름으로 우리나라에 도입되었다. 이때는 이미 중국에서 성리학에 대한 주자의 입론立論이 확고한 위치를 차지하고 있었고, 이러한 이유로 인해 조선에서의 성리학은 전적으로 주자의 학설을 중심으로 연구되었다.[84] 주렴계, 장횡거, 이정의 사상도 조선조에 관심을 받았지만 주로 주자학을 중심으로 조선조 성리학은 전개되었던 것이다.

조선조 성리학자 가운데 많은 역할을 한 철학자로서 권양촌(權陽村, 1352~1409)을 거론하지 않을 수 없다. 그는 성리학자로서 주렴계의 「태극도설」과 유사하게 「입학도설」을 언급하며 성리학의 이론을 정립했기 때문이다. 「입학도설」은 40개의 도상을 통하여 성리학을 해석했으며 일종의 성리학 이론서라고 할 수 있다.[85] 고려 말과 조선 초의 문신이자 학자였던 권양촌은 유교만을 국시로 했던 인물로, 조선이야말로 대표적인 유교 국가였기에 가능했다. 이러한 유교를 기반으로 하여 기초를 다지는 일에 앞장선 인물이 조선 성리학자 권양촌이었던 것이다.

여기에서 알아야 할 것으로 「태극도설」에 대한 우리나라의 최초 관심을 가진 유학자는 누구인가? 조한보(생몰연도 미상)와 이언적(1491~1553)이 그들이다.[86] 조한보는 존양存養을 거론함에 있어서 심心이

---

84) 전용주, 「주돈이의 태극도설 연구」, 성균관대학교 박사학위논문, 2014, p.104.
85) 신계식, 「남명 조식의 圖說에 나타난 성리학 연구」, 대구한의대학교 박사학위논문, 2008, p.4.
86) 전용주, 앞의 논문, p.104.

무극의 경지에 소요逍遙한다고 하여 마음의 주인으로 삼고자 했다. 또한 무극과 태허로서 오심吾心의 주主로 삼는다고 함으로써 무극과 태극의 문제에 관심을 불러일으켰다. 이언적 역시 성리학의 기본 쟁점인 무극과 태극의 논쟁에 뛰어들었는데, 이는 조선조 성리학사에서 최초의 본격적인 개념 논쟁이라 볼 수 있다.

이어서 퇴계 이황(1501~1570)도 또한 주렴계의 「태극도설」에 관심을 갖고 있음이 「성학십도」에 잘 나타나 있다. 그는 선조에게 올리는 「성학십도」에서 「태극도설」을 제1도에 배치하여 성학聖學의 기초이자 이기설理氣說의 출발점으로 삼았다.[87] 흥미롭게도 그것은 『근사록』 첫머리의 도체류道體類에 「태극도설」을 배치한 것과 같다. 퇴계가 「성학십도」에서 본체론·위학론爲學論·심성론·수양론을 구성하여 언급했는데, 이는 주렴계의 「태극도설」에서 거론하는 본체론·생성론·수양론과 같은 논리적 구조로 되어 있으므로 그로부터 받은 영향이 적지 않음을 알 수 있다. 퇴계의 우주관은 태극을 통해 우주 만물이 조화로운 생성을 한다고 보았으니 「태극도설」의 이론과 흡사한 점이 많다. 여기에서 직시할 것으로 퇴계의 「태극도설」은 이를 해석한 주자의 사상과 일치되고 있다.

주자와 이황이 모두 『주역』의 우주론을 바탕으로 해서 형성된 「태극도설」을 그들 학문의 근간으로 삼고 있다.[88] 퇴계는 특히 주자의 학문을 추종했던 대표적 인물이다. 그는 「태극도설」은 도리의 큰 두뇌가 되는 곳이며, 또한 백세百世 도술의 연원이라는 주자의 언급에 공감

---

87) 앞의 논문, p.104.
88) 김학권, 「朱熹와 李滉의 易哲學 비교연구」, 『汎韓哲學』 제17집, 汎韓哲學會, 1998, p.135.

하고 있다.[89] 그리하여 퇴계는 성인을 공부하는 자는 그 학문의 실마리를 이「태극도설」에서 찾아야 할 것이라며 본 도설이 학문의 근간이라고 했다.

율곡 이이(1536~1584)도 주렴계에 관심을 갖고 이에 대하여 수양론의 기반으로 삼고 있다. 율곡은 주렴계를 천민天民의 반열에 놓는 등 그 인품에 대하여 지극한 존모를 보이며, 태극이 '극본궁원極本窮源'으로서 또는 그것이 진정 조화造化의 중심축이 되며 만물의 뿌리 역할을 하는지에 대한 해명으로 모아졌다.[90] 율곡은 또한 주정主靜 등의 수양론에서「태극도설」과『통서』의 사상을 기반으로 하여 그의 사상을 전개했다.

다음으로 박세당(1629~1703)은 노자 사상을 해석하면서 태극과 관련하여 언급했다. 그의『도덕경』이해의 사유 구조는 '무극이태극無極而太極'을 해석하는 성리학의 주된 방식, 즉 "형체는 없지만 이치는 있다."(無形而有理)라고 보는 것과 통한다.[91] 박세당이 말한 이러한 논리는 처음 발설된 것이 아니며, 이미 주자가 언급한 것이다. 조선조 후기의 성리학자로서 박세당은 노론계의 반대 입장에서 주자학을 비판하고 실사구시의 성향으로 독자적 견해를 주장했다.

중국의 성리학에 대해 한국의 성리학의 차이가 있다. 중국의 성리학자들이 주로 태극과 이기를 문제 삼은데 비교해서 한국의 성리학자들은 주로 인간에 있어서의 심·성·정을 문제 삼았다는 점으로, 우주론

---

89)『退溪集』「太極圖說」, 朱子謂此是道理大頭腦處, 又以爲百世淵源.
90) 곽신환,「이색과 이이의 주돈이 이해와 추존」,『율곡학연구』36집, (사)율곡학회, 2018, p.21.
91) 조민환,『유학자들이 보는 노장철학』, 예문서원, 1996, p.24.

적인 것과 인생론적인 경향의 차이를 볼 수 있다.[92] 조선시대에 주자학의 발전과정에서 나타난 것으로 태극 이기론의 자연철학적 방면보다 심성 이기론의 인간학적인 방면의 차이라 보아도 좋을 것이다.

중국과 조선을 통틀어 철학적으로 관심을 가져야 할 것은 무엇보다 현실감각이다. 이를테면 이들 성리학자들에게 긴요했던 것은 무엇보다도 '수기치인'의 정신에 의하여 사회도덕 및 정치질서를 확립하는 것이었다.[93] 유교가 삼강오륜을 강조하면서 예학禮學에 대해 중점적으로 관심을 보였는데 그것은 형이상학적 사상으로 치우치는 성향이 없지 않았다. 중국 신유학으로서 성리학이 갖는 공리공론적 성향에 대해 청대와 조선조 후반의 실학적 성향으로 기운 이유가 여기에 있다.

결과적으로 송대 철학에서 제시된 성리의 문제가 본체와 생성 그리고 인성의 문제에 이르기까지 학풍을 불러 일으켰는데, 그 철학이 갖는 시대적 한계가 없지 않았다. 그 반성으로 청초의 새로운 유학으로 이루어졌으며 그것이 실학의 등장으로 이어졌다. 청초 및 이조 후기의 일부 새로운 유학의 대비對比 대상은 바로 그 이전의 성리학의 약점으로서 성리학이 지닌 예학禮學 중심의 형이상학의 공리공론성이 이들의 대비 대상이다.[94] 성리학이 공리공론의 학이라고 비판받는 성향이 있었는데, 그것은 청대의 실학은 국난의 극복, 조선 후기의 실학은 17세기 중엽부터 19세기 초반까지 당시 성리학의 관념성과 경직성을 비판하며 경세치용과 이용후생, 실사구시의 학풍을 지향했던 것이다.

---

92) 유정동, 『동양철학의 기초적 연구』, 성균관대학교출판부, 1986, p.256.

93) 윤사순, 「박세당의 실학사상에 관한 연구」, 고려대 아세아문제연구소 편, 『실학사상의 탐구』, 현암사, 1979, p.16.

94) 위의 논문, p.16.

태극도설의 결론

일반적으로 인간은 만물의 영장이라고 한다. 인간으로서 존엄과 가치를 지키기 위해 필요한 것은 무엇인가? 그것은 철학적 삶이다. 우리에게 정신적으로 지대한 영향을 미친 동양 철학은 그러한 면에서 역할을 충실히 해온 것이다. 이런 까닭에 본 연구에서는 중국 송대 철학에서 주렴계 「태극도설」로 범위를 한정하여 연구했다.

인간은 근본적으로 배우면서 사색을 하는 존재이다. 사색과 철학의 대상은 여러 가지가 있다. 그 가운데 우리에게 가장 많은 영향을 미친 것은 우주에 대한 사색일 것이다. 우주의 탄생에 대한 궁극적 관심이 생명체의 형성과 성장의 비밀을 밝히는 계기가 되었다.

우주에 대한 사색과 인간의 인품을 함양하려는 노력은 철학에서 가장 중대한 일이다. 중국 고대와 중세의 철학이 우주에 대한 관심을 가지게 된 동기는 나름 이유가 있다. 천天에 대한 주재자적인 위상을 부여하고 인간이 이에 다가서려는 자세이다. 곧 천인합일을 통한 거경궁리居敬窮理의 실천을 중시하는 것은 주된 관심 사항이었다.

우주와 인간에 대한 사색의 장을 연 것은 중국 철학의 꽃을 피운 시기로서 송대이다. 이런 연유로 송대 신유학의 싹을 틔우는 역할을 한 주렴계의 사상은 더욱 매력적으로 다가설 수밖에 없다. 이에 주렴계의 「태극도설」을 거론하면서 주렴계의 사상적 성향이 무엇인가를 살펴보았다. 그것은 주렴계의 전반적인 저술이 본 연구에서 논리적 근거를 제공해 주기 때문이다.

송대 철학의 맹아로서 주렴계와 동시대에 신유학의 지평을 확대한 송대사현宋代四賢의 위상이 당연히 관심사였다. 이러한 학적學的 관심 속에 주렴계를 시작으로 장횡거, 이정, 주희로 이어진 신유학자들의 사상이 별립別立되어 거론되지 않고 상호 영향을 주고받았음을 확인했다. 주렴계의 무극과 태극, 장횡거의 태허太虛와 태화太和의 이론이 정립되었고, 이정의 천도에 바탕한 이기이원론이 정립되어 송대 철학의 이론이 체계화되었다. 특히 주자는 주렴계의 「태극도설」을 체계화함은 물론 송대 신유학의 집대성자로 그 역할을 충실히 했다.

주렴계의 철학이 완성되는 배경에는 주자의 『태극도설 해의』가 주목된 점도 있다. 그것은 무엇보다도 무극과 태극의 연원이 된 도교의 수렴, 나아가 불교의 수양론에 영향을 받은 것과 관련되는 것이었다. 이에 송대 철학의 이단적 특성에 따라 주렴계는 도교나 불교 배척으로 그의 학문을 완성시켰을 것인가 하는 점이 쟁점이었다. 물론 주렴계와 장횡거의 철학 과제는 형이상학과 우주론 계통을 혼합하여 불교의 심성론을 배척한 것으로 전해진다. 하지만 그는 이들의 이단사상을 배척하는 것에 머무는 것이 아니라 오히려 수렴했다고 본다. 송대 철학이 갖는 이론의 범주적 한계를 도·불의 수양론에서 일정부분 영향을 받았다는 점 때문이다.

더구나 중국의 송대 철학은 현실 문제에 관심이 많았고 도덕 윤리에 갇혔다. 주렴계가 도가 철학으로부터 원용한 무극·태극을 통해 인간사에서 우주 전체로까지 영역을 확대했다는 것을 주목할 필요가 있다. 송대 철학이 도덕 윤리에 갇혔다는 것은 공맹사상을 중심으로 인의仁義를 지속적으로 현실의 도덕 윤리와 결부시켰기 때문이다. 그러나 이러한 결부는 결과적으로 주렴계와 동시대 신유학자들로 하여금 그들의 철학을 윤리와 도덕이라는 범주에만 머무르게 한 결과를 야기했다. 여기에서 노장 철학은 광활한 철학으로서 인간에서 우주로 확대라는 큰 자극제가 되었던 것이다.

본 연구에서 무극과 태극의 연원성을 거론한 이유가 여기에 있다. 「태극도설」에서 원용된 이러한 용어의 연원으로는 도·불이라는 것을 밝혔다. 그것은 도·불을 배척하려는 신유학자들의 이단적 성향이었지만 결국 송대 철학의 맹아로서 주렴계는 이를 극복하여 도·불 철학의 응용이라는 지혜를 발휘함으로서 「태극도설」을 도교 계통의 신선이론으로부터 수렴했다.

이와 같은 주렴계의 철학적 지평 확대로 인해 유교의 사유와 거리가 있는 무극과 태극을 원용하여 이를 우주 본체와 생성과 인성 수양이라는 이론 체계를 정립하는 공적을 이루었던 것이다. 그것은 무극으로의 범주 확대가 무엇인가를 확실히 해줌으로써 우주 생명체의 근원적 측면으로서 이해되는 길을 열어준 것이다. 태극 역시 인간 생명체의 창조적 측면으로 접근하게 해준 것이다.

결과적으로 「태극도설」은 근원과 창조, 즉 주렴계 「태극도설」을 통해 본체론과 생성론, 인성론의 체계가 분명함을 확인시켜 주었다. 이는 인간이란 존재를 하늘·땅·인간이라는 삼각관계에서 바라볼 수 있게 해준 것이다. 그것이 『주역』에서도 언급되듯이 천·지·인 삼재의 논리이다. 인간으로서 인극人極을 세워 도덕적 가치 규범을 일상의 삶에서 실천에 옮기는 계기를 만들어준 것이다. 인간은 오기五氣 가운데 수승한 원기元氣를 수여받은 만물의 영장으로서 결과적으로 인성수양이라는 길로 유도된 셈이다.

본 연구에서는 특히 주렴계의 우주론에 근거한 인성 수양에 대한 노정露呈을 통해 인간의 바람직한 인성 함양에 도움이 되는 점을 여러 측면에서 살펴보았다. 그것은 주렴계가 주장했듯이 인극人極으로서 중정과 인의를 실천하는 것이 요구되며, 유교의 공맹사상을 계승한 주렴계의 도통道統 정신과도 관련된다. 또한 「태극도설」에서는 태극의 동정을 거론하고 있으면서도 주정主靜의 수양을 밝혔다. 심신의 고요함을 간직하는 미발未發의 성성性을 잘 간직하자는 것이다.

그리하여 「태극도설」을 통해 송대 철학의 효시로서 주렴계의 위상은 주정主靜의 수양을 통해 성인에 이르도록 유도하는 그의 학문적 공로만큼이나 크게 정립되었다고 본다. 이러한 공로를 몇 가지로 간추려 보면 다음과 같다. 주렴계는 첫째, 공맹을 중심으로 한 도통道統 정신을 계승시켰다. 둘째, 송대 성리학의 부흥을 일으켰다. 셋째, 정통 신유학자로서 윤리규범 중심으로 전개되어온 유교사상을 과감히 도·불 사상의 섭렵을 통해 유교의 지평을 확대했다는 점이다.

주렴계는 앞으로 송대 신유학자로서 공로만큼이나 후대 사상에도 큰 영향을 주었다. 송학이 주변 학문을 배척하는 이단 사상으로 잘 알려져 있었음에도 불구하고 주렴계는 이러한 이단의식을 극복하고, 철학적 범주를 확대함으로서 무극과 태극 사상의 수렴을 통해 유교의 본체·생성·수양의 이론적 체계화에 기여했다. 그것은 명·청대의 유·불·도 사상과의 회통에 큰 영향을 미쳤다.

다만 본 연구가 지니는 한계는 있다고 본다. 송대 신유학의 효시로서 주렴계의 수양론과 생성론 나아가 우주론을 249자의 「태극도설」 속에서 곡절히 담아내는데 무리가 있었다는 것이다. 그것은 「주렴계 사상의 연구」를 「태극도설」을 중심으로 좁히고자 했던 논자의 고심 속에 나타나는 아쉬움이다. 하지만 주자의 『태극도설해』와 『통서해』 등의 사상 섭렵을 통해 주렴계의 사상적 외연을 확대함으로써 주렴계 사상의 해석학적 해법 모색에 많은 도움이 되었다.

본 연구를 통해 차기 연구로서 중점에 두어야 할 점으로 '무극'과 '태극'의 상관관계 즉 본체론적 관계라든가 생성론적 측면의 심화이며, 여기에서 주렴계와 주사의 상호 비교 연구가 필요하다고 보는 것이다. 송대 철학의 무극과 태극 용어는 또한 유교만이 아니라 도교의 경우와 직결된다는 점에서 양교의 차별화적 접근을 바라면서 후학의 발전된 연구 논문을 기대한다.

참고문헌

1. 古典

『孔子改制考』(康有爲)

『近思錄』

『道德經』

『北溪字義』 上卷(北溪陳淳)

『船山文集』 第十二冊,「張子正蒙注」 卷一

『四書集註諺解』「大學章句」(朱子)

『書經』

『性理精義』(臺北, 中華書局, 民國68)

『宋史』

『荀子』

『玉詮』 卷5, 『道藏輯要』

『二程文集』 卷7

『周易』(王弼 注)

『莊子』

『左傳』

『周易』

『朱子語類』 卷一

『朱子語類』 卷4

『朱子語類』 卷12

『朱子語類』 卷94

『周子全書』 卷之一(朱子 註)

『春秋繁露』(董仲舒)

『天仙正理』(伍沖虛)

『太極圖說解』(朱熹)

『通書』(周濂溪)

『通書解』(朱子)

『退溪集』「太極圖說」

『漢書』「律曆志」

『華西雅言』(李恒老)

『皇極經世』 卷11(邵康節)

『後漢書』 卷79

2. 單行本

가노 나오키(吳二煥 譯), 『中國哲學史』, 乙酉文化社, 1986.

權寧大 外4人, 『宇宙·物質·生命』, 電波科學社, 1979.

금장태, 『유교사상의 문제들』, 여강출판사, 1990.

金能根, 『中國哲學史』, 探求堂, 1973.

김용선, 『지식對도덕』, 철학과 현실사, 1993.

김용옥, 『老子哲學 이것이다』 上, 통나무, 1989.

_____, 『東洋學 어떻게 할 것인가』, 民音社, 1985.

金容治(조성을 譯), 『中國思想史』, 이론과 실천, 1988.

김충열, 『노장철학강의』, 예문서원, 1995.

_____, 『유가윤리강의』, 예문서원, 1994.

_____, 『中國哲學散稿』Ⅰ, 온누리, 1990.

_____, 『中國哲學散稿』Ⅱ, 온누리, 1990.

김형효, 『한국정신사의 현대적 인식』, 고려원, 1985.

勞思光(정인재 譯), 『중국철학사』 송명편, 탐구당, 1987.

다까다 아쓰시(이기동 譯), 『周易이란 무엇인가』, 여강출판사, 1991.

류성태, 『중국철학사의 이해』, 학고방, 2016.

마이클 로이(이성규 譯), 『고대중국인의 생사관』, 지식산업사, 1998.

森三樹三郞(임병덕 譯), 『중국사상사』, 온누리, 1994.

박재주, 『주역의 생성논리와 과정철학』, 청계, 1999.

徐復觀(유일환 譯), 『中國人性論史』, 을유문화사, 1995.

서정기, 『민중유교사상』, 圖書出版 朝鮮文化, 1990.

安炳周, 『儒敎의 民本思想』, 성균관대 대동문화연구원, 1987.

오서연, 『인상과 오행론』, 학고방, 2017.

유교사전편찬위원회, 『儒敎大事典』, 博英社, 1990.

윤사순, 『한국유학사상론』, 열음사, 1986.

유장림, 김학권 옮김, 『주역의 건강철학』, (주)정보와 사람, 2007.

유정동, 『동양철학의 기초적 연구』, 성균관대학교출판부, 1986.

이강수, 『노자와 장자』, 길, 1997.

＿＿＿, 『중국 고대철학의 이해』, 지식산업사, 2000.

李康洙 外, 『中國哲學槪論』, 한국방송통신대학교출판부, 1995.

任繼愈(전택원 譯), 『중국철학사』, 까치, 1990.

張起鈞,吳怡(송하경외 1인 譯), 『중국철학사』, 일지사, 1984.

張岱年·方立天(중국민중사연구회 옮김), 『中華의 智慧』, 민족사, 1991.

張相浩, 『人格的 知識의 擴張』, 敎育科學社, 1994.

蔣維喬(고재욱 譯), 『中國近代哲學史』, 서광사, 1980.

장응철 역해, 『노자의 세계』, 도서출판 동남풍, 2003.

조민환, 『유학자들이 보는 노장철학』, 예문서원, 1996.

존 K. 페어뱅크 外 2인(김한규 外 2인譯), 『동양문화사』(상), 을유문화사,
　　　1999.

朱熹(김상섭 譯), 『역학계몽』, 예문서원, 1994.

陳鼓應(최진석 譯), 『老莊新論』, 소나무, 1997.

카를 구스타브 융(金聖觀 驛), 『융心理學과 東洋宗敎』, 현대사상사, 1995.

풍우란(정인재 譯), 『중국철학사』, 형설출판사, 1986.

풍우란(박성규 譯), 『중국철학사』(하), 까치, 1999.

馮友蘭(문정복 譯), 『중국철학소사』, 以文出版社, 1995.

韓國哲學思想硏究會, 『韓國哲學』, 예문서원, 1995

卿希泰 主編, 『道敎與中國傳統文化』, 福建人民出版社, 1989.

方東美, 『生生知德』, 台北; 黎明文化事業公司, 民國74.

石訓 外, 『中國宋代哲學』, 河南人民出版社, 1992.

田文軍, 『周敦頤哲學的辨證思惟及其局限』, 中南民族學院學報, 1980.

朱佰崑, 『易學哲學史』 第2卷, 北京, 華夏出版社, 1990.

詹劍峰, 『老子及其人其書及其道論』, 湖北, 人民出版社, 1982.

馮友蘭, 『中國哲學史 』 上 , 臺灣中新書局, 1977.

沈善洪, 「太極圖辨」『黃宗羲 全集』『宋元學案』(3), 浙江古籍出版社, 1986.

3. 學位論文

강임숙, 「주역의 生生윤리 연구」, 경상대학교 박사학위논문, 2005.

곽신환, 「주역의 자연과 인간에 관한 연구」, 성균관대학교 박사학위논문, 1987.

김계완, 「태극과 형태변형에 관한 연구」, 이화여대 석사논문, 1987.

김부연, 「天人心性合一之道의 구성원리와 그 의의」, 창원대학교 석사학위논문, 2018.

박응열, 「주렴계 태극론에 관한 연구」, 성균관대학교 박사학위논문, 1996.

박종도, 「태극기에 내재된 태극사상에 관한 연구」, 성균관대학교 석사학위논문, 2017.

송정림, 「주돈이에서의 우주와 인간연구」, 이화여대 석사학위논문, 2003.

신계식, 「남명 조식의 圖說에 나타난 성리학 연구」, 대구한의대 박사학위논문, 2008.

심귀득, 「주역의 생명관에 관한 연구」, 성균관대학교 박사학위논문, 1997.

안영석, 「張橫渠 哲學의 연구-내용체계의 해명과 현대적 해석」, 영남대 박사논문, 1990.

오명숙, 「근사록의 철학체계분석」, 전북대학교 석사학위논문, 1993.

이창일, 「소강절의 先天易學과 상관적 사유」, 한국학중앙연구원 박사학위논문, 2004.

전묘숙, 「近思錄의 道體편 연구」, 숭실대학교 석사학위논문, 2008.

전용주, 「주돈이의 태극도설 연구」, 성균관대학교 박사학위논문, 2014.

최영진, 「易學 사상의 철학적 연구-주역의 음양대대적 구조와 중정사상을 중심으로」, 성균관대학교 박사학위논문, 1989.

한 훈, 「태극도의 도상학적 세계관과 그 매체성」, 공주대학교 박사학위논문, 2013.

황영오, 「조선시대의 태극론에 관한 연구」, 원광대학교 박사학위논문, 2015.

朱光鎬, 「朱熹太極觀研究-以「太極圖說解」爲中心」, 北京大學 博士學位論文, 2005.

4. 硏究論文

곽신환, 「儒學의 유기체 우주론」, 93 한국동양철학회 추계국제학술회의, 『기술·정보화 시대의 인간문제』, 한국동양철학회, 1993.

_____, 「이색과 이이의 주돈이 이해와 추존」, 『율곡학연구』 36집, (사)율곡학회, 2018.

권일찬, 「주역점의 원리와 과학성의 평가」, 『한국정신과학학회지』 제4권 제1호, 한국정신과학회, 2000.

권정안, 「주역의 세계관」, 『초자연현상연구』 창간호, 공주대 초자연현상학연구회, 1993.

琴章泰, 「韓國儒敎思想과 少太山 사상」, 『인류문명과 圓佛敎思想』(上), 圓佛敎出版社, 1991.

김경재, 「동서종교사상의 화합과 회통」, <<춘계학술대회 요지-동서종교사상의 화합과 회통>>, 한국동서철학회, 2010.

김근욱, 「기일원론 및 유물론으로 간주한 장횡거 사상에 대한 논의」, 『동서철학연구』 제73호, 한국동서철학회, 2014.

김낙필, 「도교의 圓상징과 無極·太極」, 『圓佛敎學』 창간호, 韓國圓佛敎學會, 1996.

_____, 「性命論과 精氣神論」, 『태동고전 연구』 제3집, 태동고전연구소, 1987.

_____, 「靈氣質論의 사상사적 의의」, 정산종사탄생100주년기념 추계학술회의 《傳統思想의 現代化의 鼎山宗師》, 韓國圓佛敎學會, 1999.

_____, 「장자의 정신 개념」, 『사회사상연구』 제1집, 원광대 사회사상연구소, 1984.

김도종, 「선천학적 역사인식의 고찰-소강절의 역사철학」, 김삼룡박사 화갑기념 『韓國文化와 圓佛敎思想』, 원광대학교출판국, 1985.

김병환, 「맹자의 도덕생명 사상」, 『범한철학』 제23집, 범한철학회, 2001.

金白鉉, 「現代 韓國道家의 硏究課題」, 『道家哲學』 창간호, 韓國道家哲學會, 1999.

김수정, 「송대 신유학의 수양론 속에 내재된 도교적 요소에 대한 심층분석-

도교의 눈으로」,『동아시아 불교문화』42집, 동아시아 불교문화학회,
    2020.

김종미,「주역의 相反相成과 성별인식」,『중국어문학지』10집, 중국어문학
    회, 2001.

金忠烈,「기조발표-21세기의 미래 사회와 유학의 역할」, 충남대학교 유학연
    구회 국제학술회의 발표요지《21세기의 미래 사회와 유학의 역할》,
    충남대학교 문과대학 유학연구회, 1998.

김학권,「역경의 우주론」,『철학연구』제10권 1호, 고려대학교 철학연구소,
    1986.

_____,「張載의 우주론과 인간론」,『철학연구』제77집, 대한철학회, 2001.

_____,「주돈이 철학의 연구」,『원대 논문집』31집, 원광대학교, 1996.

_____,「주역에서의 生生과 太和」,『유교사상연구』20집, 한국유교학회,
    2004.

_____,「朱熹와 李滉의 易哲學 비교연구」,『汎韓哲學』제17집, 汎韓哲學
    會, 1998.

김학재,「송대 신유학자들의 노자관에 대한 개괄적 시안」,『동서철학연구』
    제25호, 한국동서철학회, 2002.

金恒培,「老子 道思想의 特性과 構造」,『道家哲學』창간호, 韓國道家哲學
    會, 1999.

남상호,「주역과 공자인학」,『범한철학』제28집, 범한철학회, 2003.

노재준,「여말 선초 주돈이 愛蓮說 수용의 양상」,『태동고전연구』37집, 태
    동고전연구소, 2016.

박승현,「노자수양론과 마음치유」,『인문과학연구』40집, 강원대 인문과학
    연구소, 2014.

_____,「노자의 無-경계론적 입장에서」, 추계학술회의《도가철학의 쟁점
    들II》, 한국도가철학회, 2001.

소현성,「주자의 太極解義 일고-그 세계관을 중심으로」,『유학연구』39집,
    충남대 유학연구소, 2017.

손흥철,「주돈이의 태극과 이기개념의 관계분석」,『퇴계학논총』제29집, 사
    단법인 퇴계학부산연구원, 2017.

송영배, 「세계화 시대의 유교적 윤리관의 의미」, 『새로운 21세기와 유교의 禮』, 전남대 인문과학연구소, 1999.

宋在國, 「儒學의 宗敎性」, 99 한국종교사학회 추계학술대회《韓國新宗敎 硏究의 諸問題》, 韓國宗敎史學會, 1999.

송항용, 「노장철학의 세계」, 한국불교환경교육원 엮음, 『동양사상과 환경문제』, 도서출판 모색, 1997.

송희준, 「『近思錄』의 도입과 이해」, 『한국학논집』 제25집, 계명대 한국학연구소, 1998.

신진식, 「노자의 수양론 체계」, 『윤리교육연구』 25집, 한국윤리교육학회, 2011.

梁承武, 「蘆沙學派의 한국유학사에서의 위치」, 제30차 한국동양철학회 동계학술대회보《蘆沙學派의 唯理哲學과 倫理的 實踐性向》, 한국동양철학회, 1998.

_____, 「장횡거 『정몽』의 심성론 연구」, 『유교사상문화 연구』 23집, 한국유교학회, 2005.

柳承國, 「儒敎思想과 圓佛敎」, 『圓佛敎思想』 제5집, 圓光大 圓佛敎思想硏究院, 1981.

윤사순, 「박세당의 실학사상에 관한 연구」, 고려대 아세아문제연구소 편, 『실학사상의 탐구』, 현암사, 1979.

尹以欽, 「韓國民族宗敎의 歷史的 實體」, 『韓國宗敎』 제23집, 圓光大 宗敎問題硏究所, 1998.

이난숙, 「주돈이 철학의 天人合德과 時中사상」, 『퇴계학논총』 29집, 퇴계학부산연구원, 2017.

이대승, 「주돈이 신화형성과 주희의 역할」, 『대동문화연구』 110집, 성균관대 대동문화연구원, 2020.

이범학, 「『近思錄』과 朱子」, 『韓國學論叢』 18, 국민대 한국학연구소, 1996.

이상선, 「氣學으로 본 莊子와 張橫渠」, 『도교문화연구』 16, 한국도교문화학회, 2002.

이성희, 「莊子 철학의 미학적 구조-物我 관계를 중심으로」, 『道家哲學』 第2輯, 韓國道家哲學會, 2000.

이유정·신창호, 「노자 도덕경에 나타난 성인의 인격교화론」, 『인격교육』 제6권 1호, 한국인격교육학회, 2012.

이현중, 「역경의 학문 원리」, 『범한철학』 제33집, 범한철학회, 2004.

이희재, 「유교의례와 생명윤리」, 『종교교육학연구』, 제20권, 한국종교교육학회, 2005.

임채우, 「老莊의 세계이해 방식-整體와 部分」, 『道敎와 自然』, 도서출판 동과서, 1999.

_____, 「왕필 역철학의 도가역학적 위상」, 『圓佛敎思想과 宗敎文化』 40집, 圓光大 圓佛敎思想硏究院, 2008.

임현규, 「노자의 爲道論」, 『철학연구』 34집, 대한철학회, 2005.

정세근, 「철학적 비교에서 같음과 다름」, 『범한철학』 제23집, 범한철학회, 2001.

정 종, 「인간 공자와 事人主義」, 『공자사상과 현대』, 사사연, 1986.

정진일, 「유교의 致知論 소고」, 『범한철학』 제15집, 범한철학회, 1997.

장원석, 「주역의 시간과 우주론」, 『동양철학연구』 24집, 동양철학연구회, 2001.

조경현, 「莊子의 宇宙 개념과 그 철학적 의미」, 金忠烈先生 華甲記念 『自然과 人間, 그리고 社會』, 螢雪出版社, 1992.

曹玟煥, 「朱熹의 老莊觀」, 한국도교사상연구회 編, 『老莊思想과 東洋文化』, 亞細亞文化社, 1995.

주광호, 「주돈이 태극도설의 존재론적 가치론적 함의」, 『한국철학논집』 20집, 한국철학사연구회, 2007.

최석만, 「민본주의와 민주주의의 公과 私」, 2000년 국내학술대회 자료집 『朝鮮時代의 儒敎文化와 民本主義』, 동양사회사상학회, 2000.

최영찬, 「주자의 심성론」, 석산 한종만박사 화갑기념 『한국사상사』, 원광대학교 출판국, 1991.

최정묵, 「장횡거의 기일원론적 우주론」, 『유학연구』 제3집, 충남대 유학연구소, 1995.

_____, 「주자철학에 있어 敬의 의미와 위상」, 『동서철학연구』 제22호, 한국동서철학회, 2001.

허광호, 「주돈이와 권근의 천인합일사상 비교」, 『동양고전연구』 66집, 동양
  고전연구회, 2017.

홍순창, 「역경의 성립에 대하여」, 『철학연구』 제3집, 대한철학회, 1966.

宮哲兵, 「春秋戰國時代 辨證法的 論理的 過程」, 『晚周辨法史研究』, 上海:
  上海 古籍出版社, 1988.

부록

1. 周廉溪의 太極圖說

無極而太極.

무극이면서 태극이다.

太極動而生陽, 動極而靜, 靜而生陰. 靜極復動, 一動一靜, 互爲其
根, 分陰分陽, 兩儀立焉.

태극이 움직여 양을 낳고, 움직임이 극단에 이르면 고요하다. 고요하여 음을
낳고, 고요함이 극단에 이르면 다시 움직인다. 한 번 움직이고 한 번 고요함
이 서로 뿌리가 된다. 음으로 나뉘고 양으로 나뉘어, 양의가 정립된다.

陽變陰合, 而生水火木金土. 五氣順布, 四時行焉.

양이 운동하고 음이 따라서 수·화·목·금·토를 낳는다. 다섯 가지 기가
순리에 따라 펼쳐져 사계절이 운행된다.

五行一陰陽也, 陰陽一太極也, 太極本無極也, 五行之生也, 各一其
性. 無極之眞, 二五之精, 妙合而凝. 乾道成男, 坤道成女.

오행은 하나의 음양이고 음양은 하나의 태극이며 태극은 본래 무극이니,
오행의 생성에 각각 그 성을 하나씩 가진다. 무극의 진실함과 음양·오행의
순수함이 오묘하게 결합하여 응취한다. 하늘의 도는 남성을 이루고, 땅의
도는 여성을 이룬다.

二氣交感, 化生萬物. 萬物生生而變化無窮焉.

두 기가 교접하고 감응하여 만물을 변화 생성한다. 만물이 낳고 낳아 변화가 끝이 없다.

惟人也得其秀而最靈. 形旣生矣, 神發知矣, 五性感動, 而善惡分, 萬事出矣.

사람만이 그 빼어난 것을 얻어 가장 영명하다. 형체가 생겨나서 정신이 지각을 일으키면, 오성이 감응하고 움직여 선과 악이 나뉘고 온갖 일들이 나온다.

聖人定之以中正仁義而主靜, 立人極焉. 故聖人"與天地合其德, 日月合其明, 四時合其序, 鬼神合其吉凶." 君子修之吉, 小人悖之凶.

성인은 중·정·인·의로 안정시키되 고요함에 중심을 두어 인극을 정립했다. 그러므로 성인은 "천지와 더불어 그 덕을 합하고, 일월과 더불어 그 밝음을 합하며, 사시와 더불어 그 질서를 합하고, 귀신과 더불어 그 길흉을 합한다." 군자는 그것을 수양하기 때문에 길하고 소인은 그것을 어기기 때문에 흉하다.

故曰 : "立天之道, 曰陰與陽, 立地之道, 曰柔與剛, 立人之道, 曰仁與義."

又曰 : "原始反終, 故知死生之說." 大哉易也! 斯其至矣.

그러므로 "하늘의 도를 정립하여 음과 양이라고 하고, 땅의 도를 정립하여 부드러움과 굳셈이라고 하며, 사람의 도를 정립하여 인과 의라고 한다"라고 했다. 또 "시초를 추구하고 끝을 되돌이킴으로 죽음과 태어남의 이치를 안다"라고 했다. 위대하다 역이여! 이에 지극하다.

2. 太極圖

1. 伏羲(선사시대 전설의 인물) 「팔괘방위도」

2. 文王 (B.C.1046~B.C.771) 「팔괘방위도」

3. 道教의 태극도 『道藏』-「상방대동진원경묘경도」

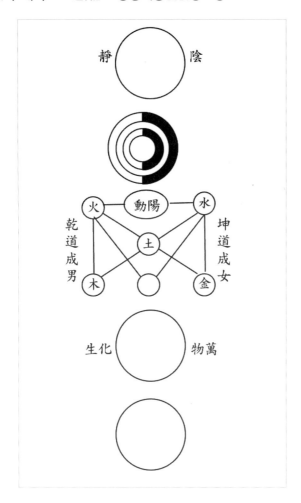

4. 魏伯陽(126-167)의 「수화광곽도」, 「월체납갑도」, 「삼오지정도」.

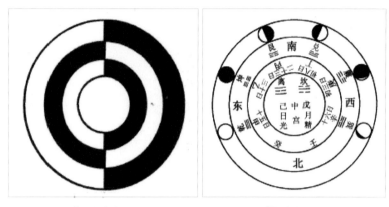

「수화광곽도」   「월체납갑도」

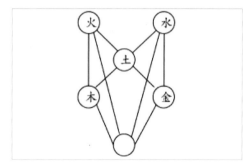

「삼오지정도」

5. 陳摶(872-989)의 「선천태극도」와 「무극도」

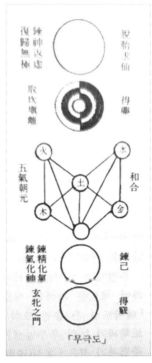

「무극도」

6. 朱震(1072-1138)의 「태극원도」와 「한상역전」

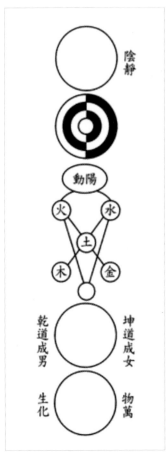

송 소흥(紹興)연간에 올린 周敦頤의
「태극원도」

朱震「한상역전」

7. 朱熹(1130-1200)의 「태극도」

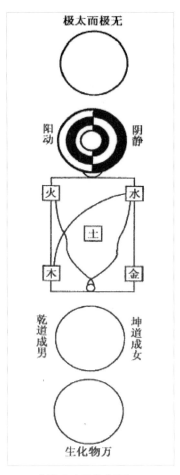

朱熹가 수정한 「태극도」

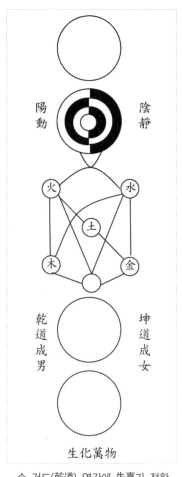

송 건도(乾道) 연간에 朱熹가 전한
周敦頤의 「태극신도」

8. 權近(1352-1409)의 「십이지월괘지도」

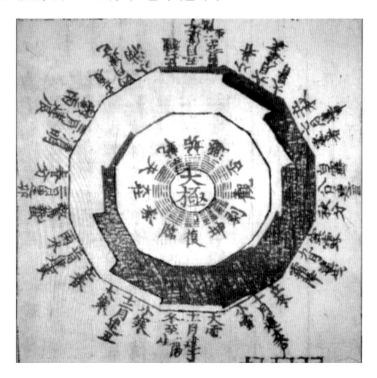

9. 李滉(1501-1570)성학십도의 周敦頤 「태극도설」

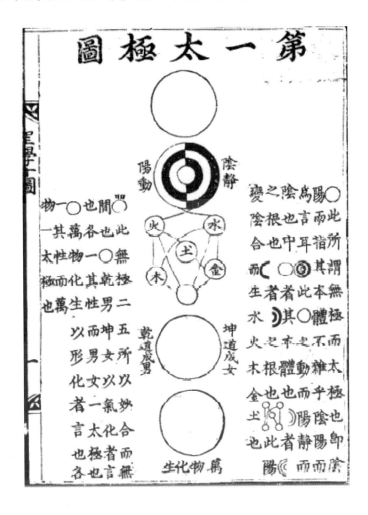

10. 來知德(1525-1604)의 「원도」

11. 張顯光(1554-1637)의 「태극도여역상합지도」

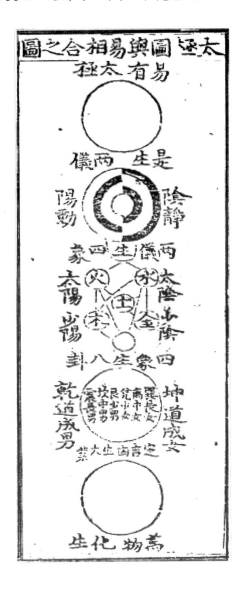

12. 曺植(1648-1714)의 「태극여통서표리도」

太極與通書表裏圖 林隱圖

聖人之本

陽動 誠之源 萬物資始
陰靜 善之立 各正性命

命脈 誠之通 繼之者善
性源 誠之復 成之者性

乾 亨 貞
元 利

在人

在物

無事 誠則
無物 不誠

性則理之已立者 人物未生此理本善
成則物之已成者 氣質既定爲人爲物

善則理之方行而未有所立之名 繼之者氣之方出而未有所成之謂

13. 鄭齊斗(1649-1736)의 「태극음양상괘 방위절기지도」

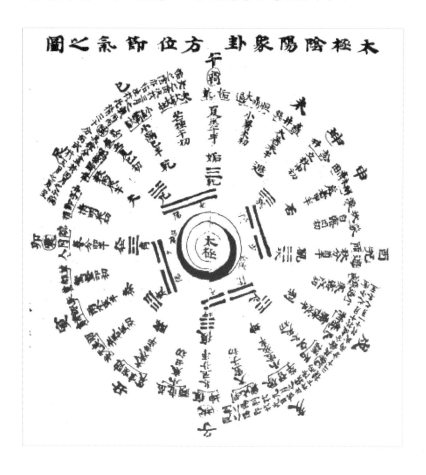

14. 淸代 胡煦의 「순환태극도」

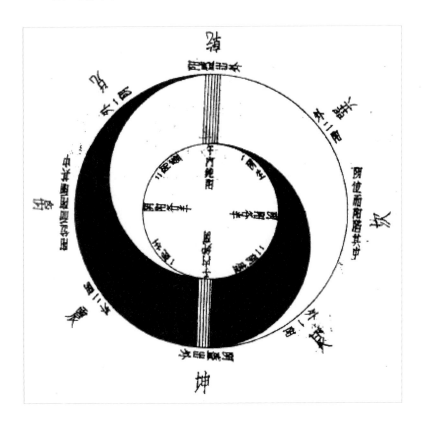

3. 通書解

誠上 第一

誠者, 聖人之本. "大哉! 乾元, 萬物資始," 誠之源也. "乾道變化, 各正性命," 誠期立焉. 純粹至善者也. 故曰, "一陰一陽之謂道, 繼之者善也, 成之者性也." 元亨, 誠之通, 利貞, 誠之復. 大哉! 易也, 性命之源乎.

誠下 第二

聖, 誠而已矣. 誠, 五常之本, 百行之源也. 靜無而動有, 至正而明達也. 五常百行, 非誠, 非也, 邪暗塞也. 故誠則無事矣. 至易而行難. 果而確, 無難焉. 故曰, 一日克己復禮, 天下歸仁焉.

誠幾德 第三

誠無爲. 幾善惡. 德愛曰仁, 宜曰義, 理曰禮, 通曰智, 守曰信. 性焉安焉之謂聖. 復焉執焉之謂賢. 發微不可見, 充周不可窮之謂神.

聖 第四

寂然不動者, 誠也, 感而遂通者, 神也, 動而未形有無之間者, 幾也. 誠精故明, 神應故妙, 幾微故幽. 誠神幾, 曰聖人.

愼動 第五

動而正曰道, 用而和曰德, 匪仁, 匪義, 匪禮, 匪智, 匪信, 悉邪也. 邪動, 辱也, 甚焉, 害也. 故君子愼動.

道 第六

聖人之道, 仁義中正而已矣. 守之貴, 行之利, 廓之配天地. 豈不易簡, 豈爲難知. 不守, 不行, 不廓耳.

師 第七

成問曰: 曷爲天下善. 曰: 師. 曰: 何謂也, 曰: 性者. 剛柔善惡中而已矣. 不達曰, 剛善, 爲義, 爲直, 爲斷, 爲嚴毅, 爲幹固. 惡, 爲猛, 爲隘, 爲强梁. 柔善, 爲慈, 爲順, 爲巽. 惡, 爲懦弱, 爲無斷, 爲邪佞. 惟中也者, 和也, 中節也, 天下之達道也, 聖人之事也. 故聖人立教, 俾人自易其惡, 自至其中而止矣. 故先覺覺後覺, 闇者求於明, 而師道立矣. 師道立, 則善人多, 善人多, 則朝延正而天下治.

幸 第八

人之生, 不幸, 不聞過, 大不幸, 無恥. 必有恥, 則可教, 聞過, 則可賢.

思 第九

洪範曰, "思曰睿, 睿作聖." 無思, 本也, 思通, 用也. 發動於彼, 誠動於此, 無思而無不通 爲聖人. 不思, 則不能通微, 不睿, 則不能無不通. 是則無不通生於通微, 通微生於思. 故思者, 聖功之本, 而吉凶之幾也. 易曰"君子, 見幾而作, 不俟終日." 又曰"知幾, 其神乎."

志學章 第十

聖希天, 賢希聖, 士希賢. 伊尹顔淵, 大賢也. 伊尹, 恥其君不爲堯舜, 一夫不得其所, 若撻於市. 顔淵不遷怒, 不貳過, 三月不違仁. 志伊尹之所志, 學顔子之所學. 過則聖, 及則賢, 不及則赤不失於令名.

順化 第十一

天以陽生萬物, 以陰成萬物. 生仁也, 成義也. 故聖人在上, 以仁育萬物, 以義正萬民. 天道行而萬物順, 聖德修而萬民化. 大順大化, 不見其迹, 莫知

其然之謂神. 故天下之衆, 本在一人, 道岩遠乎哉, 術豈多乎哉.

治 第十二

十室之邑, 人人提耳而敎, 且不及. 況天下之廣, 兆民之衆哉. 曰, 純其心而已矣. 仁義禮智四者, 動靜言貌視聽, 無違之謂純. 心純則, 賢才輔. 賢才輔則, 天下治. 純心, 要矣, 用賢, 急焉.

禮樂 第十三

禮, 理也 樂, 和也. 陰陽理而後和. 君君臣臣, 父父子子, 兄兄弟弟, 夫夫婦婦, 萬物各得其理然後和. 故禮先而樂後.

務實 第十四

實勝, 善也, 名勝, 恥也 故君子進德修業, 率率不息, 務實勝也 德業有未著, 則恐恐然畏人知, 遠恥也. 小人則僞而已 故君子日休, 小人日憂.

愛敬 第十五

有善不及, 曰, 不及則, 學焉. 問曰, 有不善. 曰, 不善, 則告之不善, 且勸曰, 庶幾有改乎, 期爲君子. 有善一, 不善二, 則學其一, 而勸其二. 有語曰, 期人有是之不善, 非大惡也, 則曰, 孰無過. 焉知其不能改. 改則爲君子矣. 不改爲惡. 惡者天惡之, 彼豈無畏耶. 烏知其不能改. 故君子悉有衆善, 無弗愛且敬焉.

動靜 第十六

動而無靜, 靜而無動, 物也. 動而無動, 靜而無靜, 神也. 動而無動, 靜而無靜, 非不動不靜也. 物則不通, 神妙萬物. 水陰, 根陽, 火陽, 根陰. 五行陰陽, 陰陽太極. 四時運行, 萬物終始. 混兮闢兮, 其無窮兮.

樂上 第十七

古者, 聖王, 制禮法, 修敎化, 三綱正, 九疇敍, 百姓大和, 萬物咸若. 乃作

樂, 以宣八風之氣, 以平天下之情. 故樂聲, 淡而不傷, 和而不淫, 入其耳, 感其心, 莫不淡且和焉. 淡則欲心平, 和則躁心釋. 優柔平中, 德之盛也, 天下化中, 治之至也. 是謂道配天地, 古之極也. 後世禮法不修, 刑政苛紊, 縱飲敗度, 下民困苦, 謂古樂不足聽也. 代變新聲, 妖淫愁怨, 導欲增悲, 不能自止. 故有賊君棄父, 輕生敗倫, 不可禁者矣. 嗚呼, 樂者, 古以平心, 今以助欲, 古以宣化, 今以長怨. 不復古禮, 不變今樂, 而欲至治者, 遠矣.

樂中 第十八

樂者, 本乎政也. 政善民安, 則天下之心和. 故聖人作樂, 宣暢其和心, 達於天地, 天地之氣, 感而大和焉. 天地和, 則萬物順, 故神祇格, 鳥獸馴.

樂下 第十九

樂聲淡則聽心平, 樂辭善則歌者慕. 故風移而俗易矣. 妖聲豔辭之化, 也亦然.

聖學 第二十

"聖可學乎." 曰"可." 曰"有要." 曰"有." "聽聞焉.""曰一爲要, 一者無欲, 無欲則靜虛動直. 靜虛則明, 明則通. 動直則公. 公則溥 明通公溥庶矣乎."

公明 第二十一

公於己者, 公於人, 未有不公於己, 而能公於人者也. 明不至則疑生, 明無疑也. 謂能疑爲明, 何啻千里.

理性命 第二十二

厥彭厥微, 匪靈弗瑩. 剛善剛惡, 柔赤如之, 中焉止矣. 二氣五行, 化生萬物. 五殊二實, 二本則一, 是萬爲一, 一實萬分, 萬一各正, 小大有定.

顏子 第二十三

顏子一簞食一瓢飲在陋巷. 人不堪其憂而不改其樂. 夫富貴, 人所愛也. 顏

子不愛不求, 而樂乎貧者, 獨何心哉. 天地間, 有至貴至[富可]愛可求, 而異乎彼者, 見其大而忘其小焉爾. 見其大, 則心泰, 心泰, 則無不足, 無不足, 則富貴貧賤, 處之一也. 處之一, 則能化而齊, 故顏子亞聖.

師友上 第二十四

天地間, 至尊者, 道, 至貴者, 德而已矣. 至難得者, 人. 人而至難得者, 道德有於身而已矣. 求人至難得者有於身, 非師友, 則不可得也已.

師友下 第二十五

道義者, 身有之, 則貴且尊. 人生而蒙, 長無師友則愚. 是道義, 由師友有之. 而得貴且尊, 其義, 不亦重乎? 其緊, 不亦樂乎?

過 第二十六

仲由喜聞過, 令名無窮焉. 今人有過, 不喜人規. 如護疾而忌醫, 寧滅其身而無悟也. 噫.

勢 第二十七

天下, 勢而已矣. 勢, 輕重也. 極重, 不可反, 識其重而亟反之, 可也. 反之, 力也. 識不早, 力, 不易也. 力而不競, 天也, 不識不力, 人也. 天乎? 人也. 何尤?

文辭 第二十八

文, 所以載道也. 輪轅飾而人弗庸, 徒飾也. 況虛車乎? 文辭, 藝也 道德, 實他. 篤其實而藝者, 書之, 美則愛, 愛則傳焉, 賢者得以學而至之 是為教. 故曰言之無文, 行之不遠. 然不賢者, 雖父兄臨之, 師保勉之, 不學也, 强之, 不從也. 不知務道德, 而第以文辭為能者, 藝焉而已. 噫! 弊也, 久矣.

聖蘊 第二十九

不憤不啓, 不悱不發, 舉一隅, 不以三隅反, 則不復也. 子曰, "予欲無言, 天

何言哉? 四時行焉, 百物生焉." 然則聖人之蘊, 微顏子, 殆不可見, 發聖人之蘊, 敎萬世無窮者, 顏子也. 聖同天, 不赤深乎? 常人, 有一聞知, 恐人不速知其有也. 急人知而名也, 薄赤甚矣.

精蘊 第三十

聖人之精, 畫卦以示, 聖人之蘊, 因卦以發. 卦不畫, 聖人之精, 不可得而見, 微卦, 聖人之蘊, 殆不可悉得而聞. 易, 何止五經之源. 其天地鬼神之奧乎.

乾損益動 第三十一

君子乾乾, 不息於誠. 然必懲忿窒欲, 遷善改過而後至. 乾之用其善是, 損益之大莫是過, 聖人之旨, 深哉. 吉凶悔吝, 生乎動. 吉一而已, 動可不愼乎?

家人膜復無妄 第三十二

治天下有本, 身之謂也. 治天下有則, 家之謂也. 本必端, 端本, 誠心而已矣. 則必善, 善則, 和親而已矣. 家難而天下易, 家親而天下疏也. 家人離, 必起於婦人. 故睽次家人, 以三女同居, 而志不同行也. 堯所以釐降二女于嬀汭, 舜可禪乎, 吾玆試矣. 是治天下, 觀于家. 治家, 觀身而已矣. 身端, 心誠之謂也. 誠心, 復其不善之動而已矣. 不善之動, 妄也. 妄復, 則無妄矣. 無妄, 則誠矣. 故無妄次復, 而曰先王以茂對時, 育萬物, 深哉.

富貴 第三十三

君子以道充爲貴, 身安爲富. 故常泰無不足, 而錄視軒冕, 塵視金玉, 其重無加焉爾.

陋 第三十四

聖人之道, 入乎耳存乎心, 蘊之爲德行, 行之爲事業. 被以文辭而已者, 陋矣.

擬議 第三十五

至誠則動, 動則變, 變則化. 故曰"凝之而後言, 議之而後動, 凝議以成其變化."

刑 第三十六

天以春生萬物, 止之以秋. 物之生也, 旣成矣, 不止則過焉. 故得秋以成. 聖人之法天, 以政養萬民, 肅之以刑. 民之盛也, 欲動情勝, 利害相攻, 不止則賊滅無倫焉. 故得刑以治. 情僞微曖, 其變千狀, 苟非中正明達果斷者, 不能治也. 訟卦曰, "利見大人," 以剛得中也. 噬嗑曰, "利用獄," 以動而明也. 嗚呼! 天下之廣, 主刑者, 民之司命也. 任用, 可不愼乎?

公 第三十七

聖人之道, 至公而已矣. 或曰, 何謂也. 曰天地, 至公而已矣.

孔子上 第三十八

春秋正王道, 明大法也. 孔子爲後世王者而修也. 亂臣賊子, 誅死者於前, 所以懼生者於後也. 宜乎萬世無窮, 王祀夫子, 報德報功之無盡焉.

孔子下 第三十九

道德高厚, 敎化無窮, 實與天地參而四時同, 其惟孔子乎!

蒙艮 第四十

童蒙求我, 我正果行, 如筮焉. 筮叩神也, 再三則瀆矣. 瀆則不告也. 山下出泉, 靜而淸也. 汩則亂, 亂則不決也. 愼哉. 其惟時中乎. 艮其背, 背非見也. 靜則止, 止非爲也, 爲不止矣. 其道也. 深乎!

저자소개

昊山 이천수
원광대학교 대학원 한국문화학과 문학박사
현) 원광대학교 일반대학원 외래교수

송대 철학과 태극도설

초판 인쇄 2022년 8월 28일
초판 발행 2022년 9월 6일

지 은 이ㅣ이천수
펴 낸 이ㅣ하운근
펴 낸 곳ㅣ**學古房**

주　　소ㅣ경기도 고양시 덕양구 통일로 140 삼송테크노밸리 A동 B224
전　　화ㅣ(02)353-9908 편집부(02)356-9903
팩　　스ㅣ(02)6959-8234
홈페이지ㅣhttp://hakgobang.co.kr/
전자우편ㅣhakgobang@naver.com, hakgobang@chol.com
등록번호ㅣ제311-1994-000001호

ISBN 979-11-6586-471-2 93150

값 : 21,000원